Martin Ehlers

Betrachtungen über die Sittlichkeit der Vergnügungen

Zweiter Teil

Martin Ehlers

Betrachtungen über die Sittlichkeit der Vergnügungen
Zweiter Teil

ISBN/EAN: 9783743655522

Hergestellt in Europa, USA, Kanada, Australien, Japan

Cover: Foto ©Thomas Meinert / pixelio.de

Weitere Bücher finden Sie auf **www.hansebooks.com**

Betrachtungen
über
die Sittlichkeit
der
Vergnügungen
in zween Theilen

von

Martin Ehlers
Professor der Philosophie zu Kiel.

Zweyte verbesserte Auflage.

_____

Zweyter Theil.
_____

Flensburg, Schleswig und Leipzig
in der Kortenschen Buchhandlung.
1790.

Inhalt des zweyten Theils.

Neunzehnte Betrachtung.
Von der Pantomime und der Maskerade.   S. 1

Zwanzigste Betrachtung.
Von der Musik und dem Tanz.   17

Ein und zwanzigste Betrachtung.
Von einigen zum Schauspiel dienenden Kunstfertigkeiten und Kunstwerken.   65

Zwey und zwanzigste Betrachtung.
Von den Kampfspielen.   75

Drey und zwanzigste Betrachtung.
Von den Gewinnstspielen überhaupt.   121

Vier und zwanzigste Betrachtung.
Von den Spielen des Denkens und der Geschicklichkeit allein.   135

Inhalt.

Fünf und zwanzigste Betrachtung.
Von den Spielen der Geschicklichkeit
und des Zufalls. S. 163

Sechs und zwanzigste Betrachtung.
Von den Spielen des Zufalls. 207

Sieben und zwanzigste Betrachtung.
Von den Vergnügungen der Jagd. 291

Acht und zwanzigste Betrachtung.
Von den edelsten Freuden und Vergnügungen der Menschheit. 313

Neunzehnte Betrachtung.
Von der Pantomime und der Maskerade.

Wenn die Pantomime gleich von der Maskerade unterschieden ist: so kann man doch beyde bequem zusammen betrachten. Fast verhält sich die Maskerade zur Pantomime, wie sich die bramatischen Sprichwörter zu den ordentlichen Theaterspielen verhalten. In den Sprichwortsspielen ist man nämlich nicht so aufmerksam auf die gewöhnlichen Regeln der Schaubühne, als in den ordentlichen Schauspielen selbst. Die Sprichwortsspiele, sind auch häufig das Werk von einigen Minuten, und jeder spielt darin seine Rolle so, als es ihm der gegenwärtige Augenblick eingiebt. So geht's auch mit dem Maskeradenspiel in Vergleichung mit der ordentlichen Pantomime.

In der Pantomime stellt man vermittelst eines stummen Geberdenspiels einen Theil des menschlichen Lebens vor, und sucht jenem stummen Geberdenspiel einen solchen bestimmten Sinn zu geben, als sonst durch Geberde, durch Worte und durch den Ton der Stimme zugleich die theatralischen Vorstellungen erhalten. Weil diese Art der Pantomime in unsern Zeiten durch Nicolinis Bemühungen so vielen Reiz und so viele Aufmerksamkeit erhalten hat, daß sie eine Lieblingsunterhaltung mit geworden ist; so rede ich hier nur von dieser Art des pantomimischen Spiels. Es ist sonst bekannt, daß schon zu den Zeiten der Römer pantomimische Spiele zur Begleitung bey dramatischen Vorstellungen gebraucht sind. Damals war die Pantomime auch stummes Spiel bey dem pantomimischen Spieler, aber sie schloß nicht die Vorstellung der Handlungen und Gedanken durch Reden bey einer andern Person aus. So ein Pantomimenspiel haben wir itzt nicht mehr, und davon rede ich auch also hier nicht. Auch nehme ich's nicht hier in dem allgemeinen Sinn,

Sinn, da man auf der Schaubühne und im menschlichen Leben alle Mienen, Geberden und Stellungen, womit man seine eigenen oder Andrer Reden mit Rücksicht auf die dadurch ausgedrückten Empfindungen, Gedanken und Leidenschaften zu begleiten pflegt, unter dem Namen der Pantomime zusammenbegreift. Die Pantomime, wovon hier die Rede ist, übernimmt es ganz allein, eine Handlung oder Unternehmung der Menschen so verständlich zu machen, daß man dabey den Ton der Stimme und die Sprache entbehren könne. Diese Verständlichkeit kann nur dadurch bewirkt werden, daß sie genau dem gewöhnlichen Geberdenausdrucke folgt, den man bey den Menschen, wenn sie sich über ihre Empfindungen und Gedanken erklären, wahrnimmt. Die pantomimische Kunst erfordert also eine gar sorgfältige Aufmerksamkeit auf diesen natürlichen körperlichen Ausdruck und auf alle die kleinen Abänderungen, welche auf die Abänderungen in den Empfindungen und Gedanken zu erfolgen pflegen. Ferner erfordert diese Kunst zur Ausarbeitung pantomimischer Vorstellungen einen Mann, der nicht nur auf alles, was zum Geberdenausdruck und zu dessen Sinne gehört, sehr aufmerksam

merksam gewesen ist, sondern der auch selbst eine Richardsonsche und Shakespearsche Seelenempfänglichkeit für alle Empfindungen, Ideen und Leidenschaften hat, um denselben im körperlichen Ausdruck das erforderliche Leben und die Verständlichkeit geben zu können, ohne welche der Geist sich nichts bestimmtes bey der Pantomime gedenken kann. Endlich ist es nöthig, daß sowohl alle handelnde Personen als die Zuschauer eben so eine Empfänglichkeit für allerley Empfindungen und die dabey zum Grunde liegenden Vorstellungen haben, um den ihnen angegebenen äußerlichen Ausdruck glücklich zu erreichen oder zu verstehen. Wenn alles das sich findet: so muß derjenige, der eine solche Pantomime ausarbeitet und dirigirt, die große Geschicklichkeit besitzen, daß er daraus alle geruhige Betrachtungen und alle Gedanken weglasse, die kein besondrer Ausdruck der Miene begleiten kann, oder zu begleiten pflegt. Wie unendlich schwer ist es aber, ein zusammenhängendes Ganze zu schaffen, worin alles natürlich auf einander folgt, und worin sich gar nicht solche zum pantomimischen Ausdruck unbequeme Gedanken finden! Und dann ist noch die große Schwierigkeit zu überwinden,

daß

daß eine gewisse Geberde, Stellung und Miene außer dem Affect und außer dem Gedanken, auch die Umstände und Dinge genug kenntlich mache, wodurch der Affect oder der Gedanke veranlaßt ist, wenn nämlich die Umstände der Dinge nicht auch den Sinnen gegenwärtig seyn können. Denn wie vieles daselbst auch vor's Auge gebracht wird: so bleibt doch noch vieles zurück, das mit zum ganzen Gewebe der Handlung gehört. Wenn man alle diese Erfordernisse und Schwierigkeiten erwägt: so vermuthet man es leicht, daß in der Pantomime durchaus nichts Großes geleistet werden kann, und daß, wenn sie Reize bekommen soll, viele andre Hülfsmittel, die dem, was wesentlich darin ist, die Aufmerksamkeit großentheils entziehen und durch sich selbst Vergnügen erwecken, zur Unterstützung des Ganzen aufgesucht werden müssen. Eines dieser Hülfsmittel ist dieß, daß die Fabel des Stücks aus einem sehr bekannten Theil der Geschichte, der Mythologie oder des Feyenwesens genommen wird. Weil aber bey wenigen Zuschauern alles zu der Geschichte oder Fabel gehörige bis zur leichten Wiedererinnerung genug im Gedächtniß aufbehalten ist: so wird noch vermittelst eines Zettels der Haupt-

Inhalt der ganzen Handlung bekannt gemacht. Allein dieses alles macht doch selbst für die, welchen die Geschichte oder die Fabel nicht unbekannt ist, nicht alles verständlich oder angenehm genug. Diese Hülfsmittel lassen sich sonst sehr gut mit der Sache selbst vereinbaren, und verstärken auch die Wirkung der Pantomime in dem, was ihr wesentlich ist. Weil das aber nicht hinreichend ist: so braucht man solche Mittel, die für sich am Ende die größte Ergötzung ausmachen, und den Seelen der Zuschauer die Stimmung geben, mehr am Außerwesentlichen als am Wesentlichen zu hängen. Dergleichen Mittel sind höchst prächtige Verzierungen, außerordentliche Geschwindigkeit und Behendigkeit in den Bewegungen, außerordentliche Sprünge, zauberische Darstellungen und Zernichtungen gewisser Gebäude, Oerter und Gegenden, und überhaupt eine Menge von Taschenspielerkünsten im Großen. Damit endlich das Ohr, das hier fast keine Rede hört, auch nicht ganz unbeschäftigt bleibe: so wird alles durch eine angenehme Musik begleitet.

Was ist nun von allem diesem für eine Wirkung zu erwarten? So weit als man bey diesen

sen Vorstellungen Unterhaltung findet; welche durch das Wesentliche der Pantomime nicht in einem befriedigenden Maaß erhalten wird, und welche man von den außerwesentlichen, die Pantomime begleitenden Vergnügungsmitteln, hernehmen muß, so weit findet man sich gleichsam aus der gegenwärtigen Welt, worin wir doch einmal leben, wofür wir mit zu leben verpflichtet sind, und worin wir im Ganzen unglücklich seyn müssen, wenn wir damit nicht, wie sie ist, bis auf einen hohen Grad zufrieden sind, herausgerückt und in eine Zauberwelt, in eine Feyerey und in ein scheinbares Elysium versetzt. Es kann nicht anders seyn, als daß dieß eine starke Neigung zu Abentheuern und zu seltsamen romanhaften Begebenheiten und zu einem dahin führenden Leben veranlasse. Ein Glück für uns ist es daher, daß diese Art des Vergnügens zu kostbar ist, als daß es uns häufig verschaft werden könnte; ein Glück ist es auch, daß die Anzahl derer, die ein pantomimisches Stück mit Vergnügen oft spielen sehen, nicht gar groß ist. Es geht damit wie mit andern bloß dem Auge zur Ergötzung dienenden Dingen. Wegen des Wunderbaren und wegen des neuen Reizes sieht man die erste Vorstellung einer Pantomime mit großem Vergnügen, aber zu den wiederholten Vorstellungen kommen nur Wenige, so wie Wenige einerley Künste der Taschenspieler, der Balancirer oder der Springer oft zu sehen pflegen. Wenn man zum erstenmal eine Pantomime sieht: so ist man geneigt zu glauben, daß sich zu solchen Vorstellungen immer eine zahlreiche Menge von Zuschauern einfinden werde; und wenn man sich so wenig geneigt hernach findet, wiederholte Vorstellungen eines Stücks anzusehen: so wundert man sich anfänglich, wie das zugehe; allein es rührt ohne Zweifel daher, daß unsre Seele zu wenig durch Ideen dabey beschäftigt wird, und daß wiederholte Vorstellungen uns nicht Anlaß geben, andre oder mehr entwickelte Ideen und Gedanken zu bekommen. Ferner ist es der Erfahrung gemäß, daß, wenn wir einmal anfangen, Geschmack am Wunderbaren, Außerordentlichen und über die Naturkräfte scheinbar Hinausgehenden zu bekommen, wir dann unsern Begierden keine Grenzen setzen und alles weiter getrieben sehen wollen. Die Künstler, die uns dergleichen Schauspiele geben, bemerken diese Eigenschaft des menschlichen Herzens bald, und lassen daher bey ihren

wieder-

wiederholten Vorstellungen immer etwas neues erwarten. Durch das wenige, was sie hinzusetzen, können sie aber jene Begierde doch nicht genug befriedigen. Auch hat man bald alles gesehen, und dann finden sich nur wenige müssige oder sich zu allem, was bloß Augenweide ist, hinneigende Menschen gereizt, einmal gesehene Wunderdinge und malerische Schönheiten oft wieder zu sehen. Daher können dergleichen Künstler sich sogar in großen Städten nicht lange aufhalten, sondern sehen sich gezwungen, immer von einem Ort zum andern herumzuirren. So geht es auch selbst mit der prächtigen Pantomime eines Nicolini. Aus allem, was hier über die Pantomime gesagt ist, erhellt es genug, daß das damit verknüpfte Vergnügen viel Unnatürliches hat, eine zu Abentheuern sich hinneigende Stimmung der Seele und die Neigung, mehr am Außerwesentlichen als am Wesentlichen zu hangen, veranlasset. Uebrigens kann das Vergnügen nützlich oder schädlich seyn, so wie die Fabel des Stücks und die in die Sinne fallenden Handlungen gute oder böse Ideen und Begierden erwecken. In Absicht auf die handelnden Personen ist aber noch anzumerken, daß gewöhnlich ein Haufe von Kindern dazu genommen wird, und daß diese die peinlichste Marter ausstehen müssen, ehe sie die erforderlichen Geschicklichkeiten erlangen, und daß selbige in dem unglücklichsten Zustande dabey zu seyn pflegen. Und wir sollten uns wohl nicht den Genuß der Vergnügungen erlauben, der so viele Plage und so vieles Leiden bey Andern nothwendig macht.

In der Maskerade spielt man so ohne eigentliche Vorbereitung seine Rolle, als man es bey den Sprichwortsspielen thut. Wie in diesen das Sprichwort die Materie ist, die man durch seine Handlungen erklärt und gleichsam abhandelt: so ist bey der Maskerade die Art der Maske gleichsam der Hauptinhalt der Handlungen, die man von dem, der das Maskenkleid trägt, erwarten kann. Nur sind sie darin verschieden, daß man im Sprichwortspiele das Sprichwort unbekannt seyn läßt, bis man dasselbe aus der Vorstellungsart errathen kann, und daß man in der Maskerade sogleich den Hauptgedanken, den man entwickeln will, durch seine Maske bekannt macht.

Aus dem Gesagten werden Sie, meine Herren, von selbst schließen, daß ich hier bloß von Charaktermasken rede, und nicht von denen, die

nur

Von der Pantomime u. der Maskerade.

nur dieß bewirken, daß die Personen, welche sie tragen, unbekannt bleiben. Ich brauche auch nicht anzumerken, daß man auf den Maskeraden immer viele Personen von beyden Arten findet. Sehen wir noch ferner auf diejenigen, welche sich Charaktermasken wählen: so pflegen selbige zum Theil eine dazu stimmende Rolle zu spielen. Personen von vieler Gegenwart des Geistes und von vielem Witz können so andern Anwesenden eine sehr angenehme Unterhaltung verschaffen. Man bewundert nicht nur den Geist und Witz der handelnden Person, sondern man hat auch das Vergnügen, die Nachahmung mit der Natur zu vergleichen, und die Uebereinstimmung zu entdecken. Die Erfahrung lehrt es aber, daß selbst unter einigen Hunderten es sehr Wenige giebt, welche dazu die erforderlichen Talente haben. Auch lehrt es die Erfahrung, daß der größere Theil der Masken bey der Rolle, die gespielt wird, nicht sorgfältig genug auf Tugend und Anständigkeit zu sehen pflegt, und daß vermittelst dieses Maskeradenspiels mehr schädliche als gute Ideen und Reizungen in die Seele hineingebracht werden. Nach der Natur der Sache wäre es sonst eben so leicht möglich, sich alles

zu

zu einem unschuldigen und selbst nützlichen Vergnügen zu machen, als es schädlich werden zu lassen. Sieht man aber auch selbst auf dieses Schädliche und Nützliche nicht: so findet man nicht leicht in der Art des Spiels viele Unterhaltung. Wenige können ihr Spiel so interessant machen, daß man ein hinlängliches Vergnügen daran findet, darauf zu merken. Dieser Umstand allein würde indessen das ganze Vergnügen wenig vermindern, wenn sich nur immer einige wenige fänden, die ihre Rolle vortreflich spielten. Alle andre würden darauf merken und Vergnügen genug dabey finden können. Allein theils ist es schon etwas seltenes, daß sich auch nur Einige finden, welche dazu die erforderlichen Talente haben, theils giebt es gar Viele, die keinen Sinn zur Bemerkung dessen haben, was darin schön und angenehm ist, und denen also die Sache auch kein Vergnügen macht, theils fehlt es auch nicht an Neidern, die, indem sie selbst keine Aufmerksamkeit erregen können, selbige auch Andern nicht gerne wollen zu Theil werden lassen. Diese nehmen also gewöhnlich sehr bald zum Tanzen ihre Zuflucht. Man findet daher auch, daß, sobald eine Maskeradengesellschaft die verschiedenen benen Arten der Masken in Obacht genommen und das Vergnügen des ersten Ansehns gehabt hat, selbige zu tanzen anfängt. Am Ende hat man also von der Maskerade, als Maskerade, kaum ein größres Vergnügen, als man haben würde, wenn man in ein Haus gienge, wo man alle Maskeradenkleider aufgehängt sähe. Das größte Vergnügen wird also in solchen Dingen gefunden, welche der Maskerade eigentlich fremd sind; und was sind diese Dinge? Einen vorzüglichen Theil macht davon der Tanz aus, über dessen Werth ich hier noch nichts sagen will. Dann hat man den Vorsatz, sich mit Andern zu unterhalten, ohne erkannt zu seyn. Auch hat die Maskerade die Wirkung, daß man, ohne darüber vorher Vorsätze gefaßt zu haben, sich mancherley Einfälle und Gedanken leicht erlaubt, die man zurückhalten würde, wenn man mit offenem Gesichte da stünde. Denn wie der Mensch in der Dunkelheit leicht auf mannichfaltige Weise vom Wege der Natur und von den Vorschriften der Religion und Tugend abirrt, woher diese Abirrungen so treffend in der heiligen Schrift Werke der Finsterniß genannt werden: so geschieht jenes auch so leicht bey der Maskerade, wo man, wie in der

der Dunkelheit, verborgen bleibt. Was ein Verführer Andern nicht sonst zu sagen wagt, was eine Person sonst nicht antworten würde, wird unter der Maske leicht gesagt, leicht geantwortet. Ganz natürlich ist es, daß es dem Verführer nur zu leicht gelingt, nicht nur eine nicht genug tugendhaft gesinnte, sondern auch manche eben so unschuldige als liebenswürdige Person zu verführen; ganz natürlich ist es, daß eine Verführerin auf der Maskerade leicht einen noch guten und unschuldigen Jüngling in ihren Netzen fängt. Aus der Erfahrung und den Nachrichten derer, die viele Maskeraden besucht haben, ist es auch genug bekannt, daß dieß nicht bloß aus der Beschaffenheit der Sache unvorsichtig hergeleitete Schlüsse sind, sondern daß die Maskeraden wirklich dergleichen verführerische Gelegenheiten hergeben. Diejenigen, welche Maskeraden veranstalten, befördern selbst diese Gelegenheiten durch Einrichtungen, welche sich darauf beziehen. Es ist selbst bekannt, daß in großen Oertern, wo die Maskeraden den ganzen Winter fortdauern, selbige zu den schändlichsten Verführungen und Ausschweifungen von einer Menge von Personen, die sich sonst nicht bequeme Gelegenheiten dazu

dazu zu verschaffen wissen, gebraucht werden, und daß selbst Personen des andern Geschlechts von Ansehn, Rang und Geburt nicht nur daselbst ihren Lüsten nachhängen, oder als schwache Geschöpfe den Versuchungen unterliegen, sondern auch sogar sich so weit erniedrigen, daß sie daselbst, wovor sie sich sonst doch schämen, mit den Ausschweifungen in der Liebe ein Gewerbe des Gewinnstes treiben. Wenn wir nun bedenken, wie sehr die menschliche Glückseligkeit in ihren Grundfesten erschüttert wird, wenn Unschuld und Treue in Absicht auf die Liebe verloren gehen: wie sollten wir denn nicht wünschen, daß die Maskeraden als eine Pest der menschlichen Glückseligkeit aus den Staaten verbannt würden! Sie wissen es, meine Herren, wie wenig ich geneigt bin, etwas zu verurtheilen und zu verdammen. Auch weiß ich es, daß nicht eine natürliche Abneigung mich bewogen hat, mich wider die Maskerade zu erklären. Ich bin also destoweniger abgeneigt gewesen, die üblen Folgen aus der Acht zu lassen oder aufzudecken, welche die Abschaffung der Maskerade etwa veranlassen könnte. Allein ich habe kein Uebel zu entdecken gewußt, das in die Stelle des Maskerabenübels,

wenn

wenn dieses verwehrt würde, wieder einträte, und welches noch mehr, als das Maskeradenübel, müßte vermieden werden. Wäre dieß zu fürchten: so würde ich gewiß nicht es rathsam finden, durch Abschaffung eines geringern Uebels einem größern Uebel den Zugang zu öfnen. Daß es aber auch nicht eine bloße Vermuthung oder eitle Hofnung ist, wenn ich glaube, daß Regenten und obrigkeitliche Personen, ohne nachtheilige Folgen für's Land oder für eine selbst große mit mancherley moralischen Uebeln behaftete Stadt fürchten zu dürfen, durch ihre Verbote dem Maskeradenspiele ein Ende machen könnten, zeigt die Geschichte der Zeit, worin die Maskerade selbst in den größten Residenzen und Städten, und in ganzen Reichen gar nicht Statt gefunden hat. Ich habe auch nicht gefunden, daß dieses zum moralischen Verderben so vieles beytragende Uebel durch irgend eine Lage des Staats nothwendig gemacht wäre.

Zwanzigste Betrachtung.
Von der Musik und dem Tanz.

Die Vergnügungen der Musik und des Tanzes kommen darin überein, daß in beyden eine mit gewissen Empfindungen oder selbst Vorstellungen gleich laufende Bewegung herrscht, die gewisse durchs Zeitmaaß und durch unterschiedene Kraftäußerungen und Accente bestimmte Absätze enthält, und die vermittelst der Wiederholungen gleicher Absätze der Seele und dem Körper eine erneuerte Federkraft zur Thätigkeit giebt, und die eine vor langer Weile und beyde vor Ermüdung bewahrt. Die Musik hat das eigen, daß sich diese Bewegung in Tönen findet, da beym Tanz hingegen sie durch die Glieder des Körpers und durch den ganzen Körper für den Zuschauer sichtbar und für den

Tänzer selbst fühlbar wird. Betrachten wir die Wirkung, welche die Musik und der Tanz für sich haben: so findet es sich, daß die Musik für sich im Ganzen weit eher dem Menschen ein angenehmes und ihn befriedigendes Vergnügen gewährt, als der Tanz. Soll ein Tanz so mächtig auf uns wirken als die Musik: so muß entweder viel Reiz in der Person seyn, die tanzt, welche reizende Person das bey der Tanzbewegung ist, was der schöne Klang des Instruments und der Stimme in der Musik ist; oder es muß im Ausdruck der Bewegungen des Tanzenden ein großer Reichthum uns interessirender Empfindungen deutlich sichtbar werden, oder es müssen die Bewegungen selbst etwas Außerordentliches seyn, das dem ersten Anschein nach über die Kräfte der Natur hinausgeht. Ist bloß eine in bestimmten Absätzen oder Tacten wiederkehrende auch selbst angenehme Bewegung da, ohne, daß die Reize der Person, der Reichthum an interessanten und verständlichen Empfindungsarten oder etwas Außerordentliches in der Anstrengung oder der Kunst dazu kommt: so hat die Musik für sich etwas weit mehr Unterhaltendes, als der Tanz für sich hat, man mag auf die Zuschauer sehen,

oder

oder auf die Personen, die spielen und singen oder tanzen. So weit als das Vergnügen des Tanzens und der Musik aus den fortlaufenden Veränderungen in den Bewegungen des Körpers und der Töne entspringt: so sind diese Veränderungen in Absicht auf die Tactabsätze zwar gleich; allein in der Art, wie die Tacte ausgefüllt werden, weichen sie überhaupt weit von einander ab. Wenn man die selten vorkommenden Solotänze und pantomimische Ballete ausnimmt, die in der Hinsicht einer musikalischen Composition gleich kommen: so ist die Musik darin viel reicher. In Tänzen haben nur einige Tacte nach einander veränderte Schritte und Stellungen, und es kommen nach dem kurzen Laufe dieser Veränderungen immer eben dieselben Veränderungen wieder; in der Musik aber, wenn sie nicht etwa dazu bestimmt ist, Tanz und Gesang zu begleiten, hat von Anfang bis zu Ende fast jeder Tact eine veränderte Composition. Ja auch selbst, wenn sie zur Begleitung dient, können noch viele Veränderungen Statt finden, und finden auch wirklich Statt. Die Bewegung des Körpers ist z. B. in einem Menuettact fast immer ganz dieselbe; aber die Musik enthält in einer gewissen Anzahl von Tacten veränderte Gänge in den Tönen, wenn die rhythmischen Stöße gleich in jedem Tact dieselben sind. Im Ganzen giebt es also bey der Musik eine weit größere Mannichfaltigkeit in den Tönen, als beym Tanz in den Formen.

Dann hat die Bewegung in der Musik und im Tanz vorzüglich so weit ein Vergnügen zur Folge, als sie eine menschliche Empfindung ausdrückt, und dadurch eine ähnliche Empfindung in uns erweckt. Nun wissen wir aber, daß der Sinn des Gesichts mehr den Verstand entwickelt und beschäftigt, und der Sinn des Gehörs mehr Empfindungen erweckt. Wirkt das Gesicht stark auf Empfindungen: so geschieht's dann, wenn der Gegenstand des Gesichts uns sonst mit Rücksicht auf die Bedürfnisse der Seele oder des Körpers sehr wichtig ist. Ist dieses nicht der Fall: so sehen wir uns bald an einer Sache mit Rücksicht auf ihre bloßen Bewegungen satt, wenn sie nur kurze und bald von uns bemerkte Einschnitte hat. Dieses rührt auch theils daher, weil die Ideen, welche durch Gegenstände des Gesichts erweckt werden, sich leicht bis zur Deutlichkeit in der Vorstellung erheben; und es ist wieder aus der Erfahrung

fahrung bekannt, daß uns das nicht mehr interessirt, was wir bis zur Deutlichkeit erkannt haben, und was also unsrer Erkenntnißkraft weiter keine Beschäftigung giebt. Es hört auf den Fall, da eine deutlich erkannte Sache Einfluß in unsre Glückseligkeit hat, und also in der Hinsicht ein Schatz für uns ist, selbige gar nicht auf uns wichtig zu seyn; allein wir verweilen doch nicht mehr mit unsrer Betrachtung dabey, sondern legen sie gleichsam als ein Gut bey Seite, mit der freudigen Vorstellung, daß wir davon Gebrauch machen können, wenn wir wollen, und sich dazu Gelegenheiten anbieten. Dunkle Vorstellungen beschäftigen uns länger, weil unsre Seele dabey noch Nahrung zur Thätigkeit in Absicht auf Wißbegierde findet. Endlich fühlen wir bey angenehmen Gegenständen des Gesichts keine eigentliche Bewegung in unsern Augen. Wenn diese Bewegung gleich da ist; so scheinen wir doch dieß Vergnügen ganz allein mit der Seele zu genießen. Hat diese nun ihre Aufmerksamkeit nicht mehr auf einen Gegenstand des Gesichts, der unsern Augen sonst hell vorliegt, gerichtet: so haben wir weiter in der Seele fast gar keine Vorstellung davon. Sie ist dann schon mit andern Vorstellungen

lungen beschäftigt, und weil unser gewöhnliches Denken vermittelst solcher großen oder kleinen Formen geschieht, die durchs Auge in die Seele gekommen sind: so kann sie von diesen zum Denken dienenden Formen nur bloß diejenigen leiden, dadurch sie sich gegenwärtig beschäftigt findet. Daher sind die Formen und Bewegungen, die nicht mehr die Denkkraft genug beschäftigen können, ihr nicht mehr vor dem Seelenblick willkommen, oder sie hat, wenn selbige gleich noch ins ofne Auge fallen, doch keine Vorstellung mehr davon. Weil jene Formen und Bewegungen auch keine mechanische oder organische angenehme Empfindungen im Körper haben: so ist die Seele wenigstens ganz gleichgültig dafür, oder findet höchstens ein Vergnügen darin, von Zeit zu Zeit die Sache einmal wieder zu bemerken. Mit den übrigen Sinnen ist es schon anders. Wenn selbige uns Ideen zuführen; so leiden deren Werkzeuge eine mehr körperliche Erschütterung, wodurch, wenn diese Erschütterungen von der angenehmen Art sind, wir uns auch dann in den Nerven des Körpers angenehm bewegt finden, wenn die Seele nur den mindesten dunkeln Seitenblick dahin wirft, und sich übrigens mit ganz andern

Dingen

Von der Musik und dem Tanz.

Dingen in Absicht auf ihre Denkkraft unterhält. Die durch Licht bewirkten Aetherschläge sind zu sanft fürs Auge, als daß wir das körperlich fühlen könnten. Mit dem Ohr, das die gröbern Luftschläge bekommt, ist es ganz anders. Das, was wir durch den Sinn des Gehörs bemerken, erhebt sich auch bey dem größten Tonkünstler kaum zu deutlichen Begriffen über den bestimmten Sinn, den jeder Ton und dessen Gehalt zur Bezeichnung einer Empfindung hat, oder der in den rhythmischen Fortschritten der Töne liegt. Bey allen andern Menschen erweckt die beste und verständlichste Musik bloß die Idee von der frohen, lustigen, zärtlichen, verdrießlichen, traurigen oder melancholischen Empfindung, ohne daß sie die wesentlichen Eigenschaften der Töne und deren Zusammenordnung in Absicht auf Gleichklang oder Melodie sich erklären können. Die so zurückbleibende Dunkelheit in der Vorstellung nebst der klaren Bemerkung der Hauptempfindung muß die natürliche Wirkung haben, daß die Seele gerne lange dabey verweilet. Und dieß thut sie desto lieber, da sie vermittelst der durch die Augen sich erworbenen und in das Organ der Einbildungskraft eingedrückten

drückten Formen nebenher ihr Denkgeschäft haben kann, ohne von den die Seele dunkel rührenden Tönen und von deren Gesange gestört zu werden. Dazu kommt denn noch die angenehme körperliche Nervenerschütterung in den Ohren.

Daraus läßt es sich erklären, daß man nie gerne in Gegenwart eines Schauspiels, das man sehen will, über gewisse Dinge nachdenkt, oder etwas Angenehmes liest. Thut man dieß, wie es denn zuweilen geschieht: so sieht man fast nichts, wenn auch die Augen dahin gekehrt sind. Bey der Musik hingegen denkt einer, der nicht eigentlich darauf horcht, oder ihr mit seiner Aufmerksamkeit genau folgt, immer gerne über etwas nach, oder liest etwas, oder arbeitet wohl gar etwas aus. Man hat das Vergnügen des Hörens mit etwas mehrerer Gemächlichkeit, bleibt wegen der dunkeln Vorstellungen länger in einer angenehmen Thätigkeit, hat also länger Wohlgefallen daran, und kann nebenher doch noch Denkgeschäften nachhängen. Große Meister oder Kenner in der Tonkunst, deren Vorstellungen zu mehrerer Deutlichkeit gelangen, mögen daher auch das beste Concert und die besten Solos nicht gerne mehr,

als

als einigemal, hören, da hingegen ein andrer sie hundertmal mit Vergnügen hört. In Italien läßt man daher so wenige Noten drucken oder in Kupfer stechen, weil die vortreflichsten Compositionen so bald wieder verworfen werden, viel eher wieder verworfen werden, ehe die auf Stich oder Druck verwandten Kosten wieder erlangt sind. Ich würde, meine Herren, fürchten, hier zu weit von der Bahn, auf die meine Absicht, immer auf die Moralität der Dinge zu sehen, mich hinweiset, abgewichen zu seyn, indem ich mich so weit in die Natur der Gesichts- und der Gehörgegenstände eingelassen habe, wenn ich es nicht für sehr nützlich ansähe, daß man die Sache selbst, die auf uns vortheilhaft oder schädlich wirkt, und deren wesentliche Eigenschaft kenne, um die Ausflüsse ihrer Kraft begreiflich zu finden, und zu sehen, wie man sich dagegen zu verhalten habe.

Wir kehren itzt zur Musik und zu dem Tanz wieder zurück, und zu den Erfahrungsbemerkungen, welche wir dabey finden. Wir sehen es nun, woher Musik und der darin enthaltene Rhythmus oder der in verschiedenen gleichen Zeitfolgen oder Verhältnissen wiederkehrende Gang der Töne, auch wenn nicht ein großer

Reichthum von Abänderungen in den Empfindungen ausgedrückt wird, doch allein uns besser unterhalten kann, als die Bewegung im Tanze, die übrigens eben diesen angenehmen Gang und eben die wiederkehrende Absätze hat. Ein starker Ausbruch der Leidenschaft bewirkt daher nur auf eine kurze Zeit tanzartige Bewegungen, aber leicht hört man anhaltende Musik, anhaltenden Gesang. Daher kommt's auch, daß man, um dem Tanz das Vergnügen zu verschaffen, das man gewöhnlich darin findet, die Musik dabey zu Hülfe nimmt, dahingegen die Musik nur zuweilen Gesang und Rede und die dazu stimmenden Bewegungen des Körpers sich unterstützen und begleiten läßt. Aus allem diesem erhellt, daß der Tanz, weil er immer die Musik zur Begleitung hat, weit stärker auf die menschliche Seele wirken muß, als es die Musik allein thun kann. Wir wollen nun bey der Musik zuerst bestehen bleiben, und sehen, wie weit sie zur menschlichen Glückseligkeit dienlich sey, oder nicht, und wie fern die Musik gleichsam aus der wesentlichen Einrichtung der menschlichen Natur fließe.

Für den Menschen, der über Dinge urtheilt, Aehnlichkeiten und Unähnlichkeiten bemerkt, und

die

Von der Musik und dem Tanz. 27

die Begriffe dieser Aehnlichkeiten und Unähnlichkeiten, um sie so, wie sie entdeckt sind, festzuhalten, an willkührlich erfundene Wörter hinanheftet, ist die Rede zur Mittheilung seiner Gedanken nothwendiges Bedürfniß. Ist er nicht in Noth, und kann er geruhig und mit Muße seine Gedanken mittheilen, um sich oder Andre in Rücksicht auf künftige Bedürfnisse in Sicherheit zu stellen, oder um Andre durch Nachrichten von seinen Schicksalen zu vergnügen: so drückt er sich mit Wahl und einer gewissen Annehmlichkeit über alles aus. Wie es mit der Rede ist: so ist es mit dem Ausdruck jeder Empfindung und Leidenschaft. Wie der Mensch Wörter und Redensarten braucht, um die Urtheile seines Verstandes zu erkennen zu geben, welche Redensarten und Wörter Verstandestöne sind, wenn wir sie durch unsre Stimme äußern: so brauchen wir leidenschaftliche Töne, um unsre Empfindungslagen damit zu bezeichnen. Die Erfahrung lehrt es, daß jede Empfindungslage, wenn wir uns dem Spiel unsrer Natureinrichtung frey überlassen, und dieser nicht mit Gewalt widerstreben, uns eine gewisse steigende oder fallende, langsam oder schnell fortgehende, abgebrochene oder sanft-
schwebende

schwebende Reihe von Tönen und gewisse ähnliche wiederkehrende Tonfälle und rhythmische Wendungen auspreßt. Wir dürfen dieß nicht tadeln, oder wir müßten uns selbst in den wesentlichsten Einrichtungen unsrer Natur tadelhaft finden. Sind solche Aeußerungen der Empfindungen und Leidenschaften durch Töne nun ein Naturbedürfniß: wie natürlich ist es, daß diejenigen, welche darauf aufmerksam sind, und welche an der Vorstellung dieser leidenschaftlichen Töne ein Vergnügen finden, damit auch Andre unterhalten, und diese Töne mit Auswahl und in einer sorgfältig gelenkten Folgeordnung vortragen. Die Musik hält uns also einen Vortrag über menschliche Empfindungen, und setzt uns theils selbst in ähnliche Empfindungen, und macht uns theils mehr geneigt an andrer Menschen Empfindungen und Schicksalen Theil zu nehmen. So wie es in der Rede Gedanken giebt, die jeder Mensch von gesundem Verstande fassen kann, oder zu haben pflegt, so giebt es auch solche Empfindungsausdrücke, die für Alle verständlich sind. Das ist die dem großen Haufen gefallende Musik. Sind die Empfindungen, welche die Musik ausdrückt, aber von der Beschaffenheit, daß sie eine

feine

feine Seele und nicht gemeine Gedankenwendungen voraussetzt, und sind die Wiederkehre ähnlicher Empfindungsbewegungen in bestimmten Zeittheilen nur dem geübten und viel übersehenden Zuhörer bemerkbar: so finden auch nur Seelen, denen eine gleiche Cultur in den Empfindungen zu Theil geworden ist, und die auf solche Empfindungswendungen viel gemerkt haben, an einer solchen Musik Geschmack. Aber wie fern ist es nun zuträglich, daß unsre Empfindungen durch die Musik geübt werden? Erstlich haben wir zu merken, daß, wenn Empfindungen durch die Musik ausgedrückt werden, wir dadurch doch nie in die individuelle Empfindungslage können gesetzt werden, worin ein Mensch ist, in dem durch seine Umstände die in der Musik ausgedrückten Empfindungen hervorgebracht sind. Drückt die Musik Mitleiden aus: so führt sie uns doch nicht einen bestimmten Gegenstand unter bestimmten Umständen, auf den sich etwa das Mitleiden bezieht, vor den Blick der Seele. Ist auch der Tonkünstler noch so sorgfältig auf alle die Stimmveränderungen, die durch gewisse Empfindungen in Vereinigung mit gewissen Gedanken veranlaßt werden, immer aufmerksam

gewe=

gewesen: so wird er doch nie durch Nachahmung der Töne und deren Lauf den besten Kenner der Musik in den Stand setzen, zu wissen, welcher Mensch solche Empfindungen müsse gehabt haben, und in welchen Umständen er müsse gewesen seyn. Sobald das geschehen soll: so müssen Sprache und Gesang mit zu Hülfe genommen werden. Musik als Musik bewirkt also in Ansehung der Empfindungen nur Ideen über die verschiedenen Arten der Empfindungen; und wenn wir selbige bekommen: so denken wir uns keinen individuellen Theil des menschlichen Lebens weiter dazu, als sich vielleicht unsre eigene Lebensumstände mit solchen Empfindungen vereinigen lassen, und unsre Imagination sich sogleich einen dazu passenden Umstand hinzudichtet. Wenn wir also den Werth der Musik in Absicht auf das menschliche Wohl bestimmen wollen: so ist nur zu fragen, wie weit es zuträglich sey, daß mancherley Empfindungen in der Seele erweckt werden?

Diese Frage wird beantwortet, wenn wir sehen, was die verschiedenen Empfindungen der Menschen selbst für einen Werth für selbige haben. Die gewöhnlichen Empfindungen, welche
durch

Von der Musik und dem Tanz.

durch die Musik ausgedrückt werden, sind Heiterkeit, Fröhlichkeit, Traurigkeit, Melancholie, sanfte Rührungen und erhabne Gesinnungen. Zorn und Wuth wird man nicht leicht in musikalischen Vorträgen finden, wenn sie nicht einem Singestücke, welches eine solche Leidenschaft etwa ausdrückt, zur Begleitung dient. Drückte aber auch ein musikalisches Stück allein eine solche Leidenschaft aus: so würde doch die Wirkung davon nicht leicht schädlich seyn können, wenn nicht etwa ein zu diesen Leidenschaften geneigter Mensch eben in der Zeit, da er die Musik hörte, Anlässe zum Zorn oder ähnlichen Affecten fände. Die gewöhnliche Wirkung der Musik sind angenehme, frohe, zärtliche und melancholische Empfindungen. Bey allen Menschen, ohne Ausnahme, ist es der Gesundheit der Seele und des Leibes gleich zuträglich, wenn sie heiter und froh sind; und es ist also diese Wirkung der Musik uns sehr wohlthätig. In unsern empfindsamen Zeiten wäre für diejenigen, welche natürliche Anlagen zu zärtlichen Gemüthsbewegungen haben, und bey welchen durch ein dazu stimmendes Leben die natürliche Empfindsamkeit verstärkt ist, eine Musik, die sehr sanfte, zärtliche und melancho-

lische

lische Empfindungen veranlaßt, freylich nicht anzurathen. Sie wird die Weichlichkeit und damit verbundene Unthätigkeit, welche wir bey den empfindsamen Seelen finden, sobald wir sie aus ihrer Empfindungssphäre kommen lassen, noch leicht bis auf einen hohen Grad vermehren. Wenn solche Personen also weise genug wären, um das, was ihnen schädlich ist, zu vermeiden: so müßten sie ihren Schwächen nicht eine solche Nahrung geben. Allein wenn sie dazu nicht weise genug sind: so können wir doch dieses Vergnügen eben so wenig anklagen, als wir jede sanfte selbst von Tugend, Frömmigkeit, Freundschaft und andern edlen Gütern des menschlichen Lebens herrührende Gemüthsbewegung tadeln können. Der große Haufe der Menschen, der nicht so empfindsam durch Natur und Erziehung gestimmt und hart und roh in Absicht auf die Empfindungsanlagen ist, hat dagegen von einer solchen Musik viele Vortheile, und bekommt desto eher Gefühl für menschliche Freuden und wohlthätige Handlungen. Im Ganzen sind die Wirkungen der Musik auf unsre Empfindungen nur unter gewissen Umständen oder zufallsweise schädlich, und dagegen fast immer wohlthätig; und so ist das

Ver-

Vergnügen, das sie uns verschaft, überhaupt also ein reiner Gewinnst an Glückseligkeit. Was ihr aber noch einen sehr großen Werth giebt, ist das Gefühl für Harmonie, das sie befördert und verstärkt. Dieses Gefühl wirkt aber sehr vortheilhaft auf alle unsre Ideen und die dadurch bestimmten Neigungen und Vergnügungen. Denn alles, was wahr, was tugendhaft, anständig und edel ist, gründet sich auf angenehme und wohlthätige Verhältnisse und Zusammenstimmungen der Dinge zu einander. Auch möchte ich fast behaupten, daß ein Mensch, der keinen Geschmack an der Musik fände, nicht ohne Mühe ein hinlänglich feines Gefühl für die aus den verschiedenen Verhältnissen der Menschen entspringenden Pflichten erlange. Nur weise Erziehung, vortreflicher Unterricht und ein zur Bemerkung der Harmonie geübtes Auge würden mühsam den Begrif der Harmonie nach und nach der Seele hell darstellen, und ihr so ein Gefühl für die darin liegenden Reize verschaffen können, wenn das Ohr für die Harmonie und den Rhythmus der Töne unempfindlich wäre. Wenn ich an alles dieß denke: so möchte ich gerne wünschen, daß die Musik allenthalben die Lieblingserholung für die Menschen wäre. Damit wünsche ich gar nicht, daß alle, die sie trieben, selbst Virtuosen wären. Dann würde Musik ganz unsre Beschäftigung werden, und sie soll nur Erholung seyn. Man findet auch selbst unter denjenigen Völkern, wo Musik das Lieblingsvergnügen ausmacht, nur Wenige, die so mit ihrem Herzen an dem Vergnügen der Musik hängen, daß sie darüber ihre Berufsgeschäfte liegen lassen, und dazu träge und untüchtig werden. Giebt es Einen und den Andern, der es in der Neigung zur Musik zur Leidenschaft kommen läßt: so wird er ganz ein Musiker. Gehen Andre, die sich andern Berufsgeschäften gewidmet haben, in der Zeit, die sie zur Musik verwenden, zu weit; so ist es doch ungleich besser, daß sie einem Vergnügen, das an sich so unschuldig und von sonstigen Ausschweifungen entfernt ist, und das der Seele eine gefällige Stimmung zum Umgange mit Andern giebt, sich zu sehr ergeben, als daß sie, welches immer unter andern Umständen zu fürchten wäre, in Ausschweifungen des Trunks, der Liebe und des Spiels verfallen.

Endlich hat das Vergnügen der Musik auch das Vorzügliche, daß es auf keine Weise der

Bevöl-

Bevölkerung nachtheilig ist, und daß dadurch nichts von den Bedürfnissen, die zum Unterhalt des Lebens erforderlich sind, vermindert oder verschwendet wird, und daß, welches beym Luxus so sehr der Fall ist, der Umlauf des Geldes Stockungen und Unregelmäßigkeiten bekommt, welche dem Staat im Ganzen so nachtheilig sind.

In Absicht auf zwo Klassen von Menschen kann Liebe zur Musik leicht gefährlich werden, und dieß muß hier nicht übergangen werden. Wer aufs menschliche Leben und die Menschen aufmerksam ist, findet eine nicht ganz unbeträchtliche Menge unter denselben, die einen sehr schwachen Thätigkeitstrieb haben, und die diesen nicht anders als in dem äußern, was sie vorzüglich lieb gewinnen. Unter diesen Menschen fallen Manche auf die Musik. Sie haben nicht Thätigkeitstrieb genug, um die Theorie der Musik gründlich zu studiren, und es in der Ausübung zu einem sehr hohen Grad der Vollkommenheit zu bringen, und als große Musiker die Musik zu ihrem Geschäft zu machen. Auch finden sie es nicht gut, gemeine Musikanten zu werden. Gewöhnlich ist es ihnen aber wegen guter natürlicher Talente zur Musik leicht

geworden, es in der Musik zu einem mittel=
mäßigen Grade der Vollkommenheit zu bringen. Weil diese Menschen aber doch einmal
ein anders Geschäft oder Amt wählen müssen,
um davon zu leben oder dadurch gleichsam dem
Staat zu dienen: so findet es sich, daß sie ihre
Berufsgeschäfte liegen lassen, und alle ihre Zeit
mit der Musik hinbringen. In Rücksicht auf
diese Leute ist der Musik aber nichts zur Last
zu legen. Denn es ist unstreitig anzunehmen,
daß eben diese Leute, wenn sie nicht das Ver=
gnügen der Musik lieb gewonnen hätten, einem
andern Vergnügen nachgelaufen, und darin
leicht bis zur Ausschweifung, zur Niederträch=
tigkeit und zum öffentlichen Aergerniß versun=
ken wären. Indem sie aber ihre Tage mit der
Musik hinbringen: so behalten sie doch noch
ihre Gesundheit, entgehen vielen sonstigen See=
lenunordnungen, und bleiben noch im Umgange
mit Andern oft sehr angenehme Menschen.
Vermehren sie auf diese Weise gleich nicht den
Schatz der allgemeinen Glückseligkeit, und näh=
ren sie sich gleich mit Unrecht mit davon: so
bringen sie doch auch nicht große Unordnungen
hinein, und suchen nicht die Bemühungen An=
drer zum Besten des Staats zu vereiteln, und
die

Von der Musik und dem Tanz.

die gemeinsame Masse der Glückseligkeit zu zernichten. Das Nachtheilige und Gute, was in diesem Stück die Musik hat, trift Menschen von jedem Stande.

Aber ein gewisser Nachtheil ist von der Musik für Personen von hoher Geburt zu fürchten, welchen Aeltern, Hofmeister und Erzieher nicht aus der Acht lassen müssen. Bey allen diesen Personen vermindern sich im Ganzen die Ursachen, wodurch ein nützlicher Thätigkeitstrieb genährt und befördert, und wodurch der Mensch zu etwas mühsamer Arbeit hingeführt wird. Verhältnißweise giebt es daher unter Personen von hoher Geburt mehrere, die in sinnliche Ausschweifungen fallen, und dabey nützliche Arbeiten des Lebens meiden. Dieses wird noch durch die mehrern Mittel, welche sie finden, ihren sinnlichen Lüsten nachzuhängen, nicht wenig begünstigt. Kommt es aber auch nicht so weit: so lieben sie häufig irgend ein Geschäft, das mit keiner großen Beschwerlichkeit verknüpft ist. So wird denn auch oft die Musik deren Lieblingsvergnügen. Rührt dieß zugleich aus den Anlagen des ganzen Menschen her, so, daß alle Bemühungen, in nützlichen Geschäften des Lebens Arbeitsamkeit zu bewirken, vergebens sind: so ist es immer gut, daß die Musik das Lieblingsvergnügen werde. Fehlt es aber nicht an natürlichem Thätigkeitstriebe: so muß man die Seele nicht unter der Vorstellung, daß die Musik etwas Unschuldiges sey, gleichsam erschlaffen und zu einem solchen blossen Vergnügensgeschäfte hinabsinken lassen. Endlich kann der Fall kommen, daß vieler natürlicher Thätigkeitstrieb da ist, und daß man damit auf die Musik fällt. Wenn dieses geschieht: so haben diejenigen, welchen die Ausbildung einer solchen Seele anvertraut wird, oder Einflüsse darüber haben, viele Ursache, diesen Trieb nicht auf die Musik fallen zu lassen. Denn auch unter den Virtuosen in irgend einem Geschäfte, in irgend einer Wissenschaft und in irgend einer Kunst haben gar wenige Genies eine so starke angeborne einzelne Richtung der Seele, daß die Seelenkraft, der Magnetnadel, die immer nach den Polen hinstrebt, gleich, nicht eher ruhet, als bis sie den einzigen Gegenstand ihres Thätigkeitstriebes gefunden hat. Fast alle Menschen haben eine größere Mannichfaltigkeit in ihren Annehmungsfähigkeiten. Obigen Rath, den Trieb zur Thätigkeit nicht auf die Musik fallen zu lassen, würde ich

ich jedoch wieder auf den Fall zurücknehmen, da man sähe, daß er sonst auf höchst schädliche Dinge fallen und sich nicht auf etwas Gutes lenken lassen würde. Dieser Fall würde aber nur dann Statt finden können, wenn man die erstere Jugendzeit zur Bildung der Seele nicht weise genutzt hätte. Außer diesem Fall sollte man nicht Personen von hoher Geburt die Musik bis zum Enthusiasmus treiben lassen. Nicht leicht darf man hoffen, daß aus einem großen Musiker ein guter Fürst und vortreflicher Minister oder Beamter werde. Und der Fall, daß die Musik das ordentliche Amtsgeschäfte ausmache, findet bey Personen von hoher Geburt nicht Statt. Beym regierenden Fürsten hat die Leidenschaft der Musik gewöhnlich nicht nur die Wirkung, daß er die Sorge für die seiner väterlichen Aufsicht und Pflege anvertrauten Menschen aus dem Gesicht verliert, welches im mindern Grade auch bey Ministern und andern hohen Beamten auf eine ähnliche Weise geschieht, sondern daß er auch die Landeseinkünfte durch kostbare Kapellen verschwendet. Hätte es nur noch die Folge, daß solche Regenten ihr ganzes Land musikalisch machten: so würde ich dieses sonst nicht mit zu den Uebeln jener Musikleidenschaft rechnen. Aber darum bekümmern sich solche Fürsten nicht leicht. Sie wollen nur immer das Vergnügen der Musik selbst bis zur Schwelgerey genießen. Zwar verbreitet sich die Liebe zur Musik von selbst über ein Volk mit, wenn der Fürst sie liebt; allein dann gehts leicht dem Volke so wie dem Fürsten. Musik wird Hauptgeschäft, und es sollte Erholung seyn. Wollte man dagegen das Beyspiel des größten Kriegesfürsten unsrer Zeit anführen: so müßte ich dagegen anmerken, daß selbiger zu den höchst seltnen Menschen gehört, die für viele große Vollkommenheiten und Unternehmungen eine außerordentliche Seelenempfänglichkeit haben, und sich nicht leicht von einer Leidenschaft beherrschen lassen.

Wider das Vergnügen der Musik könnte nun endlich noch ein Einwurf gemacht werden, der vielen Schein hat, aber doch dem, was ich zum Lobe der Musik gesagt habe, nach sorgfältiger Prüfung nicht widerspricht. Man findet nämlich nicht wenige große Tonkünstler und gemeine Musiker, die ein unordentliches und selbst liederliches und niederträchtiges Leben führen. Es könnte also scheinen, daß dasjenige, was ich vom vortheilhaften Einfluß der

Musik

Von der Musik und dem Tanz.

Musik auf die Beförderung und Erhaltung einer guten Ordnung in der Seele gesagt habe, nicht genug gegründet wäre. In Absicht auf die gemeinen Musiker ist erstlich zu erinnern, daß selbige mehr durch Zufall oder Willen der Aeltern veranlaßt werden, Musikanten zu werden, als durch ein angenehmes Gefühl für die Annehmlichkeit der Töne und deren Harmonie und Melodie. Für diese wirkt indessen doch die Musik in Rücksicht auf den moralischen Charakter an sich vortheilhaft. Die Wirkung davon ist aber, wenn nicht sonst viele gute Tugendanlagen in der Seele sind, nicht so stark, daß sie vielen sonstigen Anlässen zu Seelenunordnungen genug widerstehen könnte. Es finden sich aber gedachte nachtheilige Anlässe in mannichfaltigen Dingen, die mit dem Leben eines Musikanten verknüpft sind. Wir wissen es, wie ihr Leben fast immer in Nachtschwärmereyen hingeht, wie viele nächtliche Unordnungen sie immer sehen, wie sie immer Versuchungen zum Trunk ausgesetzt sind, und wie wenig sie beym Spielen der Instrumente auf eine vortrefliche Ausübung zu sehen Ursache finden. Hat einer wirklich aus Neigung die Musik zu seinem Geschäft gemacht: so hat er oft einen so eingeschränkten Seelenblick, daß er auf nichts als auf Musik aufmerksam ist, und selbst die Empfindungen der Menschen nur höchstens im musikalischen Ausdruck studirt. Er bekommt also nicht ein genug allgemeines und sich über das menschliche Leben und die Welt ausdehnendes Gefühl für passende und gleichsam wohltönende Verhältnisse. Endlich treibt er Musik nicht nur bis zum Enthusiasmus, sondern auch bis zur gänzlichen Ermüdung. Was Wunder nun, wenn er bey dem eingeschränkten Gefühl in Ansehung der Harmonie und des Rhythmus, an die Eurhythmie des menschlichen Lebens nie denkt, und also nicht Gefühl dafür bekommt, wenn gleich die Seele eine Stimmung zur Annehmung dieses Gefühls hat! Was Wunder, wenn die Idee von dem Vergnügen der Musik beym Ausruhen auf die Idee von einem mit weniger Mühe verknüpften Vergnügensgenuß im Essen, Trinken, Spielen und in der Liebe gleichsam abgleitet! Bey einem Musiker, den sein Genie zur Cultur der Musik hingeführt hat, wird auch, weil die ordentliche Arbeit desselben in einem Geschäfte besteht, das Vergnügen geben soll, der Hang zu Ideen, die sinnliches Vergnügen zum Gegenstande haben, leicht

gar

gar zu stark; und so fällt ein Musiker in seinen Erholungsstunden wieder auf sinnliche Vergnügungen, deren Genuß keine Anstrengung erfordert. So ist es nicht mit Personen beschaffen, deren gewöhnliche Geschäfte von ganz andrer Art sind. Wenn diese eine schöne Musik hören: so verlieren darüber die Berufsgeschäfte und die damit verbundnen Endzwecke ihren Reiz nicht. Und weil die Musik auch nicht zu den Vergnügungen gehört, die die Seele gleichsam berauschen: so verliert sie auch nicht die Lust, zu ihren täglichen Berufsarbeiten zurück zu kehren. Was zu Ausschweifungen der Virtuosen noch vorzüglich starke Anlässe giebt, ist die Vorstellung, daß man in den Ruhestunden nicht Plane machen darf, um Gewinnstquellen zu entdecken, sondern daß man sich vorstellt, man habe an seinem Instrument oder an seiner Kehle eine Geldquelle, woraus man immer beliebig das Nöthige schöpfen kann. Und damit vereinigt sich noch die Bewunderung und Nachsicht, welche die Vornehmen und Reichen, und alle, die an der Tonkünstler zauberischem Spiel und Gesang ihre Seelenweide finden, für sie zu haben pflegen. Selbige trift bey ihren Lastern also nicht die Verachtung,

woburch

woburch Andre, die ausschweifen, gestraft und vorm Laster mit bewahrt werden. Jene Nachsicht zeugt und nährt auch den Eigensinn und die unerträgliche Laune, welche man bey so vielen Virtuosen zu finden pflegt.

Die Musik selbst also und deren Geist, wenn ich mich so ausdrücken darf, ist daher unschuldig, und für den Menschen und die menschliche Gesellschaft wohlthätig, und wenn sie nachtheilig wirkt: so rührt dieß von zufälligen Umständen her, welche alles, was an sich vortreflich ist, schädlich werden lassen können.

Und was ist nun noch hinzuzusetzen, um den Werth des Tanzvergnügens zu bestimmen? Wir haben beym Tanz theils auf den theatralischen, theils auf den gemeinen Tanz zu sehen. Ueberhaupt hat der Tanz das Eigne, daß gewisse tactmäßige und rhythmische Bewegungen durch den Körper und dessen Stellungen ausgedrückt werden. Ich habe es schon gesagt, daß diese Bewegungen ohne Rücksicht auf die etwanige Schönheit der tanzenden Personen und auf gewisse dem Scheine nach übernatürliche körperliche Wendungen und Kraftäußerungen nicht eine so starke Wirkung zur Unterhaltung haben, als die Bewegungen in den
Tönen.

Tönen. Selbst bey den tanzenden Personen ersetzt das angenehme Gefühl, welches die Seele in Verbindung mit dem Körper von der melodischen Bewegung des Körpers erhält, das, was dem Tanz in Vergleichung mit der Musik fehlt, noch gar nicht. Man findet nie Einen oder Mehrere auch nur eine Stunde bloß tanzen, aber oft unterhält einer sich allein stundenlang mit der Musik. Daher rührt es, daß der Tanz die Musik immer zu Hülfe nimmt; und wenn von dem Tanzen und dessen Folgen die Rede ist: so denkt man eigentlich an die vereinigte Wirkung der Musik und des Tanzens. Und nimmt man den Tanz so: so ist es nicht nöthig zu zeigen, daß die Wirkung des Tanzes weit stärker seyn müsse, als die Wirkung der Musik allein.

Zur Bezeichnung der Empfindungen und Leidenschaften der Seele ist beym Tanzen nicht nur die von der Musik begleitete und unterstützte Bewegung des Körpers da, sondern es kommen noch manche außer der Sphäre der Bewegung liegende Stellungen und Mienen und Blicke dazu. Alles dieß wird noch oft durch eine natürliche Grazie und durch den Rhythmus, den Aristides Quintilianus selbst

den

den körperlichen Formen, so wie sie auf einmal in die Augen fallen, beygelegt hat, nicht wenig erhöhet. Aus allem diesem wird es begreiflich, wie leicht das Vergnügen des Tanzes, wobey so viele sinnliche harmonische und gesangmäßige Gänge der Bewegung sich vereinigen, und die beyden feinsten Sinne des Körpers wetteifernd liebkosen, die allerstärkste Leidenschaft bewirken, und den Menschen dergestalt hinreißen können, daß er von Kräften ganz erschöpft oft dahin sinkt, und selbst dem Tode in die Arme fällt, ehe die Seele dieses Vergnügen einer so vielfachen Bewegung, wodurch Sinne und Imagination endlich entzückt werden, fahren lassen, und erst neue Kräfte sammlen will. Dieß alles kann Statt finden, wenn auch gleich nur noch gewisse Arten der Empfindungen durch Tanz und Musik ausgedrückt werden, und wenn der Text dazu noch nicht gleichsam besonders abgedruckt wird. Dieses geschieht aber in nicht wenigen Theatertänzen und andern künstlichen Tänzen auf eine so gute Art, daß es dem Zuschauer nicht schwer wird, den Theil des menschlichen Lebens sich sehr bestimmt vorzustellen, den man dadurch bezeichnet. Sobald der Tanz zu dieser Vollkommenheit
sich

sich erhebt: so steht es bey dem, der den Tanz componirt, es zu bestimmen, wie unschuldig oder verführerisch der Tanzroman werden solle. Daß manche Tänze den wollüstigsten Romanen aber nichts nachgeben, ist Allen genug bekannt, die Tänze dieser Art gesehn haben. Und oft macht uns eine Gesellschaft, die sich schämt, einen ordentlichen Crebillonschen Roman von der Art vorzulesen, ohne Umstände mit einem solchen Roman bekannt, und wirkt dadurch weit mächtiger, als irgend ein andres Verführungsmittel wirken könnte, sowohl auf sich selbst als auf Andre.

Da sehen Sie, meine wertheften Zuhörer, die Beschaffenheit des Tanzes überhaupt und dessen Wirkungen. Wir sehen hieraus, daß das Vergnügen des Tanzes bey allen denenjenigen, die es lieben, sehr leicht bis zur Leidenschaft und zur Trunkenheit steigt, daß dieß bey den unschuldigsten Tanzgattungen Statt findet, und daß darin das Tanzen überhaupt eine sehr nachtheilige Seite hat. Bey der Musik findet sich das nur bey sehr wenigen großen Liebhabern und Kennern. Und steigt das Vergnügen der Musik auch bis zur Leidenschaft: so hat es dann doch noch nicht so gefährliche Folgen, als das Vergnügen des Tanzes. Allein

Allein wir müssen, um die Moralität des Tanzens richtiger zu bestimmen, noch einen Blick auf die gewöhnlichen Bälle und Tänze werfen. Auch unter diesen giebt es Manche, die an sich nicht unschuldig genug sind, und die nicht genug reine Empfindungen und Vorstellungen erwecken und veranlassen. Im Ganzen können wir aber doch von der größten Anzahl von Tänzen, womit man sich auf Bällen unterhält, sagen, daß sie in der Hinsicht nicht leicht schädlich sind. Aber allenthalben und fast allgemein bemerkt man bey Bällen und bey Tänzen eine leidenschaftliche Bewegung unter den Tänzern und Tänzerinnen. Diese leidenschaftliche Vergnügungsbewegungen haben verschiedene sehr nachtheilige Folgen für die Seele und für den Körper. Es ist bekannt, daß eine von einer Art des Vergnügens berauschte Seele leicht eine Begierde bekommt, theils dieses Vergnügen noch im höhern Maaß zu genießen, theils den Genuß andrer Vergnügungen damit zu verbinden. Wenn unter den Tanzenden das Gefühl für Anständigkeit und Tugend nicht stark ist: so weicht man, sobald das Vergnügen des Tanzens stark wird, sehr leicht von einer gewissen Delicatesse im Ausdruck und im Betragen ge-

gen

Von der Musik und dem Tanz.

gen Andre ab. Geschieht das auch nicht: so hat man doch dahin gehende Stimmungen der Seele. Bey Personen, die in der Hinsicht nicht auf der Hut sind, und bey dem großen Haufen der Menschen, der sich mehr so zeigt, als er ist, findet man auch immer, daß man dann anfängt, sich mancherley Freyheiten und unanständige Vertraulichkeiten zu erlauben, die vorher nicht Statt fanden. Unter einem Haufen von gemeinen Leuten endigt sich das Tanzen sogar oft mit Trunkenheit und toller Raserey. Es bestätigt also die allgemeine Erfahrung die Gedanken, die vorher aus der Natur der Sache herausgeleitet waren.

In Ansehung des Körpers ist vom Tanzen auch nicht wenig zu fürchten. Die starke Bewegung des Vergnügens, welche alle übereinstimmende rhythmische Bewegungen des Tanzes und der Musik zur Folge haben, hindert die Tanzenden auf die nach und nach sich erschöpfenden Kräfte des Körpers genug zu merken, und zu gehöriger Zeit aufzuhören. Das Blut und alle Säfte bekommen einen stürmischen Kreislauf, und bricht sehr oft durch die zarten Gefäße der Lunge hindurch. Oft kann das Herz oder das Gehirn den Sturm der Bewegung in den Säften und im Blut nicht ertragen. Die edelsten Theile und Gefäße des Körpers zerreissen, und der vor einem Augenblick bis zur Entzückung vergnügte Tänzer fällt plötzlich todt dahin. Fast kann ich annehmen, meine Herren, daß keiner unter Ihnen sey, dem nicht wenigstens Beyspiele von plötzlichen und gefährlichen Krankheiten als Folgen des übermäßigen Tanzens bekannt wären. Und wie Viele giebt es, die das Vergnügen eines Tanzes mit einem lebenslang siechen Körper bezahlen müssen! Ich habe es schon angemerkt, daß ein sonst mächtiges Gefühl für Anständigkeit in den leidenschaftlichen Bewegungen des Gemüths verloren geht. Dieß zeigt sich auch darin, daß man nicht die ganze Grazie des melodischen und harmonischen Ganges in der Musik und in der Bewegung des Körpers bey der starken Aufwallung des Bluts mehr zu empfinden und davon die Reize wahrzunehmen fähig ist. Unter einer Reihe von zwanzig Tänzern sind oft kaum Einige, die noch durch ihre Bewegung eine solche Empfindung und Wahrnehmung der Seele an den Tag legen. Selbst unter denjenigen, welche sich nicht bis zur Leidenschaft bewegt finden, giebt es noch Viele, die sich doch nicht mäßigen, und nicht

zu

zu rechter Zeit aufhören. Sie haben eine falsche Schaam über die Vorstellung, daß sie nicht sollten im Tanz so gut ausdauern können als Andre, und so tanzen auch diese sich oft eben sowohl krank oder todt als Andre, die bloß von Vergnügen trunken dahin tanzen. Zu allem diesem kommt noch eine Bemerkung, die uns auch das itzt übliche Tanzen von einer sehr nachtheiligen Seite zeigt. Es ist nämlich bekannt, daß man der Menuet, womit ein Ball angefangen wird, worin feine Höflichkeit mit einer gefälligen Majestät und Würde so angenehm vereinigt ist, wodurch jeder Theil der Bewegung so wohl ausgedrückt werden kann, und wobey endlich die Bewegung des Körpers nicht gar zu angreifend ist, itzt kaum eine halbe Stunde bestimmt, sondern sogleich zu den englischen Tänzen fortgeht.

Nehmen wir nun alles, was beym Tanzen bemerkt ist, zusammen: wie können wir, meine Herren, sagen, daß dieses Vergnügen, so wie es gewöhnlich genossen wird, zu billigen und zu empfehlen wäre! Aber werden wir auf der andern Seite es auch wagen können, diese Art des Vergnügens zu verdammen, und darauf zu dringen, oder auch nur zu wünschen, daß diesem

Vergnügen ein Ende gemacht werde? Ist es weise, in Religionsbüchern das Tanzen schlechterdings zu den sündlichen Vergnügungen zu rechnen? Das, was wir über die Natur des Tanzes und der Musik gesagt haben, beweist es überflüßig, daß der Tanz ganz natürlich sich mit gewissen festlichen Gemüthsbewegungen vereinigt, daß, wenn feine und anständige Empfindungen und Gesinnungen dadurch ausgedrückt werden, und man sich vor Unmäßigkeit in diesem Vergnügen hütet, das Tanzen nicht allein unschuldig ist, sondern auch das Gefühl für Feinheit, Anständigkeit und Harmonie vermehrt, und den ganzen Menschen mehr menschlich und gefällig macht. Da der Mensch durch die Natur selbst, wie das die Geschichte aller Nationen genug zeigt, so sehr zu diesem Vergnügen hingezogen wird: so wäre es auch vergeblich, auf die gänzliche Abschaffung dieses Vergnügens zu dringen. So bleibt uns also nichts übrig, als daß wir getreulich unsre Nebenmenschen mit dem bekannt machen, was beym Tanz für ihre Glückseligkeit zu fürchten ist, um sie dahin zu bewegen, daß sie sich es gefallen lassen, im Genuß dieses Vergnügens die Quelle rein zu halten, in den Grenzen der Natur zu bleiben, und dieß

Vergnü-

Vergnügen ein wahres und reines Vergnügen werden zu lassen. Würde das Tanzvergnügen mit der Mäßigkeit genossen, womit man es, wenn man Unterricht beym Tanzmeister darin nimmt, zu genießen pflegt; und schränkte man sich in dieser ohnehin nicht schwachen Bewegung auf ein bis zwey Stunden ein: so würde es für sitzende Personen selbst als eine sehr heilsame Sache auch in Ansehung des Körpers anzurathen seyn. Für Personen von sitzender Lebensart wäre es im Winter, darin man sich nicht so leicht durch Spazierengehen die nöthige Bewegung verschaffen kann, selbst sehr zu wünschen, daß sie wöchentlich ein paar mal eine Stunde tanzen könnten. Würden wir endlich gefragt, ob auch diejenigen, die zu Wächtern über die Menschen in Absicht auf Religion, Pflichten und Moralität bestimmt sind, sich erlauben dürften, zu tanzen: wie hätten wir darauf zu antworten? Das Amt der Religion ist mit Recht ein Amt vieles Ernstes. Alles, was nahe an Leichtsinn oder leicht unter der Gestalt einer Unordnung erscheinen kann, muß es sorgfältig vermeiden, wenn es in die Seelen der Menschen leicht Eingang finden und keinem schwachen Menschen zum Anstoß gereichen will. Diejenige Heiterkeit und selige Wonne, welche Beobachtung der Pflicht, Liebe und Vertrauen gegen Gott und das Gefühl von Ordnung in den Gedanken und Neigungen der Seele mit sich führt, mag man in dem Gesicht des Predigers und in seinem ganzen Betragen lesen; aber er erscheine immer als ein geruhiger sich beherrschender Weise, und predige so noch mehr durch sein Leben, als durch seine Lehren. Zwar ist auch der Prediger ein unvollkommener Mensch; allein es ist seine Pflicht, alle seine Kräfte anzuwenden, vor Andern vollkommen zu seyn, weil der große Haufen der Menschen und besonders der gemeine Mann beym Prediger sich einen über die gewöhnlichen Schwächen erhöhten Boten und Diener Gottes vorstellt, und dessen Leben also vorzüglich untadelhaft finden will. Nach diesen Begriffen, die wir alle vom Prediger und dessen Pflichten haben müssen, würde es ihm zu rathen seyn, ein Vergnügen zu vermeiden, das im Ganzen eher übel als gut genutzt wird, und bey dessen Genuß er nicht nur in Versuchung geriethe, zu weit zu gehen, sondern auch manchen Tänzer oder manche Tänzerin anträfe, mit denen er deren Unordnungen und Ausschweifungen gleichsam beym Tanzen theilen müßte.

Ein und zwanzigste Betrachtung.
Von einigen zum Schauspiel dienenden Kunstfertigkeiten und Kunstwerken.

Unter dem Namen der Kunstfertigkeiten und Kunstwerke begreife ich, meine Herren, außer den Feuerwerken und Illuminationen, die Künste der Seiltänzer, der Springer, der Balancirer, der Positurenmacher, der Kunstbereiter, der Taschenspieler und etwaniger Andrer, die es sich zum Geschäfte machen, außerordentliche Leibesgeschicklichkeiten zu erwerben und zu zeigen, zusammen.

Was die Feuerwerke betrift: so ist es bekannt, daß man dadurch vermittelst der Lichterscheinungen allerhand menschliche Werke, Figuren, Bewegungen, Schriften und zur Fabellehre

lehre und Geschichte gehörige Dinge hervorzubringen und vorzustellen pflegt. Sehen wir auf die Eindrücke, welche alle diese verschiedenen Vorstellungen und Erscheinungen mit Rücksicht auf unsre Gesinnungen machen: so scheinen selbige nicht von großer Wichtigkeit zu seyn. Gemeiniglich finden wir bloß mancherley Gestalten und Formen, deren Darstellung unsere Beurtheilungskraft und Geschmack in Absicht auf wohl oder übel getroffene Nachahmungen der Natur und der Kunst etwas üben und bilden kann. Sehr selten erwecken dergleichen Darstellungen bey uns Gedanken und Neigungen, die von wichtigen Folgen in Ansehung des menschlichen Lebens und der menschlichen Glückseligkeit seyn können. Enthalten die in Feuer dargestellten Figuren auch Worte und schriftlich ausgedruckte Gedanken: so machen diese sehr wenig aus, und so sind auch diese nicht einmal das, woran sich der Zuschauer vergnüget. Er beschäftigt sich höchstens nur flüchtig mit den so ausgedruckten Gedanken, und weidet eigentlich sein Auge an den in Ruhe oder Bewegung vorgestellten Formen, und an dem mit der Dunkelheit der Nacht so angenehm contrastirendem Licht des Feuers. In der

der Hinsicht scheint also das Vergnügen, das die Feuerwerksschauspiele uns machen, unschädlich und unschuldig zu seyn. Wir müssen aber mit unsrer Betrachtung nicht bloß dabey stehen bleiben; sondern untersuchen, was dieses Vergnügen uns an Arbeit koste, wie weit diese Arbeit in der menschlichen Gesellschaft wohl angewandt sey, und wie weit das darauf verwandte Geld einen nützlichen Beytrag zur Beförderung des Umlaufs des Geldes liefere. Nun ist es aber bekannt, daß oft nicht wenige Personen Monathe arbeiten müssen, um uns ein Vergnügen auf eine Stunde zuwege zu bringen. Bauen wir uns prächtige Häuser, und schaffen wir uns schöne Mobilien an: so haben wir doch darin theils etwas für unsre wahren Bedürfnisse, theils ein fortdauerndes Werk, theils einen vielleicht lebenslang währenden angenehmen Anblick. Und Sie wissen es, meine Herren, wie wenig ich selbst das mit einem solchen Luxus verknüpfte Vergnügen habe billigen können. Bey den Feuerwerken aber sieht man die Materialien dazu sowohl als die Kunst der Arbeit in kurzer Zeit zernichtet. Zwischen der Arbeit und dem dadurch veranlaßten Vergnügungsgenuß ist also bey Feuer-

werken ein äußerst anstößiges Mißverhältniß.
Wer daran denkt, dem muß es nothwendig ein=
leuchten, daß es der Natur der Sache nach
höchst unbillig ist, wenn zur Hervorbringung
einer Menge von Materialien und zu Bearbei=
tung derselben viele Zeit und Arbeit verwandt,
und dafür bloß eine kurz vorübergehende Au=
genweide erkauft wird. Gewöhnt man sich
dazu, so eine Art der Unbilligkeit und des Miß=
verhältnisses gleichgültig anzusehen: wie na=
türlich ist es, daß der allen gesellschaftlichen
Verbindungen so nützliche Abscheu vor allen
Arten der Unbilligkeiten dadurch sehr vermin=
dert wird! Auch finde ich etwas über allen
Ausdruck Kleines darin, daß man, um ein so
schnell vorübergehendes sinnliches Vergnügen
zu haben, so viele Anstalten machen lassen kann.
Es ist, als wenn es keine Vergnügungen für
uns auf der Welt gäbe, die denkender Wesen
würdig wären, oder als wenn wir, wie elende
Sklaven der Sinnlichkeit, nach dem bis zum
Eckel gehabten Genuß aller andern länger dau=
ernden und mehr sich auf natürliche Bedürfnisse
beziehenden sinnlichen Vergnügungen nun nach
dem Kitzel einer noch ungekosteten und uns
neuen sinnlichen Wollust lechzeten, und jeden

Tropfen

Tropfen derselben begierig hinunterschlürften. Auch ist es den Menschen nicht heilsam, daß sie die Idee einer solchen muthwilligen Zerstörung, als bey den Feuerwerken Statt findet, gleichgültig ertragen lernen. Die Masse der zu unsrer wahren Glückseligkeit dienenden Güter gewinnt sehr dadurch, daß alles im Staat einen Geist der Erhaltung hat, und jede Art unnöthiger Zernichtung hasset. Diejenigen, welche an solchen Dingen arbeiten, und selbst den größten Fleiß anwenden müssen, um alles recht zu machen, können auch nie die eines Menschen so würdige angenehme Vorstellung haben, daß sie ihren Nebenmenschen durch ihre Arbeit etwas zur Befriedigung wahrer Lebensbedürfnisse verschaffen. Und kommen sie so weit, daß ihnen eine solche Vorstellung gleichgültig wird: so werden sie auch das feine Gefühl für jeden andern Mißton in der menschlichen Gesellschaft bald verlieren.

Nach allen diesen Betrachtungen glaube ich nicht zu hart von den Feuerwerken zu urtheilen, wenn ich glaube, daß man zu einer symbolischen Vorstellung des Leichtsinns, der Frivolität, einer kindischen Kleinheit der Seele, kein die Sache natürlicher bezeich-

bezeichnendes Bild, als ein Feuerwerk, wählen könnte. Wollte man zur Rechtfertigung dieses Vergnügens sagen, daß doch immer diejenigen Menschen, welche dabey gebraucht werden, so Arbeit und Brodt fänden: so wolle man dagegen bemerken, daß keine Art der Arbeit müsse begünstigt werden, die nicht eine Beziehung auf unsre wahren Leibes- oder Seelenbedürfnisse haben, daß es nicht leicht ein Land giebt, wo nicht durch mehrere Arbeit noch der Natur mehr zur Nahrung und Unterhaltung der Menschen abgewonnen werden könnte, daß jede Staatseinrichtung durch viele vereinte Kräfte die Menschen zu einer die Bevölkerung und wahre Glückseligkeit bewirkenden Arbeitsamkeit hinführen, und daher von jedem unnützen Geschäfte abhalten sollte, und daß es einer der größten politischen Irrthümer ist, wenn man glaubt, daß eine große Menschenanzahl und deren Unterhalt durch irgend eine Arbeit, die nicht zur Hervorbringung wahrer Lebensbedürfnisse dient, befördert oder erhalten werden könne. Gewinnt man dadurch Geld und erhält man dafür Lebensmittel, und geben Arbeiten, womit man für der Menschen Tändeley, Eitelkeit und sinnliche Lust sorgt, Anlaß zur

zur Vermehrung der Menschen: so ist es ein Zeichen, daß da, wo die Natur mehrere Menschen haben könnte und sollte, die Anzahl der Menschen sich vermindert; so fließt daraus, daß sonst unnöthige Wegschaffung der Lebensmittel von den Oertern, wo die Natur sie giebt, nach den Oertern, wohin die muthwillig von dem Busen der Mutter weglaufenden Söhne der Natur hingegangen sind, nun nöthig wird, und so kann man annehmen, daß, weil wenigere Hände daran arbeiten, der Natur zur Hervorbringung wahrer Lebensbedürfnisse alle erforderliche Pflege zu geben, die Menschenanzahl, die immer mit dem Vorrath der Lebensmittel überhaupt in gleichem Verhältnisse steht, geringer seyn muß, als sie seyn könnte. Wird also durch dergleichen unnütze Arbeit eine Art des Flors bewirkt: so ist das ein kleines partiales Gut, das ein allgemeines größeres Uebel zur Folge hat, und also nicht eigentlich ein Gut genannt werden kann. So geht's auch mit dem Geldumlauf. So nützlich dieser auch ist, so sehr er, weil der Umsatz der Lebensbedürfnisse dadurch bewerkstelligt wird, nützliche Thätigkeit und Leben zur Hervorbringung der Lebensbedürfnisse veranlaßt: so muß er doch nie

durch

durch andre Zweige der Handlung und des Gewerbes befördert werden, als welche wahre Bedürfnisse des Menschen zum Gegenstande haben. In jedem Betracht ist also dieses Vergnügen, welches so wenige Seelenwürde im Menschen ankündigt, ein verwerfliches Vergnügen!

Von dem sehr nahe damit verwandten Vergnügen der Illuminationen können wir nicht so nachtheilig urtheilen. Erstlich ist es nicht sowohl ein Schauspiel, als ein öffentlicher Ausdruck der Freude und Dankbarkeit über irgend eine Glückseligkeit, die uns wichtig ist. Dann ist das Vergnügen nicht etwas so schnell Vorübergehendes. Dazu kommt noch dieß, daß es bey weitem nicht so kostbar ist, und daß es nicht so viele Verwüstung und Zernichtung mit sich führt.

Von den Seiltänzern und den andern schon genannten Künstlern haben wir das Nachtheilige nicht zu sagen, daß dadurch der menschlichen Gesellschaft viele brauchbare Menschen entzogen werden, und daß deren etwanige Kunstwerke vielen Menschen Beschäftigung geben. Wenn solche Leute auch geduldet und selbst begünstiget werden: so können doch nicht Viele eine solche Lebensart ergreifen. Niemand
wünscht

wünscht leicht mehr, als ein oder zweymal, dergleichen Künste zu sehen. Das erstemal sieht man sie gewöhnlich mit großer Begierde und vielem Vergnügen. Selten findet man sich bewogen, zum zweytenmal hinzugehen, wenn nicht neue Kunststücke dazu anlocken. Die Kunststücke wirken nämlich selten mit einigem Reiz auf uns. Das ganze Vergnügen des Zusehens gründet sich auf die Vorstellung von den Schwierigkeiten, welche der Künstler durch seine Kräfte und Geschicklichkeiten zu überwinden hat, und auf die uns unmöglich scheinende wirkliche Ueberwindung jener Schwierigkeiten. Sind wir von dieser Ueberwindung der Schwierigkeiten Zeugen gewesen: so finden wir uns ein andermal nicht mehr genug bey einem solchen Schauspiel beschäftigt, um einiges Geld dafür hinzugeben, es sey denn, daß wir die Art, wie der Künstler alles macht, noch nicht bemerkt haben, und daß wir hoffen, selbige in den nächstfolgenden Malen zu entdecken. Diese Bemerkungen machen es schon wahrscheinlich, daß nie viele Menschen sich Kunstfertigkeiten widmen können, dabey auch in den größten Städten kaum einer seinen Unterhalt beständig finden kann. Auch diejenigen, welche in diesen fen körperlichen Künsten es sehr weit bringen, sehen sich genöthigt, mit ihren Künsten von Ort zu Ort, und von Land zu Land zu reisen. Endlich giebt es auch nicht viele Menschen, welche durch einen von selbst entstehenden starken Hang zu dergleichen Kunstübungen hingeführt werden. Es ist also die Summe der Menschen, welche auf diese Weise für andere Geschäfte des menschlichen Lebens verloren gehen, nicht groß, und von der Seite findet sich nicht sehr viel Nachtheiliges für gesellschaftliche Verbindungen der Menschen in diesen Künsten. Damit sind selbige aber noch nicht gerechtfertigt, wenn selbige an sich den Menschen nicht ein ihrer würdiges Vergnügen verschaffen, und sonst keine vortheilhafte Wirkungen für die Menschen haben. Es ist schon zu viel, wenn auch nur ein Mensch seine Zeit und Mühe unnützen Geschäften schenkt.

Um den Werth dieser Künste richtig zu bestimmen, wollen wir aber theils noch auf die Künstler, theils auf die Zuschauer sehen. Die Künstler selbst sind gewöhnlich ihren natürlichen Talenten und Anlagen nach Menschen, die dem Staat sehr nützlich seyn könnten. Oft haben sie vortrefliche Seelenkräfte, und fast immer außerordentliche Stärke des Körpers und der
Muskeln.

Muskeln. Die Künste, welche sie ausüben, enthalten nichts, wodurch unmittelbar der öffentliche Schatz der Glückseligkeit vermehrt werden könnte. Auch können sie nicht mit einiger Sicherheit hoffen, daß sie mittelbar etwas zur Glückseligkeit der Menschen beytragen. Diese Leute haben also nie das Bewußtseyn, daß sie ein den Menschen nützliches Geschäft treiben, und wenn sie über sich nachdenken: so fehlt ihnen eins von den Dingen, ohne welche keine Zufriedenheit und Ruhe der Seele Statt findet. Seiltänzer, Springer und Kunstbereiter sind auch nie wegen ihrer Gesundheit und ihres Lebens außer aller Gefahr. Es ist bekannt genug, daß die Sicherheit, womit sie ihre Künste ausüben, gemeiniglich endlich eine Veranlassung zu vieler Sorglosigkeit giebt; und daß Wenige dieser Leute natürlichen Todes sterben. Gewöhnlich kommen sie durch einen Fall um Gesundheit oder Leben; und was können sich diese armen Leute dann zu ihrem Troste sagen? Thun sie immer alles mit der erforderlichen Vorsicht: so ist auch von dieser Vorsicht nicht leicht eine sie beunruhigende Besorglichkeit oder selbst Angst ganz getrennt. Man findet es selbst bey näherer Untersuchung oft, daß sie durch Anwandlungen der Angst in der Stunde, da sie ihre Künste machen wollen, anfänglich eine kleine Weile abgehalten werden, dieselben anzufangen. Und wie wäre es auch möglich, daß ein Seiltänzer, der hoch über der Erde sich einem Seil überläßt, an den Fall, da er schwindlicht würde, oder sein Fuß ausglitte, oder das Seil bräche, gar nicht dächte! Wie kann ein Springer, wenn er sich über die Spitzen von einer Reihe entblößter Schwerdter hinschwingen, oder von einer Höhe herunter mit wiederholten Umdrehungen sich zur Erde herabbegeben will, sich, wohl gänzlich der Vorstellung enthalten, daß er wegen eines zufälligen Hindernisses oder wegen einer einmal etwas irrig bestimmten Kraftanwendung leicht gespießt werden oder Hals und Bein brechen könnte! Wie unmöglich ist es, daß ein Mensch, der in tausend Stellungen auf zwey und mehrern muthig dahin galopirenden Pferden erscheint, sich auf sein Einverständniß mit diesen Thieren und auf seine große Geschicklichkeit vollkommen verlassen, und so mit aller Ruhe und Sicherheit seine Künste treiben könne! Große Meister im Balanciren haben gemeiniglich unter ihren Kunststücken nicht wenige, welche mit Gefahr

des

des Lebens verknüpft sind. Die Positurenmacher verderben ihren Körper dadurch, daß sie ihn unnatürliche Wendungen machen lassen, und daß sie den festern Theilen und Verbindungen desselben die natürliche Kraft nehmen, bis auf einen hohen Grad. Auch erregen sie gemeiniglich durch höchst unnatürliche und dem Körper viele Gewalt anthuende und zum Theil an sich scheußliche Stellungen für einen jeden, der über einen so wenig mit den Naturbestimmungen übereinkommenden Gebrauch des menschlichen Körpers und der menschlichen Glieder nachdenkt, einen höchst widerlichen Anblick.

Sehen wir auf die Zuschauer, die sich einfinden, die bisher angeführten Künste anzusehen: so besteht das Vergnügen, das sie finden, fast bloß darin, daß sie Dinge vollbracht sehen, wovon sie glauben, daß sie über der Menschen Kräfte und Geschicklichkeiten seyn. Die Bemerkung der Art und Weise, wie das geschieht, wozu sie nicht leicht gelangen, ist ihnen auch von keinem Nutzen. Auf die ordentlichen Geschäfte des Lebens lassen sich dergleichen Geschicklichkeiten nicht leicht anwenden. Und ließen sie sich auch darauf anwenden: so würde doch die Uebung, welche die Erwerbung einer

solchen

solchen Geschicklichkeit erfordert, mehrere Zeit wegnehmen, als man dazu entbehren oder hernach vermittelst gewisser so erworbenen Geschicklichkeiten in seinen Geschäften wieder mit Vortheil ersparen könnte. Ueberhaupt ist mir auch von der Anwendung dieser Künste auf menschliche Geschäfte nichts bekannt. Nur könnte die Geschicklichkeit, die ein Seiltänzer, ein Springer, Balancirer, oder so künstlicher Reuter erlangt hat, in einigen Umständen des Lebens allenfalls zu unsrer Rettung genutzt werden. Ich glaube aber ganz gewiß annehmen zu können, daß die Gefahr, der man sich aussetzt, wenn man dergleichen Künste bis zur Fertigkeit treiben wollte, weit größer wäre, als der davon zu erwartende Nutzen seyn könnte. Uebrigens ist es für jeden denkenden Zuschauer eine traurige Betrachtung, daß eines so geringen und flüchtig vorübergehenden Vergnügens wegen diese Künstler in der größten Anstrengung ihrer Kräfte, in anhaltender Uebung, und in beständiger Lebensgefahr ihr Leben zubringen. Noch trauriger ist es, daß die meisten dieser Künstler diese Lebensart nicht wegen eines unwiderstehlichen genieartigen Triebes und Hanges dazu ergreifen, sondern in der Jugend

unter

unter Erduldung der grausamsten Härte und Marter dazu angeführt werden. Fände man letzteres nicht: so würde man dergleichen Kunsterscheinungen so wie andre mächtig hervorschießende moralische Auswüchse dulden müssen, und sich damit trösten, daß man solche Auswüchse nicht oft fände. Nun sind aber die meisten von diesen elenden Künstlern auf einem ganz andern Wege zu ihren Geschicklichkeiten gekommen.

Aus allem diesem erhellt genug, daß man dergleichen Kunstfertigkeiten so viel als immer möglich zurückhalten und verwehren sollte. Hätte man übrigens nicht in nützlichen Geschäften des menschlichen Lebens hinlänglich viele Beyspiele von dem, was menschlicher Muth, unabläßige Uebung und enthusiastische Kraftanwendung vermag: so könnte man das an diesen Künstlern lernen. Und so fern wir auf die Zuschauer sehen: so dürfte der größte Nutzen der Schauspiele dieser Art darin bestehen, daß die Zuschauer nach Bemerkung des Außerordentlichen, was der Mensch ausrichten kann, eine stärkere Regung ihrer Kräfte empfänden, und eine Neigung bekämen, in ihren Berufsgeschäften und Unternehmungen etwas

Großes

Großes zu leisten. Ein Cartouche hätte unter andern Umständen und andern Neigungsrichtungen bey dem Maaß seiner Kräfte ein Alexander seyn können, und ein Alexander hätte, wenn er alle seine Seelenkräfte mit so vieler Anstrengung, als er sie zu Eroberungen gebraucht hat, genutzt hätte, um ein ihm zur Regierung angewiesenes Land mit sorgfältiger Rücksicht auf wesentliche menschliche Naturbestimmungen möglichst glücklich zu machen, aus diesem Lande noch einmal ein Paradies wieder machen können. Man sieht es bey diesen Künstlern, daß der sonst uns so sehr im Licht der Schwäche erscheinende Mensch, wenn er will, doch immer mit einer gewissen Allgewaltsamkeit handeln könne. Und haben diese Künstler, die gewöhnlich, wenn sie nicht bey ihren Künsten ums Leben kommen, doch in Armuth und äußerstem Elende zuletzt sterben, so viel Nachbenken, daß sie es sich vorstellen können, sie würden bey der von ihnen in unnützen Künsten angewandten Anstrengung unter andern Umständen und verändertem Gebrauch der Kräfte zu den glänzendsten Posten des Staats sich haben hinaufarbeiten können: wie verächtlich und elend müssen sich diese Elenden dann selbst vorkommen! Zu dieser Art des

Nach=

Nachdenkens kommen indessen zu ihrem Glück wohl wenige dieser Leute; aber auch ohnehin sind sie schon elend genug. Und dürfen wir es wohl mit einiger Sicherheit erwarten, daß viele Zuschauer auf die eben angeführte Art dergleichen Künste ansehen und sich zu großen Kraftanwendungen in nützlichen Lebensangelegenheiten genug erhoben finden werden, um von der Seite gedachte Kunstfertigkeiten Früchte zur menschlichen Glückseligkeit tragen zu lassen? Wenn wir hierin auf die Erfahrung sehen: so scheint nur bey wenigen Menschen eine Betrachtung und Empfindung dieser Art dadurch erregt zu werden.

Endlich habe ich noch ein paar Worte mit Rücksicht auf die Taschenspielerkünste hinzu zu setzen. Es ist bekannt genug, daß die meisten dieser Künste ganz ihr Wunderbares verlören, wenn die außerordentliche und durch höchst mühsame fortdauernde Uebung erworbene Geschwindigkeit dabey wegfiele. So fern also diese Künste in der höchst weit getriebenen Geschwindigkeit ihren Grund haben, haben sie mit den vorhin gedachten Künsten einen ähnlichen Werth. Nur darin haben sie einen Vorzug, daß die Künstler selbst dabey sich nicht so vieler

21. Betrachtung.

Gefahr aussetzen, und daß für die Zuschauer dieses ganze Vergnügen mehr Feinheit hat. Indem ich dieses sage, so nehme ich an, daß niemand von den Zuschauern mehr an übernatürliche Wundererscheinungen dabey glaube, sondern daß jeder annehme, es müsse alles das natürlich zugehen, wenn man gleich nicht die Art und Weise, wie es geschieht, entdecken könne. Wo man noch glaubt, daß alles so widernatürlich und übernatürlich zugehe, als diejenigen, die uns mit diesen Taschenspielerkünsten unterhalten, es uns noch gerne wollen glauben lassen, da wird sichtbar der Glaube an Zauberey, Hexerey und an mancherley betrügerische Künste durch dergleichen Taschenspielerkünste veranlaßt und unterhalten. Wir wissen auch genug, wie viele abergläubische Meynungen noch überhaupt unterm gemeinen Mann herrschen. Selbst Personen, bey denen man es nicht vermuthen sollte, daß sie von einem solchen Aberglauben angesteckt wären, lassen sich noch oft von Betrügern, die ihnen unter allerley falschen Versprechungen von Vortheilen, die sie ihnen durch zauberische Künste verschaffen wollen, oft beträchtliche Summen Geldes entlocken. Noch in unsern Zeiten giebt es nicht
wenige

wenige Menschen, bey denen Schatzgräber ihr Glück so machen können. Man kann also überhaupt noch nicht sagen, daß gedachte Taschenspielerkünste ohne alle böse Folgen in Absicht auf die Unterhaltung des Aberglaubens wären.

Eben dieses muß man auch von allen den Künsten sagen, die nicht bloß durch Geschwindigkeit und körperliche Geschicklichkeit der Künstler, sondern unter Beyhülfe sehr künstlich eingerichteter Maschinen und durch Nutzung gewisser nur wenigen Menschen bekannter Naturkräfte ausgeübt werden. So wie dergleichen Künste angekündigt und auch gezeigt werden, werden die Zuschauer veranlaßt, übernatürliche Wunderwerke sich in denselben vorzustellen. Manche dieser Künstler, die zum Theil in der angewandten Mathematik und der Experimentalphysik nicht wenig gethan haben, fangen jedoch an, die gewöhnlichen falschen Vorspiegelungen der Taschenspieler zu verachten, und geben ihre Künste wirklich für das aus, was sie sind. Nur lassen sie die Art und Weise, wie sie alles machen, und die Kräfte der Natur, wodurch sie alles bewirken, ein Geheimniß bleiben, weil sie einmal dadurch Geld gewinnen wollen. Bekannt genug ist es indessen, daß durch künstlich mechanische Einrichtungen, durch die magnetische oder electrische Kraft, durch mancherley kleine chymische Processe, und durch Handgriffe, die zu einem hohen Grade der Fertigkeit gebracht sind, diese Künstler fast alle ihre scheinbaren Wunderwerke zu Stande bringen. So fern diese Künstler über alle abgeschmackte und alles zu übernatürlichen Wundern erhebende Ankündigungen und über alle ins Kleine oder Ungereimte fallende gewöhnliche Kunstgriffe der gewöhnlichen Taschenspieler hinaus sind, verdienen selbige indessen nicht mit den Taschenspielern in eine Klasse gesetzt zu werden. Auch erhalten Mechaniker und Physiker, wenn ihnen gleich nicht solche künstliche Versuche der Naturlehre oder der Mechanik erklärt werden, dadurch doch vielleicht manche sehr nützliche Winke zu nützlichen Entdeckungen.

Zwey

Zwey und zwanzigste Betrachtung.
Von den Kampfspielen.

In der Betrachtung über die Vergnügungen der Theaterspiele habe ich schon, meine Herren, angemerkt, daß die Kampfspiele überhaupt nicht von den Schauspielen ausgeschlossen werden können. Auch bey den Kampfspielen wird auf die angenehme Unterhaltung der Zuschauer gesehen, wobey jedoch jeder der Kämpfenden zu siegen, die vorzüglichste Aufmerksamkeit auf sich zu lenken, und Beyfall und Belohnung mit Ausschließung der Mitkämpfenden zu erlangen sich bestrebt. Es kann zwar Kampfübungen geben, wobey man gar nicht auf das Vergnügen der Zuschauer sieht, ja wobey niemand, außer denen, die um einen Sieg streiten, gegenwärtig

wärtig ist. Allein dieser letzte Fall findet doch nicht bey den Kampfübungen Statt, die man zu den Vergnügungen eines Volks rechnet. Uebrigens fände doch auch, wenn selbst nur zwo Personen um einen Vorzug kämpften, die Vorstellung des Beyfalls und des Siegs Statt. Jeder der beyden Kämpfenden denkt doch dabey an die Ehre, die ihm, wenn er siegt, selbst sein Gegner wird zugestehen müssen. Denn bey allen eigentlichen Kampfspielen will jeder der Kämpfenden selbst, wenn er den Preis in seinem Herzen auch vorzüglich sucht, doch das Ansehn wenigstens haben, daß er mehr auf die so zu erringende Ehre, als auf die so zu erlangenden Preise sieht. Dieses findet man sogar bey den sklavischen Seelen, die geradezu für Geld auf dem Kampfplatze erscheinen.

Alle Arten der Kampfspiele haben dieß mit einander gemein, daß der Sieg durch die Anwendung körperlicher Kräfte und Geschicklichkeiten erhalten wird, und daß Zufälle oder ausser der menschlichen Bemerkung liegende Umstände wenigen oder gar keinen Antheil daran haben. Sonst kann man selbige in drey Hauptklassen eintheilen, nämlich in Kampfspiele zwischen Menschen und Menschen, zwischen Menschen

Von den Kampfspielen.

schen und Thieren, und zwischen Thieren und Thieren. Diese Klassen der Kampfspiele und die dazu gehörigen Arten sind so verschieden, daß wir im Ganzen deren moralischen Werth nicht bestimmen können, sondern bey jeder Art gedachter Spiele anmerken müssen, was sie Löbliches oder Tadelnswürdiges haben. Nur scheint dieß auf alle diese Spiele angewandt werden zu können, daß in der Seele eine Neigung zum Wetteifern, zu muthigen Thaten und zu einem sich durch gewisse Vorzüge auszeichnenden Leben dadurch natürlich erweckt wird. Wenn das zu dieser Spiele Lobe gereicht: so muß es aber auch zugleich dabey angemerkt werden, daß Neid und Mißgunst ebenfalls auf die natürlichste Art mit jenem Streben nach Vorzügen erzeugt und unterhalten werden. Die beste Art der Anfeurung der Menschen zu heldenmüthigen Unternehmungen ist ohne Zweifel die, da man die Heldenthaten verstorbener oder nicht mit uns durch Umgang verbundener Menschen den Menschen zu Mustern vorstellt. Wenn man an solche Menschen gedenkt: so entsteht nicht leicht der Wunsch, daß selbige es nicht möchten so weit gebracht haben, sondern wir wünschen vielmehr, daß wir auch es mö-

gen

gen so weit bringen können. Streiten wir aber mit Menschen, die mit uns zusammen leben: so wird unsre Begierde groß, selbige uns nachstehen zu sehen, und sie werden leicht ein Gegenstand des Widerwillens, wenn wir fürchten müssen, daß sie uns übertreffen werden, oder wenn wir uns schon wirklich von ihnen übertroffen sehen. Wenn wir indessen zum Nachtheil aller Kampfspiele das anmerken müssen: so würden wir doch übel thun, wenn wir deswegen die Kampfübungen verwerfen wollten. Es scheint, daß im Ganzen der Beytrag, den Wetteifer und Kampfbestrebungen uns verschaffen, zur Erweckung und zur Erhaltung eines nicht geringen Thätigkeitstriebes, nicht unter uns unvollkommnen Sterblichen entbehrt werden könne. Vorstellungen, welche aus der Geschichte oder aus der Natur der Sache und aus den mannichfaltigen Verhältnissen der Menschen hergenommen werden, wirken nicht so mächtig auf die Menschen, als das, was gegenwärtig in die Sinne fällt. Auch hat das Gute, was wir durch unsre Bemühungen erringen oder erarbeiten können, nicht leicht einen so stark wirkenden Reiz für uns, daß dadurch das volle Vermögen unsrer Kräfte zur

Anwen-

Von den Kampfspielen.

Anwendung gebracht wird, wenn nicht ein Anbrer mit nach diesem Gut läuft, und in uns die Besorgniß erregt, wir möchten, wenn wir nur mit guter Muße darauf zugiengen, selbiges einem Andern in die Hände fallen sehen. Das ganze Leben eines betriebsamen und fleißigen Volks ist daher fast nichts, als ein Kampfspiel. Auch kann das Feuer zur Thätigkeit, welches wir allerley Kampfübungen zu danken haben, ziemlich glücklich von den sich leicht dazu gesellenden Bewegungen des Neides und der Mißgunst getrennt werden, wenn man bey der Erziehung, der Bildung und dem Unterricht des Menschen nur unabläßig daran arbeitet, daß die Seele der Menschen sich dazu gewöhne, jede Vollkommenheit ihrer selbst wegen zu schäzen, und alles, was Vollkommenheit hat, nach dem Maaß seiner Vollkommenheit zu achten und zu lieben. Bringen wir uns erst zu der Fertigkeit, daß wir auf diese Weise jede Vollkommenheit mit Wohlgefallen, und jedes Wesen, wobey wir Vollkommenheit finden, mit Werthschätzung und Wohlwollen betrachten, es finde sich diese Vollkommenheit, wo sie wolle, in uns, oder außer uns: so werden wir auch den, der im Kampf uns überwindet, nicht mit
neidi-

neidischen Augen ansehen, sondern uns vielmehr mit Achtung und Liebe an ihn hängen, wenn wir gleich einiges Mißvergnügen über das, was uns an Kräften und Geschicklichkeiten fehlt, zugleich empfinden und uns dadurch angereizt finden, noch mit mehrerem Eifer nach gewissen Zielen der Vollkommenheit hinzustreben. So fern wir also auf jenen allgemeinen Charakter der Kampfspiele sehen: so finden wir mehreres dafür als dawider zu sagen. Und dazu kommt noch der ebenfalls allgemeine Vortheil, daß überhaupt dadurch mehrere körperliche Kräfte unter die Menschen gebracht werden, wodurch die menschliche Glückseligkeit also in einer sehr wesentlichen Sache gewinnt. Allein diese allgemeine Betrachtungen entscheiden den Werth der verschiedenen Kampfspiele nicht. Es sind bey jeder Art dieser Spiele noch gar viel mehrere Dinge in Erwägung zu ziehen, wenn jener Uebungen Werth gehörig soll bestimmt werden.

Die allgemeine Neigung zur Thätigkeit, die Begierde, gewisse Vortheile zu erkämpfen, wenn Andre auch nach eben diesen Vortheilen rennen, und dann die nicht genug reine Selbstliebe, nach welcher wir nicht sowohl jede Vollkommenheit

für

für sich und nach deren heilsamen Einflüssen in andre Dinge, als vielmehr nach dem Maaß schätzen, wie wir sie besitzen, und wie das Wesen, davon wir immer Gefühl haben, und in dem sich uns jede Art der Glückseligkeit unmittelbar offenbaret, das ist unser eignes Selbst, dadurch einen Genuß angenehmer Empfindungen erhält, hat schon von den ältesten Zeiten her unter allen Völkern Kampfspiele veranlaßt. Die Bemerkung der Allgemeinheit solcher Kampfspiele giebt uns schon die Vermuthung, daß selbige mit den Natureinrichtungen und natürlichen Neigungen des Menschen sehr genau zusammenhängen, und wiederum giebt uns das einen Wink, daß, wenn das Resultat der Untersuchung über deren moralischen Werth auch endlich wider alle Kampfspiele ausfallen sollte, wir doch nicht leicht hoffen könnten, mit deren Abschaffung durchzubringen, und daß wir also als weise Haushälter Gottes hier auf Erden vielmehr uns bemühen müßten, das Schädliche und Mangelhafte davon zu trennen, und so einen sichern Vortheil zu erhalten, als etwas Unmögliches zu unternehmen, und darüber gar nichts Gutes zu bewirken.

22. Betrachtung.

Da es nach unsrer Absicht, meine Freunde, uns nicht darum zu thun ist, durch gegenwärtige Betrachtungen eine genaue Kenntniß von allen verschiedenen Kampfspielen und den dabey üblichen Gebräuchen zu erhalten: so werde ich nicht nöthig haben, von denselben genaue Beschreibungen zu geben. Wir werden sie nur so weit ansehen dürfen, als es nöthig ist, um deren Nützlichkeit oder Schädlichkeit gehörig zu bestimmen.

Die größte Mannichfaltigkeit finden wir in den Kampfspielen, welche zwischen Menschen und Menschen Statt finden. Jedes Land hat deren viele eigne, und wenn über alle dieselben sollte geurtheilt und selbige nur nach den Hauptzügen sollten vorgestellt werden: so würde dieses Materie zu einem Werk von mehrern Bänden hergeben. Indem wir uns hier aber auf eine Betrachtung eingeschränkt sehen: so werden wir nur auf diejenigen sehen können, welche überhaupt am bekanntesten sind, und in den Gegenden, wo ich bisher gelebt habe, vorzüglich geübt werden. Auch werde ich nicht die Zeit, worin etwa gewisse Spiele herrschend gewesen sind, noch die Länder und Nationen, wo

sie

Von den Kampfspielen.

sie mögen üblich gewesen seyn, hier zum Leitfaden meiner Gedanken dienen lassen.

Wenn wir auf die Kampfspiele zwischen Menschen und Menschen sehen: so ist eines der allgemeinsten in Absicht auf Zeit und Ort das Wettrennen gewesen. Wir wissen es, daß die Olympischen Spiele zuerst bloß im Wettlaufen bestanden haben. Und ist es gleich etwas Seltenes, daß ein ganzes Volk oder auch nur ein mäßiger Strich Landes an einem solchen Wettlaufen itzt noch Antheil nimmt: so giebt es doch wohl nicht leicht eine Gegend der Erde, wo nicht das Wettlaufen unter einigen Menschen noch üblich wäre. Es ist unnöthig, zu erinnern, daß ich, indem ich des Wettlaufens schlechthin gedenke, dieses vom Wettlaufen zu Fuß verstehe. So fern dieses mit einiger Vorsicht geschieht: so ist es auch eine der unschädlichsten und selbst der nützlichsten Uebungen. Geschieht es in der Jugend: so kann es auf die glückliche Ausbildung der Glieder und einen schlanken und angenehmen Wuchs einen nicht unmerklichen Einfluß haben. Treibt man das Laufen nicht bis zur Erschöpfung der Kräfte und wird durch die anhaltende gewaltsame Anstrengung des Körpers der

Umlauf

Umlauf des Bluts nicht zu heftig, um die Lunge in Gefahr zu setzen: so gewinnt auch der Körper bey dieser Uebung, wie bey jeder mäßigen Anstrengung, an Kräften, Lebensmunterkeit, und Gesundheit. Es wäre aber höchst heilsam, wenn alles dabey mit Ueberlegung angeordnet würde, und wenn dergleichen Wettlaufübungen immer unter den Augen eines Aufsehers und Meisters angestellt würden. Da beym Studiren die Lebensart der Menschen gemeiniglich auf zwo Seiten zu weit geht, und man theils zu viel sitzt, theils sich wieder zu heftig und angreifend bewegt: so wäre es zu wünschen, daß bey allen Schulanstalten, besonders denen, wo die Schüler gänzlich leben, auf die weiseste Art gymnastische Spiele angeordnet würden. Wenn die Jugend sich dabey selbst ganz überlassen ist: so weis sie sich gemeiniglich nicht genug zu mäßigen, und durch übermäßige Erhitzung und ungebührendes Verhalten dabey in Ansehung des Trinkens wird mancher blühende junge Mensch der Raub eines siechen Lebens oder des Todes, wenn nicht überhaupt der Körper beständig mäßig angestrengt wird. Das in den alten Zeiten übliche Wettrennen mit dem Wagen scheint keine große Vortheile

Von den Kampfspielen.

Vortheile fürs menschliche Leben mit sich zu bringen. Die körperlichen Kräfte des Menschen können dabey nicht gewinnen, und er setzt sich dabey manchen zufälligen Gefahren aus. Alles, was dadurch bewirkt wird, ist dieß, daß derjenige, welcher so im Wettrennen die Pferde regiert, hierin nicht wenige Geschicklichkeit zeigen, und sich zugleich die Fertigkeit erwerben kann, mit Gegenwart des Geistes bey dem schnellen Hinfliegen des Wagens jedesmal sich nach jeder veränderten Lage und nach schnell sich ereignenden Umständen zu richten, und dazu stimmende Bewegungen und Einrichtungen zu machen. Sehr üblich ist dagegen noch das Wettrennen zu Pferde. Es scheint sich diese Art des Wettrennens von England aus, wo sie vorzüglich herrschend ist, itzt über ganz Europa zu verbreiten; aber sie scheint nicht nach eben dem Maaß zu empfehlen zu seyn. Derjenige, welcher so ein Pferd reitet, setzt, weil die allerheftigste Bewegung dabey Statt hat, weil man sich dem stärksten und schnellsten Zubringen der Luft entgegen setzt, und weil man wegen der großen damit verknüpften Gemüthsbewegung und der aufs Ziel hingehefteten Aufmerksamkeit nicht gehörig oft Athem schöpft,

seine Gesundheit und Leben immer dabey in die
größte Gefahr. Uebrigens scheint ein Land
den Vortheil davon zu haben, daß mehr auf
die Pferdezucht und auf starke und schnelle
Pferde gesehen wird, als sonst geschehen möchte.
Ob aber dieser Vortheil so beträchtlich sey, daß
man Ursache finden könne, in der Hinsicht jähr-
lich eine Anzahl von Menschen und Pferden
aufzuopfern, das wage ich nicht zu bejahen.
Die beyden letzten Arten des Wettrennens habe
ich übrigens zu den Kampfspielen gerechnet,
welche zwischen Menschen und Menschen angestellt werden, weil die Menschen den Lauf des
Pferdes regieren, wenn gleich das Pferd die
Arbeit des Laufens thut.

Eine andere Uebung ist das Ringen. So
viel ich weis, hat man gänzlich aufgehört, im
Ringen Unterricht zu ertheilen. Beym Gefühl
der Gesundheit und Kräfte fallen übrigens
muntere junge Leute so leicht auf diese Art des
ritterlichen Kampfs, daß sie gewiß zu allen
Zeiten und in allen Ländern im Gebrauch seyn
wird. Auch in Rücksicht auf diese Uebung
scheint zu wünschen zu seyn, daß sie unter der
Aufsicht eines Mannes, der in dergleichen gymnastischen Künsten ein Meister wäre, möchte

bey

Von den Kampfspielen.

bey der gesunden Jugend angestellt werden. Nichts giebt allen Theilen des Körpers eine bessere Kraftübung als das Ringen; durch nichts kann man aber auch, wenn es nicht mit Behutsamkeit geschieht, sich leichter an seinem Körper Schaden thun. Da nun die Jugend von selbst auf mannichfaltige Ringübungen fällt, und sich sehr oft so Schaden thut: so wäre es sehr zu wünschen, daß unter der Aufsicht eines gymnastischen Meisters die Jugend sich ordentlich im Ringen übte, und daß sie dabey von allem so allgemein herrschenden Stossen, Werfen und Herumreißen, wodurch so oft Verdrießlichkeiten veranlaßt und die Kleider zernichtet werden, zu andern Zeiten zurückgehalten würde. Diese in allem Betracht so schädlichen als albernen Ueberbleibsel oder ersten rohen Versuche des Ringens sind aber leider nur noch da; und die kunstmäßige Uebung hat sich in unsern Zeiten ganz verloren.

Unter dem Namen der Fechtübungen und der Fechtspiele können mancherley körperliche Uebungen zusammengefaßt werden. In England ist ein Kampf dieser Art, wozu man nichts als Arme und Hände gebraucht, üblich und fast allgemein herrschend geworden. Auf eine gewisse

22. Betrachtung.

gewisse Art findet sich dieser Kampf allenthalben, aber in England beobachtet man selbst gewisse Regeln dabey, und läßt sich oft durch einen Meister darin unterrichten oder üben. Sie vermuthen es leicht, meine Herren, daß ich hier von dem Faustkampf rede, den die Engländer Baren nennen, und dazu die Angeln und Niedersachsen ihnen den Namen gebracht haben, wenn sie ihn gleich nur zu jedem gänzlich unregelmäßigen Faustkampf gebrauchen. Da bey diesem Faustkampf beständig jeder dahin strebt, daß er dem Gegner an den edelsten Theilen des Leibes empfindliche Stöße gebe, und selbigen dadurch außer Stand setze, den Kampf fortzusetzen, und da die Brust oder der Unterleib, wenn die Kämpfer in Hitze gerathen, sehr leicht gefährlich verletzt zu werden pflegt: so erhellt hieraus hinlänglich, daß man diese bloß eine rohe und wilde Herzhaftigkeit befördernde und die Gesundheit so leicht zu Grunde richtende Art des Kampfs auszurotten suchen sollte. Wir müssen bey dieser Art des Kampfs jedoch auch noch bemerken, daß Personen von Erziehung und Geburt, wenn sie nicht etwa eine Ehre darin suchen, wie der gemeine Mann zu leben, dieses Baren nicht unter sich Statt finden

Von den Kampfspielen.

finden lassen, sondern dem Pöbel überlassen, der entweder so seine Zwistigkeiten schlichtet, oder damit einer Menge von Zuschauern ein Schauspiel giebt. Durch Einführung besserer Sitten dürfte auch vielleicht diese für Gesundheit und Leben so gefährliche Kampfart beym gemeinen Mann aus dem Gebrauch kommen. Traurig ist es nur, daß anstatt der unter rohen Leuten üblichen Uebel sich bey Einführung feinerer Sitten und eines äußerlich anständigern Betragens gemeiniglich andre Uebel einstellen, die dem innern Gehalt nach nicht geringer sind, wenn man nicht zugleich mehrere Gottesfurcht und mehrere Tugendliebe durch die Verbesserung der Erziehungsanstalten in die Menschen hineinbringen kann.

Das unter den Alten übliche Fechten mit Riemen oder Kolben, welches die Gesundheit und das Leben noch mehr als gedachter Faustkampf in Gefahr setzt, ist also auch zu verwerfen und noch mehr zu verwerfen. Zur Ehre unsrer Zeiten kann es aber hoffentlich gesagt werden, daß diese Art des Kampfs nun nicht mehr gefunden wird. Und, was noch angenehmer ist, auch das Fechten mit Schwerdtern ist nicht mehr ein Schauspiel unsrer Zeit.

Nichts,

22. Betrachtung.

Nichts, was unter den Menschen vorgeht, drückt uns sonst ein scheußlichers Brandmaal der Schande auf, als wenn wir es uns gefallen lassen, daß Geschöpfe unsers Geschlechts das, was beym Genuß jeder Glückseligkeit zum Grunde liegt, und was jedes Geschöpf unsers Geschlechts erhielt, um auf eine wesentlich gleiche Weise mit uns glücklich zu seyn, nämlich Gesundheit und Leben, uns zur Augenweide zerstören. Und doch wissen wir's, daß auch die schändlichsten Greuel nach den Sitten der Zeit so herrschend werden können, daß selbst gute edle Menschen nicht vor so einem Schauspiel zurückbeben, oder daß sie selbst uns solche Schauspiele geben. Ein guter Trajan hat sogar auf solche Art Tausende aufgeopfert. Wenn wir hiebey bedenken, daß die Fechterpaare so lange fortfechten mußten, bis von jedem Paar einer Leben oder Gesundheit gänzlich eingebüßt hatte, und daß die Zuschauer nicht nur Herren über Leben und Tod wurden, sondern auch oft die ihnen gegebene Macht über Leben und Tod zum Untergange der Fechter brauchten: wer kann ohne Abscheu an ein so das Richteramt ausübendes und sich so zur Grausamkeit gewöhnendes Volk gedenken!

Denn

Von den Kampfspielen.

Denn durch unter sich gekehrte Daume der Hand geboten die grausamen Römer oft, daß der Schwächere und Besiegte gänzlich mußte niedergemacht werden. Zwar wußten die Römer bey diesen Mordspielen das, was unsre aus andern Ursachen herrührenden und auf andere Absichten abzweckenden Zweykämpfe beschönigen soll, auch zu dieser Spiele Entschuldigung zu sagen, daß nämlich so die jungen Römer zum Anblick der Wunden und Marter, zu einer bey diesen Fechtern üblichen Geduld und Standhaftigkeit in Ertragung peinlicher Schmerzen und zu Muth und Unerschrockenheit gewöhnt werden sollten. Gerade als wenn wir nicht auf einem bessern Wege zu einer gehörigen Fassung des Geistes gelangen könnten, als wenn wir an den mannichfaltigen Uebeln, die von selbst und beym stärksten Widerstande guter Menschen und der Gottheit selbst, aus den mannichfaltigen Schranken und Unvollkommenheiten dieser Welt entspringen, nicht uns genug zur Geduld, zur Standhaftigkeit und zu männlichen Muth üben könnten! Es ist nicht nöthig, willkührlich große Uebel in die Welt hineinzuschaffen, und höchst grausam und tyrannisch ist es, diese Uebel selbst

solche

solche Wesen treffen zu lassen, welche glücklich und froh zu machen unsre erste Bestrebung seyn sollte, und deren Glückseligkeit, wenn sie mit einem gewissen Uebel unzertrennlich verknüpft wäre, höchstens nur die Zulassung oder Hervorbringung eines solchen Uebels entschuldigen könnte. Und findet sich es auch, daß das allgemeine Wohl eines Volks einige Menschenopfer fordert: so muß diese Nothwendigkeit und die heilsame und ein ganzes Volk rettende Aufopferung einiger Menschen Allen hell in die Augen leuchten, und dann nicht ohne Kummer bemerkt werden. Marter und Tod unsrer Nebenmenschen zu einem öffentlichen Spiel und zu einer Sache des Vergnügens zu machen, ist etwas, woran der Mensch nie ohne Entsetzen denken sollte. Wären solche Fechterspiele auch nicht an sich so ungerecht und abscheulich; würde auch dadurch nicht Neigung zur Grausamkeit gegen Geschöpfe, die mit uns gleiche Rechte haben, und Gleichgültigkeit gegen deren Marter veranlaßt; wäre auch nicht zu denken, daß Menschen, die auf diese Weise angewöhnt werden, den Anblick des Blutvergießens, der peinlichsten Marter und des Tödtens unerschrocken zu ertragen, hernach diesen
so

so erlangten Muth und diese so erworbene Fertigkeit, wider gute Menschen, wider regierende Personen des Staats, und wider den Staat selbst eben so leicht als wider Feinde des Staats brauchen würden: so würde man doch auf einen Muth, den kein fester Grundsatz lenket, und der in Verbindung mit der Schadenfreude erzeugt wurde, nur so weit Rechnung machen können, als sich hernach mit dessen Aeußerung persönliches Vergnügen verbindet. Aechte Hoheit der Seele, starkes Gefühl der menschlichen Würde, die darin sich zeigt, daß man nicht, wie die unvernünftigen Thiere, dem Strom der Sinnlichkeit, dem Reiz der auf uns wirkenden Bilder der Einbildungskraft und der Macht der Leidenschaften zu folgen gezwungen ist, sondern alle seine Handlungen unabhängig vom sinnlichen Reiz oder sinnlicher Widrigkeit nach den besten Einsichten des Verstandes und nach der Erkenntniß der Pflicht anordnen kann, und endlich viele Uebung dieser eblen Selbstmacht und Freyheit, geben allein dem Menschen wahren Muth, unerschütterliche Unerschrockenheit und Festigkeit zu allen menschlichen Vorfällen und zur Ausübung aller menschlichen Pflichten. Aber freylich muß man Menschen, die auf die

letztere

letztere Art zu einer heldenmüthigen Seelenstärke gelangt sind, nicht zu Werkzeugen der Ungerechtigkeit brauchen wollen. Mit Dank sey es indessen noch einmal von uns erkannt, daß diese Art der Kampfspiele, diese so schreckliche Gattung des moralischen Verderbens endlich nicht mehr unter gesitteten Nationen üblich ist. Wir haben dafür freylich ein andres großes Uebel, nämlich das Uebel des Duellirens wieder bekommen, das sich eben so wenig nach den allenthalben zugestandenen Gesetzen der Gerechtigkeit und Billigkeit rechtfertigen läßt; allein da dieses wenigstens nicht zu einem öffentlichen Schauspiel und die menschliche Zugrunderichtung nicht zu einer Sache des Vergnügens gemacht wird, und da das, wodurch der Mensch beym Duelliren geleitet wird, nämlich die Ehre, überhaupt doch etwas Edles ist, wenn hier gleich falsche Ehre an die Stelle der wahren Ehre trit: so kommt das Uebel des Duellirens, wie viel Unheil es auch anrichtet, und wie sehr es auch deswegen zu verabscheuen ist, weil es der menschlichen Gesellschaft so manchen kraftvollen, unerschrockenen, und, ich darf hinzusetzen, in so mancher Hinsicht edlen Mann raubt, doch den Greueln solcher Fechterspiele

bey

Von den Kampfspielen.

bey weitem nicht gleich. Uebrigens gehört die Untersuchung der Sittlichkeit des Duellirens hier nicht her, indem selbiges auf keine Weise zu den Kampfspielen und öffentlichen Unterhaltungen gerechnet werden kann.

Die mehrste Aehnlichkeit mit den gladiatorischen Spielen haben die Tournierspiele. Es ist, meine Herren, bekannt, daß diese Spiele ein über ganz Europa herrschendes Unterhaltungsvergnügen für die Ersten des Landes und zwar Jahrhunderte hindurch geworden sind, nachdem die gladiatorischen Spiele, an denen das Volk dergestalt hieng, daß es selbst einen dawider predigenden Mönch zu Tode steinigte, endlich unter dem Kaiser Honorius abgeschaft waren. Bey diesen Tournierspielen, wobey man gemeiniglich mit Lanzen gegen einander kämpfte, und gewöhnlich zu Pferde erschien, hatte man nicht sowohl die Absicht, seinen Gegner um Gesundheit und Leben zu bringen, als ihn aus dem Sattel zu heben, und vermittelst seiner körperlichen Stärke und Geschicklichkeit einen Sieg über denselben zu erkämpfen. Auch fand man für gut, sich dabey durch mancherley Rüstzeuge gegen gefährliche Verwundungen und Verletzungen in Sicherheit zu setzen. Allein wie

wie sehr man sich auch in der Hinsicht verwahrte, und wie wenig auch ein edler Ritter sich bemühte, seinem Gegner an dessen Leibe Schaden zu thun: so hatten doch unvorhergesehene Zufälle und schnell entstehende Leidenschaften so vielen Antheil an diesem Lanzenbrechen, daß es auch den Vorsichtigsten nicht leicht möglich gewesen ist, hiebey gefährlichen Verletzungen des Körpers zu entgehen. Auch findet man in den Rittergeschichten dieser Art sehr viele Beyspiele von einem sehr übeln Ausgang dieser ritterlichen Kämpfe.

Zu dieser Art der Spiele würde man die in unsern Zeiten allgemein üblichen Fechtexercitien sehr bequem mit rechnen können, wenn diese Fechtübungen zu öffentlichen Schauspielen gemacht würden. Allein es wird aus diesen Fechtübungen theils gar nicht eine öffentliche Unterhaltung gemacht, theils werden sie auch nicht einmal zu den eigentlichen Vergnügungen dieses Lebens gerechnet. Außer dem, daß man die den Fechtboden Besuchenden mit den Gesetzen bekannt macht, welche Duellirende gegen einander zu beobachten haben, um theils seinen Gegner zu verwunden, theils sich selbst gegen Verletzungen zu schützen, will man vorzüglich
dem

Von den Kampfspielen.

dem Körper dadurch eine zur Gesundheit und zur Vermehrung der Stärke dienende Uebung und Bewegung verschaffen, und dadurch noch etwas zu einer vortheilhaften und angenehmen Lage und Stellung des Körpers beytragen. Auf diese zu erwerbende körperliche Geschicklichkeit und Stärke wird selbst von Vielen, die fechten lernen, ganz allein gesehen, und es giebt viele geschickte Fechter, die niemals von ihrer Geschicklichkeit in einem Duell Gebrauch machen. Da diese Art des Fechtens deswegen, weil es nicht eigentlich zu den Vergnügungen gerechnet wird, nicht mit hieher gehört: so müssen wir uns damit begnügen, dieses Fechten hier berührt zu haben, und so können wir nur beyläufig anmerken, daß, wenn gleich Viele das Fechten dazu nützen, um dem Körper Stärke, Anstand und Bewegung zu verschaffen, es darum doch nicht zu den heilsamen Uebungen gerechnet werden könne. Es giebt ganz natürlich häufig Anlaß zum Duelliren, und macht die Idee des Duellirens gleichsam zu einer immer roulirenden Münze. Auch dürfte wohl zu behaupten seyn, daß, wenn die Regenten der Europäischen Länder sich einmal vereinigten, um das verderbliche Uebel des Duellirens auszurotten, sie es nothwendig finden müßten, diese Fechtübungen abzuschaffen, und denselben andre sich auf Pflicht und Recht mehr beziehende Leibesübungen unterzuschieben.

In allem Betracht sind diejenigen Uebungen unschädlicher, die im Werfen bestehen. Es ist das Werfen einer Scheibe von Erz, Eisen, Stein oder Holz mit eins der bekannten Kampfspiele der Alten gewesen. Wer eine solche Scheibe am höchsten oder in die Ferne einem Ziele am nächsten warf, war bekanntlich der Sieger. Diese Art des Kampfspiels scheint gänzlich aufgehört zu haben, und hat man noch etwas der Art: so findet es nur unter einigen Personen Statt, und erregt keine öffentliche Aufmerksamkeit. Die neuern Zeiten haben ein mit mehrerem Interesse verknüpftes Ballspiel eingeführt, wobey es ebenfalls auf einen geschickten Wurf oder Schlag des Balls ankommt. Es hat diese Art des Spiels so viele Aufmerksamkeit erregt, daß man selbst Häuser dazu eingerichtet, und zum Unterricht darin und zur Aufsicht darüber Ballmeister bestellt hat. Nach und nach hat die Neigung zu diesen Spielen unter Personen von Erziehung und Stande sich aber so sehr verloren, daß man

nur

nur noch den Namen von Ballmeistern und Ballhäusern hat, und kaum mehr weis, worin diese Ballspiele bestanden haben. Man hat deren übrigens Viele und Verschiedene gehabt, und man hat theils sehr große und hohle und theils sehr kleine ausgefüllte aber doch elastische Bälle dazu gebraucht. Unter den Landleuten sind diese Vergnügungsunterhaltungen noch allenthalben im Gebrauch, und werden auch wahrscheinlich immer im Gebrauch bleiben. Zwar scheinen sie auf dem Lande sehr wohl entbehrt werden zu können. Wenn man Wenige ausnimmt: so haben die Menschen auf dem Lande ohnehin viele körperliche Arbeit und Bewegung, und es ist also keine neue körperliche Bewegung ihnen in ihren Erholungsstunden nöthig. Es würden Leute, die gewöhnlich viele körperliche Arbeit haben, nicht übel thun, wenn sie in der Zeit der Muße und der Ruhe dem Geiste durch das Lesen eines nützlichen Buchs eine heilsame Beschäftigung gäben, und den Körper in Ruhe ließen. Da, wo Unterricht und Erziehung der Jugend zu einem solchen Erholungsgeschäfte hinleitet, findet man das auch häufig. Allein findet sich das nicht: so ist ein Vergnügen von der Art, wie das Ballspiel

spiel ist, sehr zuträglich. Wir wissen es, wie leicht der große Haufe der Menschen, der doch einmal irgend ein Vergnügen zu seiner Erholung haben will, und sich das zu wünschen auch berechtigt ist, auf Trunk, Schwärmerey und Gewinnstspiele fällt. Wäre also das Ballspiel auch noch weniger zu empfehlen, als es wirklich zu empfehlen ist: so würden wir es schon loben müssen, wenn es die Menschen von dergleichen Unordnungen mit abhielte. Allein es verdient auch darin Lob, daß es Muth und Neigung zu nicht gemeinen Kraftäußerungen erweckt. Die gewöhnlichen pflichtmäßigen Geschäfte der Menschen werden gemeiniglich durch Umstände, Zeit und Befehle Andrer gelenkt und geordnet. Man thut selbige zwar willig und mit Zufriedenheit, indem man sieht, daß es in guten gesellschaftlichen Verbindungen und wegen der Zeitumstände so seyn muß; allein weil sie nicht allemal mit einer besonders dazu gestimmten Seele und mit sich darauf beziehender Willkühr vorgenommen werden; weil sie etwas Gewöhnliches sind, und gar keinen Reiz der Neuheit haben, und endlich weil sie oft, auch wenn die Menschen nicht unterm Drucke leben, drückend und lästig werden: so erfolgt nach

Von den Kampfspielen.

nach und nach bey solchen Arbeiten leicht eine gewisse bis zur Trägheit sich hinneigende Entfernung von Leben und Feuer. Ein solches Leben und ein solches Feuer finden wir bey solchen mit körperlicher Kraftanwendung verknüpften Spielen wieder erweckt und angefacht. Auch bekommen so alle Glieder des Körpers ein freyeres Spiel, und entwickeln sich so zu einem schönern Wuchse. Unter den gewöhnlichen schweren Arbeiten sind die meisten von der Art, daß sie dem Körper eine gewisse einförmige Biegung und Stellung geben. Werden dann nicht durch eine recht freye und sich über alle Glieder des Körpers verbreitende Bewegung des Körpers alle Glieder wieder in ihre rechte Stellung gesetzt; so geht die ganze angenehme Bildung gewöhnlich verloren. Endlich ist es noch am Ballspiel zu loben, daß die Neigung zu siegen und das Feuer des Wettstreits nicht leicht in eine heftige Leidenschaft und in volle Flamme ausbricht. Beym Spiel mit dem Federball findet diese Gemüthsbewegung selbst gar nicht Statt, indem beyde spielende Personen immer nur darauf sehen, daß sie den Ball gut treffen, und ihm die erforderliche Richtung geben, so wie auch diese Art des Ballspiels die vortheilhafteste Wirkung für den Körper hat. In den Städten unter Leuten von Erziehung und Stande, die nicht leicht viele körperliche Arbeit und Bewegung haben, wäre das Ballspiel vorzüglich zu empfehlen, indem es da besonders zur Erhaltung der körperlichen Kräfte und der Gesundheit vieles beytragen, und die Menschen von den weichlichern Vergnügungsarten, die so leicht zu den schändlichsten Ausschweifungen hinführen, abhalten würde. Allein die Welt scheint in unsern Tagen Vergnügungen haben zu wollen, wobey die Seele mehr bis zur Leidenschaft bewegt wird, und in welchen mehr Würze für den Geschmack ist, ohne zu bedenken, daß wir den Vergnügungen eine solche Würze niemals geben sollten, die übertriebene Genießungslust erwecket, und den Menschen die Arbeiten widerlich macht, die uns den Hauptschatz zur Befriedigung wahrer Bedürfnisse und zur Glückseligkeit verschaffen. So versinkt aber auch die Welt in Empfindsamkeit, Weichlichkeit und Wollust, und kann bey keiner Sache ausharren, oder dabey zufrieden seyn, wenn nicht eine starke Bewegung der sinnlichen Wollust oder der Vergnügungen der Einbildungskraft damit verknüpft ist.

ist. Daher möchte unsre junge Welt so gern alle gewöhnlichen, und zur Erhaltung der Menschen und der gesellschaftlichen Verbindungen nöthigen Arbeiten und Aemter Andern überlassen, und doch selbst nach Herzenslust alles mit genießen, was durch ihrer Nebenmenschen Arbeit und Mühe erworben wird. Sehr wäre es also zu wünschen, daß in großen Städten, und besonders auf Universitäten, die sonst üblichen unter der Anordnung eines Ballmeisters stehenden Ballspiele könnten wieder hergestellt werden.

Auf dem Lande, wo es vieles flaches und ebenes Feld giebt, ist eine Art des Kampfspiels, welches in Ansehung der moralischen Güte und der Beschaffenheit des Spiels viele Aehnlichkeit mit dem Ballspiel hat, nämlich das sogenannte Eisbosseln. Dieses ist ein Kampfspiel, woran selbst eine ganze Gegend oft Theil nimmt. Es wird nämlich zur Winterszeit, wenn der Frost das Land hart gemacht, und die Graben und Sümpfe mit Eis belegt hat, aus verschiedenen Gemeinen oder Dorfschaften eine bestimmte Anzahl von Solchen ausgewählt, die eine mit Bley durchgossene hölzerne Kugel von verschiedenen Graden der Schwere vorzüglich weit

weit über's Feld hinwerfen können. Beyde Partheyen setzen ein oft auf eine ganze Meile weit gestecktes Ziel an. Die Mannschaft von jeder Parthey wirft mit der Kugel nach diesem Ziele zu, und löset sich nach einander im Werfen ab. Welche Parthey nun mit dem Werfen zuerst das Ziel erreicht, hat gewonnen. Was diesem Spiel vorm Ballspielen eigen ist, ist die weit stärkere Bewegung der Seele, und die weit stärkere Kräftanwendung, womit jeder das Seinige thut. Es erweckt also dieses Spiel vorzüglich einen gewissen Unternehmungsgeist. Aber dagegen erweckt es auch weit empfindlichern Verdruß bey den Besiegten und eine nicht geringe Selbsterhebung bey den Siegern. Endlich wird dabey durch das Versehn der Werfenden oder derer, die Zuschauer sind, oft Einer oder der Andre gefährlich verwundet. Die aus diesen zuletzt angeführten Umständen fliessenden oder damit sich vereinigenden übeln Folgen veranlassen Manche, diese Art des Kampfspiels ganz zu verdammen. Allein es würde besser seyn, wenn man in den Gegenden, wo selbige im Gebrauch sind, die Menschen von allen sich leicht dazu gesellenden Unordnungen abzuhalten suchte, und ihnen übrigens ein Spiel ließe,

ließe, welches so geschickt ist, Kraft, Leben und Muth unter den Leuten zu unterhalten. Und es ist zur Behauptung der allgemeinen Gerechtsame des menschlichen Geschlechts höchst wichtig, daß viel Muth, Kraft und Leben unter den Menschen sey, und sich erhalte. Giebt es auch gleich bey den Dingen, die mit dazu dienen, Helden zu bilden, gewisse üble Folgen, die zufälliger Weise sich damit vereinigen: so muß man dieser zufälligen Folgen wegen noch nicht solche Dinge verdammen. Nur müssen diese Dinge nicht durch ihre wesentliche Einrichtung die Menschen zu Abirrungen hinführen. Und das Wesentliche bey diesem Eisbosseln ist, daß man das Maaß seiner Kräfte mit Anderer Kräfte Maaß vergleichen will, und sich äußerst anstrengt, durch seine Kräfte vieles zu leisten und Andern zuvor zu kommen. Unsere Seele beschäftigt sich also immer unmittelbar mit dem Vielen, das man ausrichten will, und man setzt damit der ähnlichen Kraftanwendung Anderer kein Hinderniß entgegen. Sieht man sich nun von Andern übertroffen: so ist es einer Seele, die dazu gewöhnt ist, jede Vollkommenheit, wo sie sie auch findet, zu schätzen, gar nicht unmöglich, seinen Mitkämpfer, der siegt, nach dem

G 5   Maaß

Maaß seiner Geschicklichkeit und Stärke zu schätzen, wenn man gleich noch lieber nach der jedem durch die Natur eingepflanzten Selbstliebe bey sich selbst diesen Grad der Kräfte und Geschicklichkeit fände. Indem man diesen Grad der Vollkommenheit nicht findet: so wird dadurch freylich einiges Mißvergnügen veranlaßt, und dieses unangenehme Gefühl nicht weiter haben zu dürfen, wird man in einem aufs neue angestellten Kampf alle seine Kräfte mit verstärktem Feuer des Enthusiasmus anstrengen, um mehrers zu leisten. Und so ist's von der Natur geordnet, damit die ganze Frucht der Vortheile in die Welt hineinkomme, die durch die in die verschiedenen Theile der Schöpfung und vorzüglich in diejenigen Wesen, welche mit einer gewissen Selbstmacht wirken und handeln, hineingelegten Kräfte hervorgebracht werden kann. Hiebey ereignet es sich in dem gegenwärtigen Zustande der menschlichen Unvollkommenheit leicht, daß, wenn man sich so besiegt oder in Gefahr sieht, besiegt zu werden, man nicht sowohl daran denkt, wirklich ein hohes Maaß von Vollkommenheit zu erreichen, und der Natur der Sache nach der erstere zu seyn, als vielmehr darauf sinnt, bey nicht grös-

serer

ſerer Vollkommenheit den Schein einer größern Vollkommenheit zu veranlaſſen, und Andre, die Zeugen des Kampfs ſind, ſo zu täuſchen. Indem dieß geſchieht: ſo bemüht man ſich nicht mehr, etwas Großes zu leiſten, indem man in einer gewiſſen Lage der Gemächlichkeit bleiben will, ſondern man ſucht nur die Mitkämpfenden an dem Gebrauch der Kräfte zu hindern, oder deren Vorzüge Andern unſichtbar werden zu laſſen. Indem man ſo zu denken anfängt: ſo iſt die ganze Aufmerkſamkeit auf die Unterdrückung Anderer gerichtet, ſo erweckt jeder große Fortſchritt eines Andern Verdruß, und ſo entſteht der den Menſchen ſo ſehr ſchändende und ſo viel Unglück unter den Menſchen anrichtende Neid unter denen, die nach einem Ziele rennen. Man ſieht es leicht, daß, wenn man jedem ſeine Vorzüge gönnt, und jeden nach ſeinen Vollkommenheiten ſchätzt und liebt, aber ſelbſt mit Heldenmuth nach dem fernſten Ziele der Vollkommenheit hinringt, dieß in aller Hinſicht wahre Menſchengröße zeigt und auch erweckt, und daß bey dem entgegengeſetzten Betragen man in aller Hinſicht in einem Zuſtande der Schwäche, der Kleinheit und der Verächtlichkeit erſcheint. Jedem männlich bey-

lenden

lenden Wesen, wenn es auf diese Betrachtungen geführt wird, und wenn ihm das alles hell einleuchtet, muß nothwendig der letztere Zustand, als eins der größten Uebel der Erden, sich darstellen, und also bey demselben eine starke Begierde erwecken, den erstern Zustand wahrer menschlicher Größe zu erreichen. Watteifer und Kämpfe zeugen also der innern Natur nach große und mächtig arbeitende Menschen, wenn sich gleich bey sehr unvollkommenen Menschen und beym Mangel einer guten Erziehung und eines weisen Unterrichts Neid und Mißgunst dazu gesellen. Aus allem diesem haben wir die Lehre zu ziehen, daß wir nicht eine Sache verdammen, die an sich löblich und selbst unter solchen Geschöpfen höchst nöthig ist, welche nicht leicht mit aller ihrer Kraft wirken, wenn sie sich nicht mit andern lebhaft wirkenden Wesen umgeben sehen, und mit selbigen auf einer Bahn laufen. Nur müssen wir auf der Hut seyn, daß wir nicht in die angeführten Unvollkommenheiten einer muthlosen und kleinen Seele hineingerathen. In Absicht auf das Eisbosseln müssen wir jedoch noch anmerken, daß, weil darin gleichsam zwey kleine Heere mit einander zu Felde ziehen, davon jedes gerne

den

den Vorzug erkämpfen will, es in jeder Parthey leicht ein Paar gebe, die sich von Neid und dazu kommenden Haß beherrschen lassen, bey Andern ähnliche Gesinnungen durch ihr Beyspiel erwecken, und so Mißvergnügen zwischen beyden Partheyen erregen. Daraus folgt aber nun so viel, daß man desto kräftiger wider dieses Uebel kämpfen müsse, um die durch dergleichen Kampfspiele bewirkte Erhebung des Muths und der Kräfte als ein rein gewonnenes Gut zu erhalten. Sollte es unter Personen von der größern und feinern Welt Einen oder den Andern geben, der, wenn er bey Gelegenheit des Eisbosselns obige Gedanken geäußert hörte, dazu lächelte, und es seltsam fände, daß man ein Spiel des gemeinen Mannes so nach allen seinen Folgen ins Licht stellte und wichtig machte: so würde ich diese Spötter dann bemerken lassen, daß der so genannte gemeine Mann das Hauptcapital der Menschheit ausmacht, und daß der Ton, worauf derselbe gestimmt ist, immer von allen Andern bis auf einen gewissen Grad mit angestimmt werden muß, wenn er nicht in zu großer Blindheit und in zu großer Unterdrückung lebt. Man bewirke also nur, daß der große Haufe eines Volks

viel

viel eigenthümliche Kraft, Muth und Tugend erlange: so hat man vorzüglich für die Glückseligkeit der Menschen gearbeitet. Hierin werden alle diejenigen, die es in ihrer Macht haben, Kampfspiele unter dem Volke anzuordnen, einen Wink finden, daß es eine Sache von nicht geringerer Wichtigkeit sey, gute Kampfspiele zu veranlassen und zu unterhalten. Männer, die Erziehungsanstalten vorgesetzt sind, werden auch hierbey die Anmerkung machen, daß es eine Betrachtung von der wichtigsten Art sey, wie sie aufs beste und weiseste das Lernen, die Tugenden, edle Sitten und körperliche Exercitien zu heilsamen Kampfübungen machen können.

Das gewöhnliche Schießen nach einem Vogel oder einer Scheibe hat mit den Wurfspielen fast einerley moralischen Werth. Der Umstand, daß sie mit Gefahr verknüpft sind, ist nicht so wichtig, daß sie deswegen verworfen oder verboten werden müßten. Es ist im Ganzen gut, daß der Mensch vor Gefahren nicht zurückbebe, und wenn alle Vorsicht beym Schießen angewandt wird: so erfolgt doch auch nicht leicht irgend ein Schade. Da einmal der das menschliche Geschlecht so sehr schändende

denbe Krieg von dem unvollkommenen Zustande
der Menschen nicht kann getrennt werden, und
da einmal Schießgewehre dabey gebraucht werden: so ist es auch nützlich, daß eine Nation
im Schießen eine gewisse Fertigkeit erlange.
Bey dieser Uebung gewinnen die Menschen
übrigens nicht an Kräften, sondern an Ge-
nauigkeit und Fertigkeit in allem dem, was sie
thun. Die damit verknüpften Bewegungen
des Gemüths sind auch nicht leicht stark. Da
es hier nicht zween Haufen von Menschen giebt,
die einander zu besiegen suchen, sondern da jeder für sich nach dem Preise strebt: so wird
dabey fast kein Partheygeist rege, indem nie
die Wünsche und Bestrebungen mehrerer Menschen sich vereinigen. Entsteht auch Neid und
Mißgunst bey Einem gegen diejenigen, die mit
ihm wetteifern: so wird diese fehlerhafte Bewegung auch bey denen, die derselben Raum
geben, so zertheilt, und ist so wenig auf bestimmte Personen gerichtet, daß sie nicht leicht
einen gewissen Grad der Stärke gewinnen, und
nicht leicht Haß und Streit gegen jemanden
veranlassen kann. Uebrigens sind die Schießübungen mit Feuergewehr nicht Uebungen, die
der Jugend bewilligt werden können, sofern
nicht

nicht erwachsene Personen, welche mit Feuergewehren umzugehen wissen, darüber die Aufsicht haben. Auch kann selbst die Vorsicht erwachsener und vernünftiger Personen nicht gemißbilligt werden, die lieber an dem mit den Schießübungen verknüpften Vergnügen keinen Antheil nehmen, als sich der auch nur entfernten Gefahr, dabey beschädigt zu werden, aussetzen wollen. Wenn man gleich mit Rücksicht aufs Wohl des Ganzen manches löblich und nützlich findet: so fehlt einer damit noch nicht, wenn er nicht seinen Beytrag mit dazu hergiebt; so fern ohnehin hinlänglich Viele aus eigener Bewegung daran Theil nehmen. Und dieses findet bey den Schießübungen Statt, wozu die Menschen gewöhnlich geneigt genug sind, ohne dazu aufgemuntert werden zu dürfen. Was bey allen hier angeführten Kampfspielen aber in Rücksicht auf die menschliche Glückseligkeit vorzüglich wichtig ist, und wodurch das, was sie Gutes haben, nur zu leicht zernichtet wird, ist dieß, daß diejenigen, welche daran Antheil genommen haben, zum Theil hernach zusammen in Gesellschaft bleiben, und ins Nachtschwärmen und in Saufunordnungen hineingerathen. Wider diese in aller Hinsicht den Menschen so

sehr

Von den Kampfspielen.

sehr verderbenden und seine Gesundheit zerstörenden Uebel sollten also alle obrigkeitliche Personen sorgfältigst wachen.

Mit dem Vogel- und Scheibenschießen haben die Carrouselübungen, die zu Pferde angestellt werden, fast einen ganz gleichen Werth. Hiebey kommt es auch auf die Erwerbung gewisser Geschicklichkeiten und Fertigkeiten im Reiten und in gewissen mit dem Körper und besonders dem Arm zu machenden und auf gewisse Ziele zu richtenden Bewegungen an. Dazu gehört das auch unterm gemeinen Mann übliche Reiten nach einem Ringe, in den man gallopirend mit einer Lanze hineinzustechen, und den man so fortzutragen sucht; und dann das so genannte Rolandsreiten. Mit diesem Spiel hat ein anders eine große Aehnlichkeit, da man reitend oder laufend den Boden eines Fasses, welches sich auf einem Pfal herumdreht, einzustoßen sucht, und den Sieger seyn läßt, der mit dem Einstoßen einem vorher darin verschlossenen Thiere Anlaß giebt, heraus zu fliegen oder herauszuspringen. Da aber bey dieser Art des Spiels ein Thier eine geraume Zeit hindurch geängstigt werden muß, und da der Mensch auch nicht dem geringsten Thier irgend eine unangenehme Empfindung machen sollte, wenn ihn nicht wahre Bedürfnisse und Erfordernisse dazu nöthigen: so sind alle solche Spiele gänzlich zu verwerfen. Alles, was mit Ausübung irgend einer Grausamkeit gegen empfindende Geschöpfe verknüpft ist, kann auf keine Weise ein des Menschen würdiges Vergnügen seyn, und muß auch nothwendig Härte und Gleichgültigkeit gegen menschliche Leiden in der Seele zeugen, so wie es die schon vorhandene Neigung zu einem solchen grausamen Verfahren noch verstärkt. Aus dieser Ursache können auch alle Kampfspiele zwischen Menschen und Thieren, und zwischen Thieren, in so fern der Sieg mit Grausamkeit und das Besiegtwerden mit Marter und Tod verknüpft ist, nicht gebilligt werden. Der in so manchem Betracht vorzüglich edlen und vortreflichen Nation der Engländer macht es keine Ehre, daß sie manche Kämpfe dieser Art unter sich duldet und unterhält. Vorzüglich haben sich selbige aber in Spanien bisher erhalten. Es ist nämlich bekannt, daß in Spanien nicht allein große Thiergefechte zum Schauspiel für's Volk gegeben werden, sondern daß auch bey großen Feyerlichkeiten Personen von Ansehn und Geburt zu Pferde oder zu Fuß sich mit wilden und grausamen Thieren in einen Kampf einlassen, u. sehr oft dabey um Leben

und

und Gesundheit kommen. Wenn die Gewohnheit nicht dieser Sache das Widersinnige nähme, das der Natur nach darin liegt, und die Verächtlichkeit derselben in den Augen der Menschen minderte: so würde man an Menschen, die ihre Natur zu Herren über die Thiere erhoben hat, die ihren Vorzug in den Kräften ihres Geistes, und in dem Vermögen, in einem großen Kreise um sich her und weit in die Zukunft hinein frey und mächtig zu wirken, bloß suchen und finden sollten, und die doch nun einen Kampf körperlicher Stärke und der Grausamkeit mit unvernünftigen Thieren, wie mit ihres gleichen, eingehen, oder ein Wohlgefallen darin finden, einen solchen Kampf anzusehen, nicht ohne den äußersten Unwillen und ohne die höchste Verachtung denken können. Für den Menschen, der als ein denkendes Wesen sich immer freuen sollte, wenn er empfindende und denkende Wesen durch angenehme Gefühle und Vorstellungen glücklich werden sieht, der von Begierde brennen sollte, in dem großen Schöpfungsreiche Gottes den ihn umgebenden empfindenden und denkenden Wesen einen nicht unbeträchtlichen Theil angenehmer Empfindungen nach Gottes Vorgange und Beyspiel zuzuführen, und dem schon die leblose Natur,

tur, wenn sich darin nach weisen Verhältnissen alle Dinge zur Verschönerung und zur Erhaltung der Welt ihre Kräfte harmonisch darbieten, Freude machen sollte, weil ihm die verschiedenen Vollkommenheiten der Dinge sichtbar werden, für einen solchen Menschen ist kaum etwas zu ersinnen, das ihn mehr schändet, als dieß, daß er an dem Gegentheil sich weiden kann. Zwar muß man zur Minderung der Schande dieser Menschen sagen, daß sie bey dergleichen Schauspielen nicht sowohl an den Martern der Thiere und der Menschen, als vielmehr an den gegenseitigen Kraftäußerungen der Kämpfenden ihr Wohlgefallen finden. Allein erstlich muß ein denkendes Wesen, wenn es seiner Pflicht ein Gnüge thun will, nicht bey Betrachtung einer Sache mit seinem Blick an einer Seite der Sache kleben. Es muß ja, indem es sich so an den gegenseitigen Kraftäußerungen der Kämpfenden weidet, über das nachdenken, was die Thiere oder Menschen, die kämpfend erscheinen, zugleich leiden, und wie viele Marter selbige ausstehen müssen. Und bann drängt sich der körperliche Ausdruck der Marter auch zu sehr vor den Blick eines jeden Zuschauers, als daß ihm selbiger unbemerkt bleiben könnte. Und so theilt sich das

Vergnü=

Von den Kampffpielen.

Vergnügen, das uns der Kampf gewährt, unvermerkt selbst dem Anblick der Martern mit, die mit dem Kampf verbunden sind. Die Natur der Sache bringt es mit sich, daß auf solche Art der Mensch selbst grausam werde, und alle mitleidige Gefühle für menschliches Elend verliere. Alles dieses wird noch anstößiger, wenn man bedenkt, daß bey den großen Hetzen und Thiergefechten es gemeiniglich selbst harmlose und zum Kampf gar nicht geneigte Thiere mit giebt, die, ohne sich wehren zu können, sich mißhandeln lassen müssen. Offenbar gehören die Thiergefechte und die Kämpfe der Menschen mit Thieren also in die Zeiten der rohen Barbarey, und sollten nur unter den wilden und unter ganz verderbten Menschen gefunden werden können. In unsern Zeiten könnte man, wenn man denkt, wie viele zur Barbarey gehörige Dinge darin abgeschaft sind, mit Recht vermuthen, daß ein so böses Unterhaltungsvergnügen ein Ende nehmen würde. Diese Art der Kampffpiele scheinen auch seit einiger Zeit in Spanien nicht mehr so häufig angestellt zu seyn. In vielen andern Ländern von Europa hat man kaum mehr etwas davon gehört. In Absicht auf England hat man auch angemerkt,

daß

daß die Neigung, dergleichen grausamen Thiergefechten beyzuwohnen, etwas abgenommen hat, und daraus schien man die Vermuthung herleiten zu können, daß auch die gewöhnlichen Hahnenkämpfe sich endlich verlieren würden. Allein eben zu unsrer Zeit scheint ein böses Recidiv dieses Seelenübels gefürchtet werden zu müssen. In Frankreich, wo man dergleichen unmenschliche Vergnügungen nach dem Charakter der Nation sonst nicht zu lieben scheint, will man nach den öffentlichen Nachrichten die Thiergefechte selbst wieder anfangen, und dazu von Spanien aus die nöthigen Verfügungen treffen lassen. In Ungarn hat man itzt selbst dazu Gebäude errichtet und andre dahin gehörige Anstalten gemacht. * Wenn man bedenkt, aus welchen Ursachen dieses herrühren könne: so ist für einen wahren Freund der Menschen nicht leicht etwas traurigers zu erdenken als dieses. Wenn dergleichen Unterhaltungsarten sich bey einem Volke finden: so kann man nur

zwo

* Zu meiner großen Freude kann ich bey dieser zweyten Auflage die Anmerkung machen, daß weder in Frankreich noch in Ungarn die Sache scheint zu Stande gekommen zu seyn. Es ist in der Folge nichts weiter davon bekannt geworden.

zwo Hauptursachen als den Grund dazu sich denken. Die eine liegt in einem Zustande roher Wildheit und Grausamkeit, die andre aber in den aufs höchste gebrachten Ausschweifungen in mancherley sinnlichen Lüsten. Der letztere Fall hat ohne Zweifel in unsern Zeiten Statt. Wir wissen es, daß der Mensch, der in alle Arten von moralischen Unordnungen versunken ist, und der, indem er von einer sinnlichen Lust zur andern hinirrt, immer ein stärkeres Gefühl des Vergnügens sucht, endlich auf die unnatürlichsten Vergnügungsideen fällt, um seiner Lust eine starke Würze zu verschaffen. Auch wissen wirs, wie der Mensch, der im Genuß sinnlicher Vergnügungen geschwelgt, und zu deren fernern Genuß durch Zugrunderichtung seiner Gesundheit sich untüchtig gemacht hat, noch immer auf Lüste sinnt, deren Genuß noch Statt finden könne. In der einen oder der andern Lage sind ohne Zweifel die armen Menschen, die nun die Hetzen und Thiergefechte wieder zurückzubringen und dazu die erforderlichen Anstalten zu machen suchen. Aber was läßt sich nicht von Zeiten erwarten, worin man zu einer solchen Verwilderung im Genuß der sinnlichen Wollust gekommen ist! Möchten doch nur Regenten und hohe obrigkeitliche Personen nicht

mit

mit in diesen Strom des moralischen Verderbens hingerissen werden, möchten diese doch noch mit feurigem Eifer sich bestreben, die ihrer Regierung, Aufsicht und Lenkung anvertrauten Menschen auf eine derselben würdige Art glücklich zu machen, und möchten sie so auch den Frevlern Einhalt thun, die Gott zum Trotz eine Menge von seinen Geschöpfen, die alle nach dem verschiedenen Maaß ihrer Fähigkeiten, und so weit, als die verschiedenen Verhältnisse der Dinge zu einander es zulassen, der Schöpfer glücklich gemacht haben will, durch böse Leidenschaften, Marter und Elend unglücklich machen wollen! Möchten doch diese Regenten, die Gottes Statthalter auf Erden seyn sollen, als treue Diener Gottes und als gute Väter der ihrer Sorge und Pflege anvertrauten Menschen, allen denen Fluch und Verderben ankündigen, die so muthwillig die gütigen Absichten Gottes hier auf Erden zu zernichten sich gelüsten lassen würden!

Drey

Drey und zwanzigste Betrachtung.
Von den Gewinnstspielen überhaupt.

Die Kampfspiele und Gewinnstspiele gränzen so nahe zusammen, daß es bey verschiedenen schwer ist, zu bestimmen, zu welcher Klasse der Spiele sie gehören. Oft würde man selbst irren, wenn man nach allgemeinen und gewöhnlichen Merkmalen ein gewisses Spiel ein Gewinnstspiel oder Kampfspiel nennen wollte. Es kann also der Fall eintreten, daß ein gewisses Spiel, das gespielt wird, ein Gewinnstspiel ist, und für ein Kampfspiel mit gutem Grunde angenommen wird, und daß umgekehrt ein Spiel ein Kampfspiel ist, welches sonst zu den Gewinnstspielen gerechnet wird. Ja was noch mehr ist, ein und dasselbe Spiel, welches mehrere Personen spielen, kann in verschiedenen Rücksichten zugleich ein Kampfspiel und ein Gewinnstspiel seyn. Das Ballspiel ist z. B. mit unter den Kampfspielen genannt worden. Ich habe es deswegen dazu gerechnet, weil ich glaube, annehmen zu können, daß jede Spielparthey im Ganzen in der Geschicklichkeit, womit gespielt wird, und in dem Siege, als einem öffentlichen Zeichen eines Uebergewichts in Geschicklichkeiten und Kräften, und endlich selbst in der Aeußerung der Geschicklichkeiten und Kräfte, wobey gleichsam der Besitz der Kräfte nicht nur gedacht, sondern auch empfunden wird, weit mehr Interesse und Vergnügen findet, als in dem Preise, der dem Sieger zugleich zu Theil wird. Wenn in solchen Fällen ein gewonnener Preis uns viel Vergnügen macht: so rührt dieß nicht von dem Werth her, den der Preis an sich hat, sondern von dem Werth, den er als ein Zeichen des Siegs erhält. Wir finden daher auch, daß die alten Griechen den Siegern zum Theil bloß Lorbeerzweige und ähnliche an sich gar nicht kostbare Dinge zuerkannt haben. Allein wenn man gleich dieß annehmen kann: so ist es doch auch gewiß etwas nicht gar seltenes, daß manche bey den Kampfspielen nicht sowohl nach der

Ehre

Ehre zu siegen streben, als nach der Belohnung, die auf den Sieg folgt, und daß sie an diesen Spielen nur unter der Bedingung Theil nehmen, daß nicht unbeträchtliche Belohnungen für den Sieger ausgelobt werden. Auf den Fall, da die um einen Sieg oder Preis kämpfenden verschiedenen Personen bey einem gewissen Spiel theils vorzüglich sich die Ehre des Siegs wünschen, theils nur nach dem Preise, der zur Belohnung für den Sieger bestimmt wird, hinstreben, kann man sagen, daß ein und dasselbe Spiel in Ansehung des einen Spielenden eigentlich ein Kampfspiel, und in Ausehung des andern Spielenden eigentlich ein Gewinnstspiel ist. Die Absicht der Spielenden und der Gesichtspunkt, woraus selbige die Sache ansehen, bestimmt also die individuelle Benennung des Spiels. Auf eben die Weise, wie das Ballspiel, das Schießen nach dem Vogel oder einer Scheibe, und selbst das Wettrennen bey gewissen einzelnen Personen vielmehr ein Gewinnstspiel als ein Kampfspiel wird: so kann auch ein Spiel, das man überhaupt zu den Gewinnstspielen rechnet, ein Kampfspiel werden. Dieß kann bey allen den Spielen geschehen, worin Geschicklichkeit und

Nach-

Nachdenken dem Spiele vorzüglich seinen Lauf geben. Auch findet man bey diesen Spielen es häufig, daß die Spieler bloß um die Ehre des Siegs und nicht um Geld spielen. Beym Schachspiel, welches vorzüglich vom Denken abhängt, und von der sichern Uebersicht aller Wege, die man einschlagen, oder worauf man seinem Gegner sich widersetzen kann, welche verschiedene Wege alle den Augen vorliegen, und wobey also eigentlich kein Zufall Statt findet, wird z. B. fast nie auf die etwa zu gewinnende oder zu verlierende Summe Geldes gesehen, sondern nur auf den etwa zu erhaltenden Sieg.

Wenn wir also eine Gränzlinie zwischen den Kampfspielen und Gewinnstspielen ziehen: so wird damit nicht gesagt, daß nicht unter gewissen Umständen ein gewisses Spiel auf der einen oder der andern Seite der Linie seyn könne, sondern nur dieß, daß im Ganzen eine gewisse Art des Spiels zu der einen oder der andern Klasse der angeführten Spiele gerechnet werden müsse. Und so setzt man es mit Recht nach der Seite der Linie, wo es sich gewöhnlich findet. Wobey also die Menschen größtentheils mehr nach dem Gewinnst trachten, als nach der Ehre

Von den Gewinnſtſpielen überhaupt.

Ehre des Sieges, und wobey man zugleich am wenigſten Zuſchauer ſucht, oder ſich um Zuſchauer bekümmert, die Spiele können wir mit Fug zu den Gewinnſtſpielen rechnen, ſo wie wir diejenigen Spiele, bey welchen man auf Ruhm von Seiten der Zuſchauer oder des Mitſpielers und auf Sieg vielmehr als auf ſonſtigen Gewinn ſieht, überhaupt mit Recht Kampfſpiele nennen. Bey Kampfſpielen pflegt auch überhaupt ein öffentlicher Preis ausgeſetzt zu werden, da bey den Gewinnſtſpielen man den Preis bloß von ſeinem Gegner zu nehmen pflegt. In Abſicht auf beyde Spiele iſt übrigens anzumerken, daß bey allen Gewinnſt- und Kampfſpielen die Neigungen zu ſiegen und zu gewinnen nicht leicht ganz getrennt ſind. Der, dem es eigentlich nur am Herzen liegt, ſeine Mitkämpfer zu übertreffen und zu beſiegen, ſieht doch gewöhnlich ein wenig mit auf eine etwa zu gewinnende Geldſumme, und wer vorzüglich nur um die zu gewinnende Summe ſpielt, findet gewöhnlich in der Vorſtellung des Sieges oder des Uebertreffens an Geſchicklichkeiten zugleich einiges Vergnügen. Nur Wenige, die um Geld ſpielen, ſind ganz gleichgültig gegen die Ehre oder Schande, ge-

ſiegt

siegt zu haben, oder besiegt zu seyn. Von diesen Wenigen kann man aber dreist behaupten, daß sie zu den niedrigsten und kleinsten Seelen gehören, die ihren Blick so fest auf den Gewinnst gerichtet haben und sich daran so weiden, daß sie alles andre und also auch die Ehre, die mit dem Siege verknüpft ist, ganz aus dem Gesichtspunkt verlieren. Und unter diesen niedrigen Seelen kann es keine verächtlichere geben, als diejenigen, welche selbst bey Kampfspielen, wobey man gewöhnlich fast allein nach Sieg und Beyfall strebet, den etwa zu erlangenden Geldgewinnst bloß zum Gegenstand ihrer Begierde machen. So kann es selbst bey den Kampfspielen, wobey eine zahlreiche Versammlung von Menschen zuschauet, Manche geben, die nur darum den Sieg zu erfechten sich bestreben, damit sie die Geldbelohnung davon tragen mögen, welche mit dem Siege verbunden ist, wenn diese Summe gleich gar nicht in einem natürlichen Verhältniß zu den Bestrebungen des Kampfs steht. Und wer kennt nicht elende Menschen, die um einer kleinen Summe Geldes willen sich mit einander herumschlagen, und dabey Gesundheit und Leben in Gefahr setzen?

Was

Von den Gewinnstspielen überhaupt.

Was allen Gewinnstspielen, als Gewinnstspielen, indessen eigen ist, und sie von Kampfspielen unterscheidet, ist dieß, daß man dabey nach irgend einem Preise, der in Geld besteht, oder an sich einen gewissen Werth hat, trachtet, und den Preis Andern zu entreißen sich bestrebt. Es ist hier nicht vom Tausch in Dienstleistungen die Rede, wie in allen andern Fällen, da man gewisse Güter oder Besitzungen eines Andern an sich zu bringen sucht, sondern man bestrebt sich geradezu, ihm einen Theil des Seinigen durch Geschicklichkeit im Spiel zu entwenden, und, um die Freyheit zu diesem Bestreben zu erhalten, setzt man sich dabey der Gefahr aus, eben so viel wieder bey demselben zu verlieren.

Bey den Kampfspielen heftet man den Blick der Seele auf einen durch ungewöhnliche Kraftäußerung zu bewirkenden Vorzug. Dieses giebt der Seele eine Schwungkraft zu nicht gemeinen Bestrebungen, und sehen wir dabey zugleich auf einen zu erkämpfenden Preis: so begehren wir diesen nur als ein Zeichen, daß wir in unsern Bestrebungen glücklich gewesen sind.

23. Betrachtung.

Das Gut eines Andern veranlaßt aber bey den Gewinnstspielen die Neigung, Sieger im Spiele zu seyn. Und an sich ist es unedel, ein Verlangen nach eines Andern Gut entstehen zu lassen und zu unterhalten, wenn man damit nicht die Neigung verbindet, ihm wieder ähnliche Vortheile zuzuwenden, oder wenigstens durch die Mittheilung eines Vortheils gegen die Erhaltung eines andern Vortheils die Seele gewöhnt, nichts nehmen zu wollen, ohne dafür ungefähr eben so viel Andern wieder zu geben. Wollte man sagen, daß wir bey Gewinnstspielen auch den Mitspielern den Vortheil zugestehen, das Unsrige vermittelst des Spiels an sich zu bringen, und daß dabey noch die Idee der Billigkeit unterhalten würde: so würde dieß Gefühl des moralischen Guten doch einen viel zu schwachen Beytrag zur Tugendliebe geben, indem die Neigung, das Gut eines Andern an sich zu bringen, ohne ihm gleiche Vortheile dafür wieder zu geben, uns leicht nach und nach zu Betrügern und Räubern machen kann. Und jene Neigung hat ja der Spieler offenbar. Sein Wunsch ist einzig auf eignen Gewinnst gerichtet, und läßt sich nicht wohl von dem Wunsch trennen, daß der Andre

Von den Gewinnstspielen überhaupt. 129

Andre verlieren möge, weil der Verlust des Andern eine wesentliche Folge des eignen Gewinnstes ist. Wollte man sagen, daß es doch möglich wäre, daß man, indem man sich seines Gewinnstes freuete, zugleich mit Kummer an des Andern Verlust gedächte: so würde dieß erstlich einen philosophischen Tugendfreund erfordern, und zweytens würde denn die Spielneigung nicht Statt finden können. Indem nach dem Gesetz der Gerechtigkeit so der Kummer dem Vergnügen das Gleichgewicht hielte: so würde keine Neigung entstehen können. Es ist auch überhaupt entschieden genug, daß die Spielneigung in der Neigung, eines Andern Gut an sich zu ziehen, ohne ihm dafür wieder ein Gut zuzuwenden, gegründet ist. Man muß aber auch nie eine Neigung, einem Andern zu schaden, unter dem Vorwande Statt finden lassen, weil man ihm eine gleiche Neigung gegen sich gestattet. Nothwendig muß dabey die eigennützige Neigung, Vortheile an sich zu reißen, und Andern Vortheile zu entwenden, überhaupt rege werden und Nahrung finden. Dadurch wird die wichtigste aller gesellschaftlichen Neigungen, nach welcher man gegen Andre gern wohlthätig ist, und ihnen gerne mehrere Freuden und Glückseligkeiten verschaffen will, als

2. Theil.   J   man

man wieder von ihnen erhält, augenscheinlich ganz zu Grunde gerichtet. Eine solche Neigung, an sich zu reißen, ohne wieder zu geben, und dieses Ansichreißen durch irgend eine Uebermacht des Verstandes oder der List zu bewirken, entspringt ganz natürlich aus allen Gewinnstspielen. Indem man damit die Besorgniß, selbst zu verlieren, verbindet: so denkt man sich seine Mitspieler wie Feinde, vor denen man sich zu hüten hat. Durch diese Vorstellungsart wird Widerwille gegen Andre erzeugt, und der gegenseitige so wohlthätig für die Menschen fließende und über Alle Zufriedenheit und Wonne verbreitende Strom der Liebe und der Gegenliebe, und des wechselseitigen Freuens über einander wird so in seinem Fluß mehr und mehr gehemmet. Eigennütziges Ansichreißen, Argwohn, Neid, Widerwillen und feindselige Gesinnungen sind also die natürlichen Folgen aller Gewinnstspiele, in so fern dabey wahre Neigung, etwas durchs Spiel zu gewinnen, Statt findet. Ein andres ist es, wenn man gegen den Gewinnst gleichgültig ist. Allein wenn dieses sich wirklich so verhält, wie so Mancher das von sich rühmt: warum begnüget man sich denn nicht damit, daß man nur seine Geschicklichkeit im

Spiel

Spiel übt und zeigt? Was sagt man dadurch, wenn man vorgiebt, man spiele deswegen nur um Geld, damit man das Spiel interessanter mache, und sich in Aufmerksamkeit erhalte, doch im Grunde anders, als daß man gerne einen Theil fremdes Guts hätte, ohne einen gleichen Vortheil dafür wieder zu geben? Liegt dieß dabey nicht zum Grunde: so kann das Spiel auf diese Weise nicht interessanter werden, und behält in Absicht auf das darin liegende Unterhaltungsvermögen für uns eben den Werth, den es hat, wenn man umsonst spielt. Von den unglücklichen Folgen, welche der Verlust, wenn er auf der einen Seite groß ist, oft für den Verlierenden hat, sage ich hier nichts, weil das besser bey den verschiedenen besonders zu berührenden Gewinnstspielen bemerkt werden kann. Aber eins trift noch zu sehr alle Arten der Gewinnstspiele überhaupt, als daß es hier unberührt bleiben könnte. Hat einer eine etwas starke Begierde, Geld zu gewinnen, oder fühlt er es, daß er den Geldverlust, der mit dem Besiegtwerden im Spiel verknüpft ist, nicht wohl ertragen oder verantworten kann: so beschäftigen die sich darauf beziehenden Ideen die Seele schon so stark, daß sie darüber unruhig wird, und nicht geruhig genug den Blick auf die beste Art der Ausführung dessen, was man beym Spiel zu thun hat, richten kann. Dabey kommt die Seele also in eine unangenehme Lage, sieht sich in der vortheilhaftesten Anwendung ihrer Geschicklichkeiten und Kräfte gestört, und geräth, indem so Verlust oder Gefahr zu verlieren immer mehr erfolgt, leicht in eine ängstliche und die heftigsten Bewegungen der Seele und des Körpers veranlassende Verfassung. Diese letzten Folgen bemerkt man nicht bey Allen. Sie können oft leicht einen gewissen Verlust ertragen, oder sie bedenken es auch nicht, daß das so vielleicht einzubüßende Geld mit Ueberlegung besser angewandt werden könne, und haben darüber also keine Art der Gewissensunruhe, und sie haben zuweilen auch eine so gemäßigte Gewinnstneigung, daß sie dabey nicht in eine an Leidenschaft gränzende Bewegung gerathen. Allein wir wissen es aus der Erfahrung, daß nur sehr wenige Menschen in diesem Fall sind, und daß man sich irrete, wenn man sich einbildete, daß alle diejenigen wirklich zu dieser Anzahl gehören, welche dem Aeußerlichen nach dazu zu gehören scheinen. Und wird dann auch auf diese Weise auf der einen Seite gespielt: so ist

darum

Von den Gewinnstspielen überhaupt. 133

darum der Gegenspieler noch nicht in einer gleichen Fassung und Lage. Und dann leidet dieser nur noch desto mehr. Sind aber auch gleich beyde Spieler in dieser Lage: so ist damit das Spiel noch nicht gerechtfertigt. Denn die vorher bemerkten aus der Natur der Gewinnstspiele fließenden und in der Natur derselben liegenden bösen Folgen und Eigenschaften bleiben dann noch immer zurück.

Sonst ist in Ansehung der Gewinnstspiele überhaupt noch anzumerken, daß man selbige bequem unter drey Klassen bringen kann. Spiele, wobey unser Verstand und Wille nichts auszurichten vermag, sondern wobey bloß solche Ursachen und Umstände wirken, die wir nicht leiten können, und die in äußerlichen außer unsrer Macht befindlichen oder wenigstens in solchen Dingen liegen, die nicht von unsrer Erkenntniß und von den sich auf unsere Erkenntniß beziehenden Kraftäußerungen abhängen, können eine dieser drey Klassen ausmachen. Wir pflegen daher diese Spiele Spiele des Zufalls und des Ungefährs zu nennen, weil die Kette von Ursachen und Wirkungen, aus denen der Erfolg des Gewinnstes oder Verlustes entspringt, von unsrer Bemerkungskraft nicht kann er-

erreicht werden, und wir daher auch eine gewisse Reihe von Ursachen und Wirkungen zu unserm Vortheil nicht bewirken können.

Andre Spiele sind so beschaffen, daß ein Theil der Ursachen, die den Ausgang des Spiels bewirken, dem Zufall, und ein andrer der Lenkung der Menschen unterworfen ist. In diesen Spielen ist gleichsam über einen Theil dieses kleinen Kriegstheaters ein Vorhang gezogen.

Endlich giebt es Spiele, wobey die ganze Charte des Landes, wo man operirt, vor unsern Augen aufgedeckt da liegt, und wobey der Verstand alles lenkt. Und so giebt es also Spiele des Zufalls, Spiele des Zufalls und des Denkens oder der Geschicklichkeit zugleich, und endlich Spiele des Denkens und der Geschicklichkeit allein.

Vier und zwanzigste Betrachtung.
Von den Spielen des Denkens und der Geschicklichkeit allein.

Das Schachspiel ist vielleicht das einzige Spiel, wovon man im strengsten Verstande sagen kann, daß der Spielende sein Werk ganz nach seiner Erkenntniß lenken kann. Zwar kann man dabey nicht den Plan des ganzen Spiels voraus machen. Es kann nur eine Menge von allgemeinen Vorschriften in der Seele liegen, die unter gewissen erfolgenden und aus Erfahrungen nach und nach uns bekannt gewordenen Umständen anzuwenden sind, und von denen man also Gebrauch macht, wenn sich diese Umstände finden. Allein man kann es doch nie wissen, ob und wann dergleichen

chen Umstände erfolgen werden. Auch giebt es eine so gar große Mannichfaltigkeit in den Mischungen der Hauptumstände, daß der Spieler immer nach der Art, wie diese Mischungen kommen, seine Maaßregeln nehmen und ändern muß. So weit also diese Umstände von dem Mitspielenden abhängen, und der Spieler nicht die vom Mitspielenden etwa zu wählenden Züge weis und wissen kann: so gehören die so veranlaßten Umstände zu den zufälligen Dingen. Allein der Spieler kann dabey doch den Mitspielenden Schritt vor Schritt beobachten, kann alle die Wege, die bey jedem Schritt demselben vorliegen, übersehen, und immer mit Kenntniß der Sache selbst einen gewissen Zug wählen, und auch gewiß den Zug thun, den er wählt, ohne daß irgend ein Zufall ihn an der Ausführung hindert. Da also das, was der Spielende jedesmal thut, vom Denken abhängt und dem Denken gemäß bewirkt werden kann, und da das ganze Feld, worauf man zusammen kämpft, offen da liegt, mit allem dem, was darauf geschehen kann: so kann man mit Grund sagen, daß es ganz vorzüglich ein Spiel des Denkens sey. Man könnte es ein Kampfspiel des Geistes nennen, und sollte es billig überhaupt

eher

eher zu den Kampfspielen als zu den Gewinnstspielen rechnen. Außerdem, daß beyde Spielende in Aussinnung der besten Wege zur Behauptung des Platzes mit einander wetteifern, findet man auch beym Schachspiel die gewöhnliche Eigenschaft der Kampfspiele, daß man nicht sowohl nach einem Gewinnst als vielmehr nach der Ehre, gewonnen zu haben, trachtet. Dennoch rechnet man das Schachspiel mit zu den Gewinnstspielen, wahrscheinlich, weil die Anstrengung der Geisteskräfte nicht sichtbar wird, weil man gar nicht die Sache zu irgend einer Art der öffentlichen Unterhaltung macht, und weil diejenigen, welche so Geld gewinnen, es doch einem bestimmten Gegner abgewinnen, und man daher den Gewinnst nicht leicht einen Preis oder Belohnung nennen kann. Im Ganzen kann man nun, so fern wir auf die moralischen Wirkungen dieses Schachspiels, nämlich auf das Gute und Böse sehen, was dadurch in menschlichen Seelen und unter Menschen veranlaßt werden kann, zu dessen Lobe sagen, daß Gewinnsucht in Rücksicht auf Geld und Geldes Werth sehr selten dabey Statt findet. Da die Seele so viele Beschäftigung in Aufsuchung vortheilhafter

Gänge findet, und da ihr Thätigkeitstrieb dabey in so hohen Maaß befriedigt wird: so drängen sich ihr nicht leicht andre und also auch nicht Gewinnstideen zu. Eine unmittelbar mit gedachtem Denkgeschäfte verknüpfte Wirkung ist diese, daß die Seele sich im Denken sehr dabey übt, und zu nicht gemeinen Fertigkeiten im Denken gelangt. Wie zuträglich es dem Menschen aber sey, wenn er sich übt, alle Vorfälle von allen Seiten anzusehen, und immer die besten Maaßregeln mit Gegenwart des Geistes zu nehmen, das ist unnöthig hier anzumerken. Nur ist die Frage, ob diese Denkübung nicht nützliche Dinge betreffen und dadurch einen unmittelbaren Nutzen bringen könnte. Hierauf ist unstreitig zu antworten, daß, wenn sich zwischen mehrern Personen Stoff zu einer nützlichern Denkübung findet, woran mehrere Theil nehmen können, und worin jeder einen gewissen Grad der Stärke hat, und welche in der Stunde des gesellschaftlichen Umgangs für Mehrere Reiz hat, man eine solche nützlichere Denkübung vorziehen sollte. Indem wir dieß eingestehn: so müssen wir zum Vortheil des Schachspiels doch bemerken, daß, wenn man sich auch über

gemein=

gemeinnützige Dinge und über menschliche Pflichten unterhielte, in dem Fall, da es eine Sache von geringer Erheblichkeit wäre, dieß darum noch nicht geradezu nützlicher wäre, als die Uebung im Schachspiel. Die Art, wie unsre Denkfähigkeit beym Schachspiel gebildet und geübt wird, hat darin etwas Vorzügliches, daß man dabey, wie in mathematischen Berechnungen, mit Zuverläßigkeit sehen kann, wie weit man einen rechten oder unrechten Weg genommen habe. Hat man einen Fehler begangen: so kann die Eigenliebe uns selbigen nicht verbergen. Und wir wissen es, wie gewiß mehrere Personen, die über gewisse Dinge ganz verschieden denken, und viel darüber gesprochen haben, am Ende des Streits glauben, daß sie Recht haben. So eine eigensinnige und durch den Betrug der Eigenliebe begünstigte Rechthaberey kann beym Schachspiel nicht Statt finden. Wer wirklich durch gewisse irrige Züge auf Abwege kommt, erkennt diesen Irrthum deutlich in seinen Folgen; und wer gewisse ihn in seinen Operationen störende Gänge seines Gegners nicht zeitig merkt, muß es bald mit Gewißheit inne werden, daß Mangel der Bemerkung oder Mangel der Kenntniß

wirklich

wirklich Statt gefunden hat. Mit dem Verlieren im Schachspiel ist es also eben so beschaffen als mit einem Rechenexempel, wobey man nicht das rechte Facit herausbringt. Das Schachspiel gewöhnt daher, so weit als es wirken kann, den Menschen zum sorgfältigen Nachdenken, lehrt ihn seine Maaßregeln richtig nehmen, überführt ihn oft von den Schranken seines Verstandes oder seiner Kenntniß, und giebt ihm gar viele Anlässe, Mißtrauen in seine Ideen und Kräfte zu setzen. Das sind Vortheile, die man nicht leicht bey einer Sache findet, die bloß den Namen eines Unterhaltungsvergnügens trägt. Was nicht eine so vortheilhafte Wirkung zu haben scheint, ist das gegenseitige Bestreben, sich den Weg zum Siege nicht nur dadurch zu bahnen, daß man alle Wege seinem Gegner zu versperren und Plätze zu besetzen sucht, wo man nicht kann angegriffen werden, sondern, daß man auch ähnliche Bemühungen des Gegners so viel als es in unsern Kräften steht, zu zernichten sich bestrebt. Indem dieß geschieht: so scheint die Seele nach und nach eine Fertigkeit zu gewinnen, den Mitspielenden in dem unangenehmen Lichte eines Widersachers zu betrachten. Und wie

leicht

und der Geschicklichkeit allein.

leicht wird sich die so gewonnene Fertigkeit auf viele andre Handlungen des menschlichen Lebens erstrecken und so ein Theil des herzlichen Wohlwollens gegen Andre verloren gehen? Es ist nicht zu läugnen, daß dieß eine Seite der Gewinnstspiele und auch vieler Kampfspiele ist, die wir nicht loben können. Wir sollten zwar suchen, unsre Kräfte so zu üben, daß wir damit vieles ausrichten könnten, wir sollten uns zwar geneigt machen, mit Muth und Anstrengung nach einem entfernten Ziele der Vollkommenheit hinzuarbeiten, aber wir sollten auch alles üben, was uns geneigt und geschickt macht, Andre in angenehme und vortheilhafte Lagen zu setzen, und also mit ihnen arbeiten, und nicht allen ihren Bemühungen Hindernisse in den Weg legen. Dieses letzte geschieht nun beym Schachspiel so wie bey den meisten andern Spielen. Allein dieß ist doch nicht hinreichend, das Schachspiel verwerflich zu machen. Erstlich ist dem Schachspiel von der angeführten übeln Wirkung nicht so viel zuzuschreiben, als es dem ersten Anblick nach scheint geschehen zu müssen. Jeder Spielende muß freylich immer seinen Mitspieler im Auge haben, um dessen Unternehmungen, wenn

er

er sie für gefährlich hält, sich zu widersetzen. Allein im Ganzen hat man doch den Blick mehr auf die Ausführung eines gewissen eigenen Plans gerichtet, und übt sich, ohne deswegen mit widrigen Empfindungen an den Mitspielenden zu denken, in den dahin zielenden Kraftäußerungen vielmehr, als in den Bestrebungen, dem Gegner seine Plane zu vereiteln. Diese Lage der Seele wird auch dadurch sehr mit befördert, daß wir unsern Plan mehr übersehen können, als den Plan des Gegners, weil es so viele mögliche Wege und Absichten bey diesem Spiel giebt, daß wir bey weitem nicht immer merken können, worauf gewisse Züge des Gegners etwa abzielen mögen. Endlich arbeitet die Seele sehr im Stillen, und wenn auch üble Gesinnungen einmal aufsteigen: so werden diese, weil der Körper dabey gar nicht in Bewegung ist, und nicht viele Veränderungen des Gesichts, der Mienen und der Augen veranlaßt werden, doch nicht sichtbar, erwecken also nicht ähnliche üble Gesinnungen, und verlieren sich daher oft ganz wieder. Endlich haben wir bey diesem Spiel auch gar nicht die Absicht, wenn nicht Geldgewinnst etwa uns dabey reizt, einem Andern einen Theil des Sei-

niges

und der Geschicklichkeit allein.

nigen zu rauben, sondern wir wollen nur sehen, wie viele Kräfte wir in Vergleichung mit den Kräften des Andern haben, und finden wir uns darin übertroffen: so fühlen wir uns vielmehr dadurch veranlaßt, unsre Kräfte noch mehr zu üben und sie zu erhöhen, als einen Andern mit schelen Augen anzusehen, daß er in diesem Spiele stärker ist. Sind wir gute Geschöpfe: so freuen wir uns jeder Vollkommenheit, die wir in Gottes Welt antreffen, und so schätzen wir einen jeden Menschen gern nach dem ganzen Maaß seiner Vollkommenheiten. Nach der Selbstliebe würde eine Freude, die so durch den Anblick eines vollkommenen Menschen außer uns erregt wird, freylich einen höhern Grad der Lebhaftigkeit und Stärke bekommen haben, wenn wir diese in Andern entdeckten Vollkommenheiten in uns gefunden hätten; allein die Freude über die Vollkommenheiten Andrer bleibt darum doch Freude und oft eine große Freude. Endlich ist es eine der moralischen Stimmung der Seele sehr zuträgliche Täuschung beym Schachspiel, daß wir vielmehr das uns entgegen stehende fremde Heer der Schachsteine, wie unsern Gegner ansehen, als den Mann, der dieses Heer commandirt.

Die

Die hierin arbeitende Denkkraft des Andern ist der unsichtbare General, und wir fallen daher, wenn wir etwas Widriges darüber empfinden, daß wir nicht genug Widerstand leisten, oder unsern Weg nicht nach Wunsch verfolgen können, mit dieser widrigen Empfindung vielmehr auf die sichtbar in die Augen fallenden leblosen Bauern und Officiers, als auf den, der sie lenkt. Alle diese Bemerkungen scheinen mir nicht nur aus der Natur der Sache genommen zu seyn, sondern die allgemeine Erfahrung bestätigt sie auch. Selbst die kleinen und stolzen Menschen, die sich nicht mit reinem Vergnügen an Andrer Vollkommenheiten weiden können, und daher alles hassen, wovon sie sich übertroffen sehen, pflegen ihre Empfindlichkeit doch dann erst gegen den Mitspielenden zu äußern, wenn am Ende des Spiels sie erst den Blick auf denselben richten, so aus ihrer Täuschung kommen, und sich's gleichsam sagen: das ist nun doch der Mann, von dem du dich besiegt sehen mußt. Und dieß geschieht besonders dann, wenn der Sieger sein Vergnügen über den erhaltenen Sieg sichtbar äußert, oder auch mit einer gewissen Art der Einbildung und des Stolzes sich es merken läßt,

läßt, daß er überhaupt in Denkarbeiten den Besiegten unter sich findet. Leute, die so siegen, und beym Besiegtwerden sich so betragen, müßten freylich nie Schach spielen. In Rücksicht auf Andre scheint es aber ausgemacht zu seyn, daß es ein empfehlungswürdiges Unterhaltungsvergnügen in Gesellschaften ist. Diejenigen, die nicht studiren oder studirt haben, und welche, wenn sie nicht zufällig auf gewisse Glückseligkeit, Pflicht und Religion betreffende Gespräche kommen, nicht leicht geflissentlich eine Materie glücklich dazu wählen und gut darüber sprechen können, finden beym Schachspiel Unterhaltung und zugleich alle zuerst benannten Vortheile. So fern Gelehrte nicht übermäßig viele Kopfarbeiten haben, und ihnen ein nicht ganz unbeträchtlicher Theil der Muße zufällt, und selbige also ohnehin die erforderliche körperliche Bewegung haben können, ist das Schachspiel auch ihnen nicht zu widerrathen. Ja auch dann, wenn sie übermäßig viele Denkarbeiten hätten, würde es noch für sie zuträglich seyn, wenn sie beym Schachspiel noch von Zeit zu Zeit lernten, wie leicht man, auch wenn man etwas von allen Seiten richtig gesehen zu haben glaubt, doch

2. Theil.   K   noch

noch fehlen kann, und wie vorsichtig und wie
schüchtern man jeden Schritt thun müsse, um
in jedem Fall das zu bemerken, was recht und
was wahr ist. Uebrigens müssen Studirende
und Gelehrte, die durch Amt oder Umstände
genöthigt werden, fast über ihre Kräfte zu arbeiten, dieses Spiel nicht lieben, sondern vielmehr die wenige Muße, die sie erhalten, dazu
gebrauchen, daß sie einmal die Seele ganz von
aller Denkarbeit befreyen und dem Körper Bewegung verschaffen. Denn Alle bekennen es,
daß, wenn man mit Emsigkeit und vielem
Nachdenken Schach spielt, dieses eine der
schwersten Arbeiten des Geistes sey. Auch findet man es allgemein, daß die Arbeit der Seele sehr bald den Körper in Wallung bringt und
erhitzt. Uebrigens hat dieses eines denkenden
Menschen so würdige Spiel noch das Gute,
daß jedermann die dazu nöthigen Sachen für
ein geringes Geld in seinem Zimmer und in
jeder Gesellschaft haben kann. Was ich indessen hier, meine Herren, zum Lobe des Schachspiels gesagt habe, entferne ich ganz von der
Neigung, dabey seinem Gegner eine Geldsum-
me abzugewinnen. Diese Neigung scheint
auch gar nicht mit der sonstigen Würde des

Spiels

und der Geschicklichkeit allein. 147

Spiels und dem edlern dabey Statt findenden Denkgeschäfte der Seele sich harmonisch vereinigen lassen zu können.

Das Schachspiel hat neulich Herrn Hellwig zu Braunschweig zu der ihm viele Ehre machenden Erfindung eines darauf gebauten Kriegsspiels Anlaß gegeben. Es unterscheidet sich dieses Spiel von erstem erstlich dadurch, daß man auf einem viel größern Kampfplatz streitet, zweytens, daß es in diesem Kriegsfelde Festungen, Städte, Berge, Moräste, und Wasser giebt, drittens, daß man mehrere und mannichfaltigere Figuren braucht, und daß endlich vierters dabey fast alle die verschiedenen Operationen Statt finden, die im wirklichen Kriege vorfallen. Hieraus fließt von selbst, daß der Verstand hier noch weit mehrere Beschäftigung findet, als beym Schachspiel, und daß die Endigung einer Spielparthie weit mehr Zeit erfordert. Wenn täglich auch einige Stunden dazu angewandt werden: so gehen leicht acht Tage und darüber, ja nach Beschaffenheit der Geschicklichkeit, womit gespielt wird, leicht einige Wochen damit hin. Da es unter meinen Augen einige Monathe hindurch gespielt ist: so habe ich bemerkt, daß es für gu-

148 24. Betr. V. d. Spielen des Denkens

te Köpfe in einem hohen Grade interessant ist. So fern die Spielenden mit andern Personen, die mit aufs Spiel merken, umgeben sind, läßt sich eine sehr angenehme Uebung des Verstandes und Witzes damit verbinden, woran der Erfinder noch nicht dürfte gedacht haben. Diese besteht nämlich darin, daß man auf beyden Seiten ein Journal hält über den gegenseitigen Fortgang der Kriegsoperationen, oder eine ordentliche Zeitung darüber für die Theilnehmer und Zusehenden schreibt. Wenn diese Zeitungsblätter gut geschrieben sind, und diejenigen, denen sie vorgelesen werden, etwas vom Spiel wissen: so kann dieß Materie zu einer recht angenehmen Unterhaltungsstunde geben. In dem Fall müssen die Spielenden aber vorher eine Charte von den beyden Ländern, die der Schauplatz des Kriegs sind, machen, und dem Lande nicht nur, sondern auch den Festungen, Städten u. s. w. eigne Namen geben, und hernach die Zeitungsartikel daher datiren, wo etwas vorfällt.

Was nun die Moralität dieses neuen Spiels betrift: so kann man fast alles, was ich in der Hinsicht vom Schachspiel gesagt habe, darauf anwenden. Nur hat es darin eine sehr nach=
theilige

theilige Seite, daß leicht zu viel Zeit damit verloren geht. Personen, die täglich viele Berufsgeschäfte haben, ist es daher nicht zu empfehlen.

Die zur Erlernung und zu mehrmaliger Endigung dieses Spiels erforderliche Zeit und Verstandeskraft, sind völlig hinreichend eine Wissenschaft gründlich zu studiren, und etwas nicht geringes zum Besten der Menschheit zu unternehmen. Außer Officieren und außer Pagen, so lange noch die Fürsten zu edlen Thaten und zu großen Bedienungen bestimmte junge Adliche zu diesem letztern seelenverderblichen und an sich niedrigen Stande herabsetzen werden, dürfte es also Wenige geben, denen diese Art der Spielunterhaltung anzurathen wäre. Ganz vorzüglich ist es aber Officieren, die in Friedenszeiten oft viele überflüßige Muße haben, zur Ausfüllung der geschäftleeren Stunden zu empfehlen. Wären es nicht eitle Träume, wenn zuweilen ein Menschenfreund die Hoffnung unterhält, daß mit dem Fortschritt der Cultur nach und nach das barbarische Kriegsübel aus der Welt verschwinden würde; und müßte nicht ohnehin ein tüchtiger Officier täglich das Studium der Kriegswissenschaft zu sei-

nem

nem Geschäfte machen: so würde ich es diesem Kriegsspiel sonst zum Nachtheil anrechnen, daß dadurch viele Kriegsideen in Umlauf gebracht würden, und daß dieß mit Kriegsunternehmungen veranlassen könnte. Allein itzt gehört es ohnehin zu den Pflichten der Militärpersonen, ihre Wissenschaft zu treiben, und sich mit mannichfaltigen Kriegsideen zu beschäftigen.

Mit dem Schachspiel haben auch noch das Damenspiel und Mühlenspiel beynahe eine gleiche Beschaffenheit. Auch hier thut der Verstand alles, und auch hier bringt der Spieler seinen Stein hin, wohin er ihn haben will. Allein das ganze Feld der möglichen Wege ist hier viel leichter zu übersehen, es ist weit mehr Einförmigkeit in dem ganzen Spiel, und wer den ersten Zug hat, kann auch leichter gewisse Maaßregeln nehmen, denen der Gegenspieler sich nicht widersetzen kann. Es greifen diese beyden Spiele den Kopf fast gar nicht an, wenn man sie erst weis; und wer viele Denkarbeit verlangt, der findet seinen Verstand dabey nicht genug beschäftigt. Sollen diese Spiele also als etwas angesehen werden, das den Geist im Denken übt, und ihm es zur Gewohnheit macht, immer in Wählung gewisser Maaßregeln

regeln erst alles von allen Seiten anzusehen, und mit Behutsamkeit ein Resultat herauszubringen: so müssen diese Spiele darin dem Schachspiel weit nachstehen. Bedenkt man aber dagegen, daß das Schachspiel eine schwere Denkarbeit ist, und Seele und Körper noch mehr als die gewöhnlichen Denkgeschäfte angreift: so sind für diejenigen, welche ohnehin immer mit dem Kopfe arbeiten, und welchen eine Entledigung von denselben nothwendig ist, diese Spiele weit dienlicher. Selbige werden aber freylich nur auf eine kurze Zeit Unterhaltung genug darin finden. Uebrigens sind diese Spiele Andern, deren Berufsgeschäfte nicht in eigentlichen Denkarbeiten bestehen, die keine schwere Denkarbeit lieben oder übernehmen können, oder die endlich von aller Anstrengung im Denken frey seyn wollen, als die unschädlichsten Spiele anzupreisen.

Wenn man alles, was ein Spiel empfehlen und angenehm machen kann, zusammen nimmt: so wird man nicht leicht irgend eins dem Billardspiel vorzuziehen Ursache haben. Und ist von Personen die Rede, die eine sitzende Lebensart haben, und in ihren Berufsgeschäften bloß mit dem Kopf arbeiten: so ist es unstreitig das vorzüglichste Spiel. Das Billardspiel unterscheidet sich darin vom Schachspiel, daß es gar wenige Anstrengung des Denkens erfordert. Es gehört sehr wenig Nachdenken dazu, um es zu bestimmen, wohin und auf welche Art ein Ball zu machen sey. Dagegen hat man es nicht leicht in seiner Macht, den Ball gewiß dahin zu bringen, wohin er gebracht werden soll, wenn man gleich nicht sagen kann, daß der Zufall an dem Gange und an den Folgen des Spiels einigen Antheil hat. Denn alles, was wir beym Billard Zufall nennen, hängt immer vom Stoß des Balls ab, und dieser Stoß ist entweder nicht genau so von der Hand ausgeführt, als wir es wollten, oder wir verfehlen die grade Linie unsers Balls zum Ball des Andern, oder wir haben beym Dupliren oder Tripliren den Winkel, in welchem des Gegners Ball von den Banden des Billards abprallen muß, nicht richtig genug uns vorgestellt, oder es nicht berechnet, daß des Gegners Ball beym Wiederkehren von der Bande wieder auf den Unsrigen stoßen, und so unsre Absichten vereiteln mußte. Immer hängt alles, was erfolgt, wenn sich bey Bällen und Billard und bey allem, was sonst bey diesem Spiel gebraucht wird, keine Mängel finden, oder

auch

auch diese Fehler uns genug bekannt sind, von unsern Geschicklichkeiten ab, und es giebt also beym Billardspiel nicht wahre, sondern bloß scheinbare zufällige Erfolge, und alles hängt ab von richtig genommenen Maaßregeln, und von der Art, wie wir diese ausführen. Wenn ich gesagt habe, daß das Billardspiel wenig Nachdenken über die zu wählenden Maaßregeln erfordert: so ist die Denkübung doch nicht so ganz unbedeutend für uns, daß es in der Hinsicht allen Reiz für uns verliert. Die Anzahl der allgemeinen möglichen Wege läßt sich bald übersehen und fassen, und wenn diese nicht sehr mannichfaltige individuelle Bestimmungen litten, wenn es nicht oft zweifelhaft wäre, auf welchem Wege wir am gewissesten zu unserm Ziele kämen, und wenn endlich nicht bey der Wahl eines gewissen Weges immer mit auf unsre körperlichen Geschicklichkeiten und auf die daher zu leitende Wahrscheinlichkeit, unsre Absicht zu erreichen, zu sehen wäre: so würde ein thätiger Mensch bald lange Weile bey diesem Spiele haben. Allein bey jeder verschiedenen Stellung der Kugeln finden wir eine gar große Verschiedenheit in vielen individuellen Umständen. Die Winkel leiden vom möglichst spitzen bis zum möglichst stumpfen eine gar große Abänderung; in der Stellung der Kugeln gegen einander und gegen die Löcher findet eine unzählige Verschiedenheit Statt; bey jeder verschiedenen Stellung finden wir gemeiniglich mehrere Wege vor uns, die wir betreten können, und fast immer sind wir auf einige Minuten ungewiß, ob der Ball am besten geschnitten, oder duplirt, oder auf eine noch andre Art könne gemacht werden. Wenn es entschieden ist, wie der Ball könne aufs beste gemacht werden: so haben wir noch zu beurtheilen, ob wir eben dazu auch die meiste Geschicklichkeit in dem Gebrauch des Arms haben, oder ob unsre Kugel zur Lage unsers Körpers und des Arms bequem liege. Alles das giebt dem Geiste viele Denkübung, ohne daß er sich dabey auf irgend eine Weise anstrengen oder fürchten darf, gewisse mögliche Wege aus der Acht gelassen zu haben. Dieß alles ist just so, wie es uns bey einer Sache, die Erholung seyn soll, zu wünschen ist, besonders, wenn wir ohnehin Denkarbeiten haben, und die Seele also einmal davon ausruhen lassen müssen. Von dem Umstande, daß diese Denkübungen nicht mit Anstrengung verknüpft sind, rührt es aber ohne Zweifel her, daß nun die Idee, etwas babey

gewin-

gewinnen zu können, und die Begierde zum Gewinnst sich nebenher mit in die Seele schleicht, und daß man schon sehr häufig die Billardspieler um Geld spielen sieht. In der allgemeinen Betrachtung über Gewinnstspiele habe ich es schon angemerkt, wie leicht wir nun das Vergnügen des Spiels, das Vermögen der Seele, kühl über die besten Maaßregeln nachzudenken, und endlich den freyen Muth, wobey wir mit der größten Geschicklichkeit handeln, ganz verlieren. Dieses bemerkt man auch vorzüglich beym Billardspiel, wenn wir nicht etwa um ein sehr geringes Geld spielen. Veranlaßt Begierde zu gewinnen oder Furcht zu verlieren erst eine etwas starke Gemüthsbewegung: so behalten auch Körper und Arm nicht mehr ihr freyes Spiel und eine sichere zu unserm Vorsatze stimmende Bewegung, und weil das zu verlierende oder zu gewinnende Geld uns zu sehr beschäftigt: so bleibt leicht etwas, das bey der Wahl unsrer Maaßregeln mit in Rechnung gebracht werden sollte, ganz unbemerkt. Auch hat die Neigung zu gewinnen, oder das Verlorne wieder zu gewinnen, die Folge, daß man dieses Spiel dann länger fortdauern läßt, als man es fortdauern lassen sollte. Großmüthige Men-

Menschenliebe muß uns immer besonders an den Geschäften Freude finden lassen, wodurch etwas zur Glückseligkeit der Menschen geradezu bewirkt wird. Erholungen und Vergnügungen müssen also nur die Zeit ausfüllen, welche nach erfolgter Ermüdung bey jenen unsern Berufsarbeiten zur Wiederherstellung unsrer Kräfte erforderlich ist, und welche hinfließen muß, ehe wir unsre Spannungskraft und die zu unsern Arbeiten nöthige Munterkeit wieder erlangen. Wird aber um Geld gespielt, und ist dabey die hier ganz unmoralische Gewinnsucht mit wirksam: so ist es ganz natürlich, daß wir diesem Spiele zu viele Zeit schenken, und also pflichtwidrig zu handeln anfangen. Spielt man um eine geringe Summe, oder ist man gegen Verlust und Gewinnst ziemlich gleichgültig: so fällt diese üble Wirkung zwar bis auf einen hohen Grad weg; allein dann gewinnt auch, falls gedachte Wirkung ganz wegfällt, das Spiel selbst dadurch nichts in Ansehung des Interessanten, was es an sich hat. Und dann ist es wieder besser, daß man nicht um Geld spiele, und in der Hinsicht nicht ein böses Beyspiel gebe. Dazu kommt noch die Betrachtung, daß, wenn auch gleich einer der Spielenden mit einer

ner gehörigen Fassung des Geistes spielt, dieß oft nicht von dem Mitspieler gesagt werden kann, und daß selten eine solche Gemüthsfassung sich bey beyden oder allen Spielenden findet. Zum Lobe dieses Spiels gereicht es indessen, daß die Neigung, um Geld zu spielen, im Ganzen beym Billardspiel sich nicht sehr leicht einstellt; und wenn darin das Schachspiel noch einen Vorzug hat: so hat das Billardspiel wieder darin einen großen Vorzug, daß es dem Körper eine überaus heilsame Bewegung giebt. Diese Bewegung ist nicht angreifend, und vertheilt sich auch über den ganzen Körper. Jedes Glied ist fast dabey in Bewegung, und die verschiedenen Lagen der Bälle erfordern ein große Mannichfaltigkeit in den Stellungen des Körpers, wobey die Glieder immer so ausgestreckt und gebraucht werden, als es derselben Verhältniß zu andern Gliedern gemäß ist. Diese Anwendung unsrer körperlichen Kräfte hat auch an sich sehr viel Angenehmes für uns, ohne Rücksicht auf den Einfluß, den sie in die Gesundheit des Körpers hat. Schade ist es aber am Ende, daß nur so wenige Menschen diese Art der Erholung von ihren Arbeiten erlangen können. Wenige können
wegen

wegen der damit verknüpften Kosten ein Billard anschaffen, oder einen dazu erforderlichen Platz in ihrem Hause hergeben. Unter denen, welchen dieses Spiel vorzüglich dienlich wäre, sind Wenige, die mit Anstand nach einem öffentlichen Hause gehen, und daselbst Billard spielen können. Vielen, welche mit Anstand dahin gehen können, ist es dennoch nicht zu rathen, daß sie dahin gehen, weil sie dabey so leicht in Gefahr kommen, zu viel Zeit zu verschwenden, und in manche Unordnung zu gerathen, oder daran Theil zu nehmen. Was also beym Schachspiel so angenehm ist, daß nämlich jeder es in seinem Zimmer haben könne, ohne deswegen Aufwand machen zu dürfen, fehlt beym Billardspiel ganz, und wie zuträglich dieses Spiel auch Vielen wäre: so können sie sich doch das Vergnügen dieses Spiels und die damit verknüpfte heilsame und angenehme Bewegung nicht verschaffen.

Ferner gehören zu den Spielen der Geschicklichkeit allein noch das Kegelspiel, und alle ähnliche Spiele, wie das Mailspiel und andre von der Art. Das Kegelspiel ist vielleicht eins der gewöhnlichsten in der Welt. Dieses rührt ohne Zweifel daher, daß man die Kegel und die Kugel für ein Geringes kaufen kann, allenthalben
leicht

leicht einen Platz dazu findet, nichts dabey zu lernen hat, und bloß einen sichern Wurf der Kugel dazu braucht. Der ganze Werth desselben besteht in der Bewegung, welche dadurch dem Körper verschaft wird. Da der gemeine Mann ohnehin in seinen Geschäften Bewegung genug findet: so würde dieser, wenn er Cultur der Seele genug bekäme, um am Lesen Geschmack finden zu können, viel besser seine Stunden der Muße dazu anwenden, als zum Kegelschieben. In Rücksicht auf den großen Haufen der mit dem Körper arbeitenden Menschen ist es auch immer zu wünschen, daß er so viel Cultur der Seele erhalten möge, um ein leichtes und nützliches Buch mit Verstande und Vergnügen lesen zu können, und daß er durch die Erziehung dahin geführt werde. Für die studirende Jugend, für Gelehrte und für Alle, die ein sitzendes Leben führen, ist in Ermangelung einer andern körperlichen Bewegung das Kegelspiel freylich nicht zu verwerfen. Nur würden Wenige mit Anstand und ohne Nachtheil desfalls nach öffentlichen Häusern gehen können, weil immer vorausgesetzt werden kann, daß verhältnißweise mehrere Personen von übeln Sitten und weniger Tugendliebe dahin kommen, als Andre,

deren

deren Umgang nützlich seyn kann. Daher kommt es auch, daß ich, wenn ich einen jungen Menschen hochschätze, und ihm Vermögen und Neigung zutraue, ein recht nützlicher Mann zu werden, bey der Bemerkung, daß er nach öffentlichen Häusern geht, seinetwegen nicht ohne Unruhe seyn kann. Auf der andern Seite fehlt es in den Städten bey den Häusern aber auch sehr oft an dem dazu nöthigen Platz. In Ansehung des Denkens findet die Seele fast gar keine Beschäftigung dabey. Was die Spielenden gegen Langeweile schützet, ist die unaufhörliche Uebung, die Kugel so zu werfen, daß die meisten Kegel fallen müssen; dabey auf die Bahn, sofern dadurch das zweckmäßige Werfen begünstigt oder verhindert wird, immer mit Acht zu haben, und beym nächsten Wurf es besser als vorher zu machen. Dieß alles beschäftigt aber die Spielenden am Ende noch nicht genug, und gewöhnlich werden sie sehr bald des Spielens müde, wenn nicht allerhand Gespräche dazu kommen, und Allen mehrere Unterhaltung verschaffen. Allein weil diese letztere Art der Unterhaltung sehr oft nicht erfolgt: so sucht man gewöhnlich das Spiel dadurch unterhaltend zu machen, daß man um Geld spielt. Ist man erst dazu auf diese Art gekommen:

men: so erwartet man auch bey wiederholtem Spielen nicht einmal mehr die Zeit, da das Spiel langweilig zu werden anfängt, sondern man fällt sogleich darauf, daß man um Geld spielen wolle. Der Umstand, daß nun Gewinnsucht zu diesem Spiel kömmt, macht es aber, daß das Gute, was dieses Spiel zugleich sonst hatte, da es nicht auf eine zu lange Zeit die Spielenden genug zu unterhalten vermochte, und selbige also geneigt werden ließ, zu ihren ordentlichen Geschäften zurückzukehren, ganz verloren geht, und daß oft halbe und wohl ganze Tage hindurch zuweilen gekegelt wird. Da nun beym Kegeln fast immer um Geld gespielt wird: so ist es zweifelhaft, ob die Summe der guten Folgen und der unschuldigen Empfindungen, die damit verknüpft sind, nicht von der Summe des Bösen, das daraus entspringet, überwogen werde. Bedenken wir inzwischen zugleich, daß eben diese Leute, die zu viel Zeit beym Kegelschieben verschwenden, bey ihrem Hange, irgend ein so genanntes Vergnügen zu haben, in Ermangelung des Kegelns auf Unordnungen im Saufen oder bösere Spiele fielen: so dürfte wohl das Gute, was das Kegelspiel hat, merklich überwiegend werden. Dabey versteht es sich, daß es doch bey uns steht, es zu einem guten Spiel zu machen, und daß, wenn man sich nur dabey hütet, der Versuchung zum Spielen um Geld, welche bald durch lange Weile erweckt wird, unterzuliegen, man dabey zu bösen Neigungen und Trieben nicht leicht hingerissen wird. Ein wesentlicher Mangel dieses Spiels bleibt es aber immer, daß der Verstand sich dabey gar zu wenig beschäftigt findet, und daß alle diejenigen, die am Studiren Geschmack finden, gemeiniglich, wenn sie kegeln, es bloß deswegen thun, weil sie sich glauben eine Bewegung machen zu müssen, ohne irgend ein Vergnügen daran zu finden. Und findet sich Mißvergnügen oder lange Weile bey irgend einer sonst dem Körper zuträglichen Bewegungsart: so verliert der Körper die Hälfte des Vortheils schon. Denn ein aufgewecktes und munteres Wesen giebt erst jeder körperlichen Bewegung das Vermögen, Kraft und Leben in alle Theile des Körpers zu bringen und alles in demselben auf den Ton zu stimmen, den die Natur verlangt, wenn ihr wohl seyn soll.

Fünf

Fünf und zwanzigste Betrachtung.
Von den Spielen der Geschicklichkeit und des Zufalls.

Wir kommen, meine Herren, nun zu einer Gattung der Spiele, welche vorzüglich festen Fuß unter den Menschen gefaßt haben, welche die gewöhnliche Unterhaltung der Menschen in Gesellschaften ausmachen, und welche von so Vielen bis zur heftigsten Leidenschaft geliebt und gesucht werden. Das sind die Spiele, worin theils der Zufall, theils die menschliche Geschicklichkeit alles lenket. Es gehören dazu alle verschiedene Kartenspiele, womit man sich in Gesellschaften zu unterhalten pflegt, z. B. das in unsern Zeiten so geliebte und selbst besungene Whistspiel, nebst den ältern bekannten Spielen, als Lomber, Quadrille, Tarock und unzähli-

unzähligen andern, davon jeder, der sie nicht kennt, nun schon sich aus Büchern, die darüber geschrieben sind, unterrichten kann. Diese Spiele sind zu einem so hohen Grade des Ansehns gekommen, daß man anfängt, die Geschicklichkeit, dergleichen Spiele mit spielen zu können, zur nothwendigen Eigenschaft eines Menschen von Erziehung zu machen, und daß man selbst die Kinder förmlich durch einen Lehrer darin unterrichten läßt. Selbst Personen, deren Begriffe vom Anständigen nicht bloß durch herrschende Sitten und Gewohnheiten gebildet werden, sondern die diese Begriffe theils aus der Natur der Sache schöpfen, theils mit Rücksicht auf das innere Wesen der Sache prüfen, äußern zuweilen die Meynung, ein Mann, der in der feinern Welt zu leben bestimmt sey, müsse nothwendig spielen können. Endlich giebt es nicht Wenige, welche es finden, daß diese Spiele sehr nachtheilige Einflüsse in den Charakter und die Glückseligkeit der Menschen haben, und welche dennoch, wenn sie Gesellschaften haben, glauben, die Karten und die Spieltische kommen lassen zu müssen, weil sie im entgegenstehenden Fall zu fürchten Ursach finden, daß sie als lächerliche oder dumm-

dumm- und albernfromme Leute würden angesehen und verachtet werden. Auf solche Weise werden fast Alle von diesem Strome der Spielgewohnheit hingerissen, und fast Niemand stellt sich hin, um denselben wenigstens so viel aufzuhalten, als es in seinen Kräften ist. Indem dieses aber nun nicht geschieht: so bekommt jener Strom auch zugleich mit durch dieses Nachgeben einen Theil des Zuflusses und der Nahrung, wodurch er unterhalten wird, und indem man dieß bemerkt: so beruhigt man sich deswegen dabey, weil man sieht, ein solcher Strom werde ohnehin Zufluß genug haben, und ohnehin immer seinen Lauf behalten. Vorläufig muß ich hier aber erst anmerken, daß diese letzte Bemerkung uns nur bey solchen Gewohnheitssitten und üblichen Handlungen, deren Nachtheil kaum sichtbar wird, und die uns also ganz unbedeutend zu seyn scheinen, einen Grund zur Entschuldigung an die Hand geben könne. Ist von wichtigern Dingen die Rede: so müssen wir als treue Freunde der Tugend und der Anständigkeit auch nicht den allermindesten Beytrag zur Vermehrung des Uebels liefern, und so sind wir verpflichtet, uns so viel als wir können, den starken Strom übler Gewohnheiten und Sitten entgegen zu setzen, wenn wir gleich sehen, er werde demungeachtet ferner mächtig dahin fließen. Ein solcher Widerstand hat mit der Länge der Zeit doch oft eben eine solche Wirkung, als immer nach und nach auf einen harten Stein fallende Tropfen zu haben pflegen. Eine nicht unbedeutende Wirkung ist es wenigstens, daß, indem einer sich als Mann dahin stellt, um dem Strom entgegen zu arbeiten, Viele andre veranlaßt werden, über die Sache nachzudenken, daß Manche es bald bemerken, wie patriotisch jener Mann denkt und handelt, und daß so nach und nach der Strom des Uebels, wo nicht bis auf die Quelle gestopft, doch bis auf einen gewissen Grad gehemmt wird. Diese Sache werden Sie, meine theuren Freunde, so einleuchtend finden, daß es unnöthig wäre, noch etwas darüber hinzuzusetzen. Indem ich dieß gesagt habe; so will ich nicht behaupten, daß es nicht Fälle geben könne, wo man ein solches Uebel seinen Gang auf eine Weile nehmen zu lassen Ursache fände. Wir müssen ja immer den größten Uebeln, wenn deren mehrere da sind, vorzüglich entgegen arbeiten, wir müssen ja oft ein kleineres Uebel

zu

zulaffen, um ein größeres dadurch abzuwenden. Kann dieß auch durchs Spiel geschehen, falls dieß ein Uebel ist: so wird ein solcher Umstand auch die Zulassung unsrer gewöhnlichen gesellschaftlichen Spiele in einem solchen Fall anrathen müssen. Ob nach Anleitung der von Erfahrungen hergenommenen Beobachtungen wir aber glauben müssen, daß es solche Umstände unter allen Ständen der Menschen gebe, das werden wir zu untersuchen haben, wenn wir erst den moralischen Werth dieser Spiele werden geprüft und festgesetzt haben.

Daß diese Spiele überhaupt viel Interessantes haben, erhellt genug daraus, daß sie allenthalben sich finden, allgemein geliebt werden, und sich immer behaupten. Zum Vortheil dieser Spiele, in so fern auch nur von dem Werth derselben die Rede ist, den ihnen das Interessante giebt, welches die Menschen darin finden, und der sich also auf den Zuwachs angenehmer Empfindungen gründet, welche die Spielenden daher scheinen bekommen zu müssen, würde man aber schon zu viel zugestehen, wenn man diesen Spielen es in dem Sinne zuschriebe, daß es aus der Bemerkung einer wahren Vollkommenheit entspränge. Was uns

uns gefällt und für uns Reize hat, kann uns theils so gefallen und so uns reizen, daß der Begrif der Vollkommenheit, so wie sich dieser in dem ganzen Gebiet des Schönen, des Guten und des Zweckmäßigen findet, zum Grunde liegt. Theils aber kann uns eine Sache auch nur so weit interessant seyn, als wir dadurch einer andern Sache oder einem andern Zustande entgehn, der uns an sich widerlich und lästig wird, oder als wir dadurch eine Neigung des Eigennutzes befriedigen, die nicht in gehöriger Verbindung mit der Liebe zu Andern steht. Sind unsere Spiele nun interessant: so nehmen sie unstreitig einen großen Theil desselben von dem Umstande her, daß wir dadurch aus einer uns widrigen Lage herausgerissen werden. Und wer unter Ihnen wird nicht, meine Herren, sogleich darauf fallen, daß diese widrige Lage oft aus der langen Weile entspringt, worin man leicht fällt, ehe man zum Spiel seine Zuflucht nimmt, oder daß sie durch uns unangenehme Unterredungen mit seichten Köpfen oder unerträglichen Schwätzern veranlaßt wird? Wie weit außer dem Interessanten, das wir im Spiel mit Rücksicht auf die Uebel, wovon es uns befreyt, finden, sich sonst noch etwas Interessanteressantes finde, werden wir sehen, wenn wir auf das sehen, was diesen Kartenspielen überhaupt wesentlich eigen ist. Das, was in diesen Spielen dem Zufall gebührt, besteht erstlich in den Karten, die einem jeden zu Theil werden, und wobey nach der Mischung der Karten, sofern jeder ehrlich handelt, weder Geber noch Nehmer irgend etwas Bestimmtes bewirken oder vorhersehen kann. Dieser Umstand veranlaßt eine zweifelhafte Erwartung, und bewirkt es, daß eine thätige und gerne in die Zukunft hineinschauende Seele mit Begierde den Ausgang erwartet, wovon sie sieht, daß er nicht lange ausbleiben könne. Was aber am Ende uns nun bekannt wird, kann uns wieder nur so weit wichtig seyn, als es uns beysteht, um das Uebergewicht über Andre zu erhalten. Weil aber einer edlen Seele ein Sieg eigentlich nur angenehm seyn kann, wenn er ein Erfolg von unsern Kräften und der willkührlichen Anwendung derselben ist: so kann ein Vortheil, der uns zwar siegen hilft, aber weder sich auf unsre Kräfte gründet, noch willkührlich durch ein uns wohlwollendes Wesen uns zugewandt wird, uns nicht weiter Vergnügen machen, als er uns am Ende zum Besitz eines Guts hinführt,

führt, davon wir wahren Genuß haben können. Der Sieg selbst kann dieses Gut nicht mehr in hohem Grade seyn, weil der es nur so weit wäre, als wir darin einen Beweis von einer gewissen Uebermacht unsrer Kräfte und von einem gewissen durch unsre Kräfte erreichten Ziel finden. So bleibt denn nichts als ein Gut, das uns der beym Spiel mit herrschende Zufall in die Hände bringt, zurück, nichts als bloß der Gewinnst an Geld, der mit dem Gewinnen im Spiel verknüpft ist. Was uns also das Spiel von der Seite am Ende interessant macht, ist die eine Weile unsre Seele beschäftigende Begierde nach einem Theile des Guts eines Andern, das Vergnügen über den erlangten Besitz desselben und die beym erfolgten Verlust wieder erweckte und oft vermehrte Gewinnsucht. Alles, was so in der Seele vorgeht, unterdrückt edelmüthige und wohlthätige Gesinnungen. Es ist hier kein gegenseitiger Wettstreit, einander Vortheile zuzuwenden, welcher Wettstreit so viele Glückseligkeiten und so viel Großes in gesellschaftliche Verbindungen hineinbringt, sondern ein Krieg Aller gegen Alle, mit der Absicht, Andern Vortheile zu entreißen, ohne ihnen eben so viel oder mehr geltende wieder zu geben.

Errei=

Erreichen wir unsre Absicht: so lernen wir uns freuen über den Besitz eines Guts, dessen Verlust einem Andern Mißvergnügen macht, und so gewöhnen wir uns, Freuden zu geniessen, die wir nicht nur nicht mit unsern Nebenmenschen theilen, sondern die sogar selbigen ein in gleichem Verhältniß zu unsern Freuden stehendes Mißvergnügen zuwege bringen. Können wir uns dieses auf der andern Seite sich findenden Mißvergnügens bewußt seyn, und doch dabey heiter unsre Freude genießen; so fangen wir an, in sehr hohem Grade böse Geschöpfe zu seyn. Kleben wir aber mit unserm Blick bloß an unserm Gewinnst, ohne uns das Mißvergnügen des Mitspielers vorzustellen: so sind wir doch wenigstens so weit, als dieß geschieht, selbstsüchtige oder die Sachen einseitig ansehende Geschöpfe, die mit ihren Vorstellungen und Ideen an sich selbst hängen, und nicht einen starken Trieb haben, immer um sich zu sehen, und dahin zu arbeiten, daß alles, was umher ist, wohl und glücklich seyn möge. Haben wir so viel Gutes noch an uns, daß wir Andre nicht gerne leiden sehen: so erfordert es unsre Ruhe und Zufriedenheit, daß wir, wenn wir gewinnen, dann nur an uns und nicht an

die

die Verlierenden denken, und das Spiel giebt uns natürlichen Anlaß, darin es immer mehr und mehr zur Fertigkeit zu bringen. Und sichtbar wird so eine der reichsten Quellen zu menschenfreundlichen und wohlthätigen Bestrebungen verstopft. So ist die Lage der Spielenden beym Gewinnst. Verliert man: so ist das Mißvergnügen darüber eben so stark, als das Vergnügen ist beym Gewinnst. Dadurch wird das Interessante des Spiels freylich nicht vermindert. Denn die darauf erfolgende Sehnsucht nach Gewinnst und das Vergnügen über den Gewinnst, wenn er erfolgt, gewinnen bey diesem Contrast an Stärke und Lebhaftigkeit. Und die Seele liebt einen Zustand, worin ihr Vorstellungen und dazu stimmende Bewegungen zuströmen, wenn nur nicht unsere eigne subjectivische Unvollkommenheit dazu Materie hergiebt, oder wenn nur die Hofnung uns Aussichten zu einem diesen Zustand des Mangels weit aufwiegenden Vortheil öfnet. Sofern aber die Furcht in diesen Umständen mächtiger wird, als die Hofnung, wie dieß sich oft bey Spielenden findet: so fängt doch im Ganzen die Summe der unangenehmen Empfindungen an stärker zu werden, als die Summe me der angenehmen Empfindungen, wenn man verliert. Erfolgt oft Verlust zu wiederholten Malen nach einander, und sehen wir, wie dieses bey den Meisten, die spielen, so ist, daß wir so vielen Verlust nicht wohl tragen können, oder lieben wir endlich, auch wenn wir den Verlust tragen können, das Geld und den Gewinnst heftig: so pflegt ein Zustand der Unruhe und der Angst zu erfolgen, der im ganzen Körper sichtbar wird, und eine Verwirrung und Blindheit der Seele in Rücksicht aufs Spiel veranlaßt, worüber sich Zuschauer nicht genug wundern können. Alle diese unangenehmen Vorstellungen und Empfindungen veranlassen oft eine höchst peinliche Lage des Verlierenden. Bey dieser peinlichen Lage ist es ganz natürlich, daß derjenige, durch dessen Spiel und Gewinnst ich in eine solche Lage gesetzt bin, mir in einem widerlichen Lichte erscheint, und so führen uns Gewinnstspiele gerade zu Haß und Feindschaft gegen unsre Mitspieler hin, und machen uns der Annehmung solcher menschenfeindlichen Ideen und Gesinnungen gegen die Menschen überhaupt immer mehr und mehr fähig. Wer auf Spielende viel zu merken Gelegenheit findet, und einige

Nei=

Neigung hat, Menschen zu beobachten, wird es finden, daß selbst, wenn um ein geringes Geld gespielt wird, oft schon die stürmischten Bewegungen in den Seelen der Spielenden durch die Ideen von Gewinn und Verlust, durch Habsucht und durch Schadenfreude in Ansehung des verlierenden Mitspielers erregt werden. Denn wir kommen leicht auch zu einer solchen Schadenfreude, sobald eine solche selbstsüchtige Seelenstimmung, als die Gewinnstspiele veranlassen, einen gewissen Grad der Stärke erreicht hat. Die menschliche Seele ist bey ihren Vorstellungen, die doch alle eine Reihe von dazu stimmenden Empfindungen und Handlungen gemeiniglich zur Folge haben, tausendfältigen Täuschungen unterworfen. Leicht sieht sie daher Dinge, die mit einander zusammen existiren, als Ursache und Wirkung gegen einander an, und findet also, wenn die scheinbare Wirkung angenehm ist, zugleich an der scheinbaren Ursache Wohlgefallen. Nun ist beym Spiele es so, daß Verlust auf der einen Seite Gewinnst auf der andern Seite zur Begleitung hat. Und so freuen wir uns, ehe wirs uns versehen, als Schadenfrohe über den Verlust des Gegners, wenn darauf zuerst unsrer

Seele

Seele Blick fällt, indem wir dessen Uebel als die Ursache unsers Wohls ansehen. Sind wir aber gegen die ersten Ideen und Bewegungen dieser Art nicht auf unsrer Hut: so gewinnen wir gar zu leicht eine Fertigkeit, uns an Andrer Elend zu weiden, indem sich mit dessen Vorstellung die Idee vom eignen Vortheil verbindet, auch dann, wenn das vorhin genannte Verhältniß zwischen fremdem Elend und eigenem Vortheil nicht Statt findet.

Sehen wir auf das Spiel, so weit als es durch unsre Geschicklichkeit gelenkt wird: so sind die Spielenden darin hier bis auf einen hohen Grad von einander abhängig. Beym Schachspiel muß ich auch meine Maaßregeln nach und nach mit Rücksicht auf das, was mein Gegner thut, ändern. Aber ich sehe die beyderseitige Lage und das Feld, worauf gekämpft wird, offen vor mir. Ich kann sehen, wie weit das, was der Gegner thut, ihm selbst zuträglich ist, und ich sehe, wie ein gewisser Zug sich zu seinem eignen Spiel und zu dem meinigen verhält. Bey den gedachten Kartenspielen ist es ganz anders. Ich weis es nicht, welche Karten der Gegner hat, und aus den Karten, die er unter gewissen Umständen ausspielt,

kann

kann ich auch keinen sichern Schluß machen auf das, was er hat. Spielt er mit Kenntniß: so kann ich darüber nur so weit gegründete Muthmaßungen haben, als er nicht die Absicht gehabt hat, mich irre zu leiten. Begeht er einen Fehler: so zieh ich daraus in der Voraussetzung, daß er mit Kenntniß gespielt hat, unrichtige Folgen über die Lage seines Spiels und die noch in seinen Händen befindlichen Karten. Daher kommt die natürliche Neigung, Andre über unser Spiel irre werden zu lassen, und uns, wo möglich, Kenntniß von dessen Spiele zu verschaffen. Daher rührt es auch, daß sich die Spielenden so leicht Vorwürfe über unrichtiges und unvernünftiges Spielen machen. Und daher rührt es endlich, daß man so leicht unvermerkt nach des Andern Karten hinschielt, um sich selbige zu merken, und sein Spiel darnach einzurichten; daß man so sehr darauf studirt, wie man durch gewisse Künste unvermerkt gewisse günstige Karten sich in die Hände spielen könne, und daß man nicht nur darauf sinnt, Vortheile eines Andern an sich zu ziehen, ohne dem Andern Vortheile wieder zuwenden zu wollen, sondern daß man ihm auch betrügrischer und hinterlistiger Weise alle
die

die Wege und Vortheile, welche in den gegenseitigen Operationen nach den Gesetzen des Spiels auf beyden Seiten offen und erreichbar bleiben sollen, versperrt und vorenthält. Weil dergleichen Künste und Betrügereyen oft bemerkt werden: so veranlassen sie den sonst redlichen Spieler ebenfalls, in der Hinsicht sein Bestes zu thun. Spielen zwey und zwey in Verbindung mit einander gegen zwey oder mehrere Andre: so ist es wieder natürlich, daß ein jedes Versehen nicht nur demjenigen Mißvergnügen macht, der es im Spielen begeht, sondern daß dieser auch darüber Vorwürfe von seinem Spielgehülfen hören muß. In Rücksicht auf das schöne Geschlecht ist es etwas, das dessen Charakter äußerst verderben, demselben alle Ideen der Ungerechtigkeit geläufig machen, und das Gefühl des Abscheus vor bösen Kunstgriffen und Lastern sehr schwächen muß, wenn es sich unter dem Vorwande alle Abweichungen von den Gesetzen des Spiels erlaubt, und selbst vorsetzlich die Auszahlung des verlornen Geldes unterläßt, weil es glaubt, in dem Stück eine gewisse galante Nachsicht von unserm Geschlecht erwarten zu können.

Nimmt man alles Angeführte zusammen: so findet man hier eine Menge von Dingen, die eine fortdauernde Theilnehmung unter den Spielern veranlassen, und ihnen das ganze Spiel auf eine gewisse Reihe von Stunden unterhaltend machen können. Allein ob man gleich nach Betrachtung aller dieser Dinge vermuthen sollte, daß auch außer dem Interesse, welches in dem Spiele Gewinn und Verlust veranlassen, noch hinlänglich viel Interessantes zurückbliebe, welches die Spieler, auch wenn sie umsonst spielten, hinlänglich unterhielte: so beweist doch die Erfahrung darin das Gegentheil. Fast ohne Ausnahme spielt man immer um Geld, und, um von der Seite das Interessante zu erhöhen, hat man fast kein Kartenspiel, worin nicht vielfacher Verlust Statt finden könnte. Außer allem Zweifel ist es also, daß das, was überhaupt das Böseste bey Gewinnstspielen ist, nämlich die Begierde, fremdes Gut an sich zu raffen, diesen Spielen den größten Theil des Interessanten giebt. Auch zeigt diese Gewinnsucht sich allenthalben sichtbar genug, und artet sehr oft in Wuth und eine gänzliche Blindheit aus, worin man nicht nur eine Hölle für sich schaft, nicht nur andern Mitspielern

lern zur Plage wird, nicht nur alle Geseze der Anständigkeit und alle Feinheit in den Sitten mit Füßen tritt, indem man zankt, flucht und tobt, sondern auch oft sich und Andre zwingt, um so hohe Summen zu spielen, daß man sich und die Seinigen leicht in den elendesten Zustand sezt, und sich, indem man das Spiel die Seele ganz beschäftigen läßt, und immer am Spielen hängt, zu allen Berufsgeschäften in der menschlichen Gesellschaft untüchtig macht. Auch müssen die Spielenden in der Fassungsfähigkeit und in der Verstellungskunst es sehr weit gebracht haben, wenn man nicht sichtbare Aeußerungen aller der seelenverderblichen Folgen offenbar in ihrem Betragen und in ihren Mienen soll entdecken können. Ich würde fürchten, meine Herren, daß ich alles, was ich hier von diesen Spielen gesagt habe, und nach welchem alles, was wir dabey bemerken, dazu dient, daß die Seele in ihren wesentlichen Kräften und Eigenschaften dadurch verdorben wird, nicht mit hinlänglich sorgfältiger Rücksicht auf die natürliche Beschaffenheit der menschlichen Seele und auf die aus der Natur des Spiels fließenden Wirkungen gesagt hätte, wenn nicht die Erfahrung alles dieses nur zu sehr bestätigte. Allgemein findet

findet man es, daß die Spielenden beym Spiel ganz die gewöhnliche Artigkeit und sorgfältige Aufmerksamkeit auf alles, was anständig, fein und edel ist, verlieren, und daß sie sichtbar viele Stufen von der menschlichen Würde, die man sonst bey ihnen findet, herabsinken. Verdruß, Habsucht, Neid, Schadenfreude, Bestreben, Andre durch feine Betrügereyen und Kunstgriffe zu überlisten, Zanken und Fluchen sieht man wechselseitig auf einander bey dem großen Haufen der Spieler folgen.

Wenn sich dieß nicht bey Allen findet: so rührt es daher, weil manche Menschen durch Anlage oder Erziehung zu viele Uneigennützigkeit und großmüthige Gesinnungen bekommen haben, als daß die beym Spiel natürlich erfolgenden Anwandlungen zum Gegentheil mächtig genug werden könnten, um jene schon zur Festigkeit erhabnen moralischen Vollkommenheiten zu zernichten oder merklich zu schwächen. Auch spielen diese nicht leicht deswegen um Geld, um sich das Spiel interessant zu machen, sondern um sich darin nach ihren Mitspielern zu richten, und selbst beym Spiel der langen Weile zu entgehen, die sie nicht ertragen können. Wenn indessen bey diesen Menschen das Gift
nicht

nicht faßt: so ist das Gift doch da, und mindert auch leicht ein wenig die starke Gesundheit der guten tugendhaften Seele. Dazu kommt noch dieß, daß eben diese guten Spieler leicht an Spieler, die nach Gewinn heftig geizen, und sich List und Trug erlauben, mehr verlieren, als sie verlieren sollten. Und da diese mit gehöriger Fassung und nicht sich nach Gewinn sehnenden Spieler nicht das Interessante des Spiels vom Geldgewinnst hernehmen dürfen: wie leicht wird es selbigen werden, bloß dann zu spielen, wenn man dadurch etwas Bösers verhindert, oder, falls sie ihrem Amte nach vorzüglich Muster der Tugend seyn sollten, sich ganz einer Sache zu enthalten, die bey recht gutgearteten Seelen nur so weit Werth haben kann, als sie gegen lange Weile schützet, dem Verstande einige Uebung giebt, oder an die Stelle eines noch größern Uebels tritt!

Wenn wir nun endlich bedenken, daß diese Spiele es größtentheils mit sind, deren sich Spieler von Profession, die fast auch immer Betrüger sind, bedienen, um Andre ihres Vermögens zu berauben, und junge, unerfahrne, in die große Welt hineintretende Leute, nachdem sie sie vorher gewöhnlich noch dazu auf

andre Abwege gebracht und in manche Unord=
nungen hineingezogen haben, um ihr Geld zu
bringen; wenn wir es bedenken, daß außer der
Verderbung, welche die Seele der Spielenden
fast immer mehr oder weniger annimmt, so
Viele immer, wenn sie verloren haben, mit ei=
nem verdrießlichen Wesen zu Hause kommen,
und die Plage ihrer ganzen Familie und ihres
Gesindes werden; und wenn wir endlich erwe=
gen, wie Viele durch dergleichen Spiele sich
und Weib und Kinder arm machen: wie kön=
nen wir uns dann bewogen finden, diese Spiele
für Unterhaltungsmittel anzusehen, die der
menschlichen Gesellschaft keinen Schaden bräch=
ten; und wowider man nicht zu eifern hätte?
Und ich habe, meine Herren, Sie noch nicht
einmal auf den höchst wichtigen Umstand auf=
merksam gemacht, daß nämlich die bey diesen
Spielen herrschende Gewinnsucht die Seele zu
sehr für selbige einnimmt, daß man das Spiel
zu seinem angelegentlichsten Geschäfte und nicht
zu einer Erholung macht, welche die zu den
Berufsgeschäften erforderliche Spannungskraft
zurückführt, und daß also viel zu viel Zeit da=
mit verschwendet wird, und oft ein sich nach
der Hülfe, die man ihm schuldig ist, umsonst
sehnen=

sehnender Elender in seiner Noth länger fortseufzen muß. Und wie sehr verdient doch alles dieß noch mit erwogen zu werden!

Allein vielleicht ist doch am Ende diese Art der Spiele ein kleineres Uebel, dadurch einem größern Uebel abgeholfen oder der Zugang verwehrt wird. Dieses werden wir nun noch zu untersuchen haben. Es darf aber hier sogleich dieß, als zugestanden, vorausgesetzt werden, daß man nie ein kleineres Uebel Statt finden lassen dürfe, wenn ohne dessen Beyhülfe ein größeres Uebel kann aus der Welt weggeschaft werden. Es wird also zu fragen seyn, ob nach der Lage, worin die Menschen zu seyn pflegen, und welcher sie sich nicht entziehen können, es möglich zu machen sey, daß die Uebel, welche durchs Spiel sollen verdrängt werden, auch ohne das Spiel können verhütet werden?

Bey der Beantwortung dieser Frage ist theils auf einzelne Fälle, theils auf gesellschaftliche Verbindungen überhaupt zu sehen. So lange noch Kartenspiele vielerwärts unter Personen von Würden und Ansehen so herrschend üblich sind, daß man es Einem zu einer guten Lebensart anrechnet, wenn er mitspielen kann, oder,

daß

daß Einer nur so fern als ein taugliches Glied der Gesellschaft angesehen wird, als er mitspielt: so lange kann es freylich, wiewohl das auch nur sehr selten der Fall seyn wird, Umstände geben, unter welchen Einem, der sich keine Art des Ansehens anmaaßen dürfte, und der nicht hoffen könnte, in die Denkungsart der Personen, die ihn umgeben, einigen Einfluß zu haben, das Mitspielen anzurathen wäre. Ist aber von der ganzen Societätseinrichtung und von den Uebeln, die darin nicht vermieden werden können, wenn nicht größere an deren Stelle kommen sollen, die Rede: so scheint es nicht nur aus der Natur der Sache zu erhellen, sondern es wird auch durch die Erfahrung, die man bey vielen Gesellschaften und selbst fast an ganzen Dertern findet, erwiesen, daß die Kartenspiele auf keine Weise zu gesellschaftlichen Unterhaltungen nothwendig sind.

Eins von den Gesellschaftsübeln, auf dessen Vertreibung man beym Spiel vorzüglich sieht, ist die lange Weile, welcher man nicht glaubt entgehen zu können, wenn man nicht zu den Karten seine Zuflucht nimmt.

Das Wesentlichste, was hierauf zu antworten ist, und wobey auf die heilsamste Art für's

gemeine

gemeine Wesen gesorgt würde, ist dieß, daß man nie so viele Zeit zu den Besuchen und Zusammenkünften bestimmen sollte, als man dazu zu bestimmen pflegt. Ich wage es auch zu sagen, daß die Natur uns nicht durch ihre wesentlichen Einrichtungen dahin führt. Das Leben der Menschen besteht in Thätigkeit, und Thätigkeit ist so sehr ein Bedürfniß der Natur, daß man nur durch zu harte und drückende Belästigungen an Arbeit bewogen werden kann, sich einzubilden, daß Unthätigkeit und stille Ruhe den Menschen glücklich machen könne. Bekommt man diese Vorstellung nicht durch den Druck eigner Arbeiten: so wird sie gewiß, wie manche andre falsche und irrige Idee, durch Reden und Beyspiele Andrer veranlaßt. Begeben sich nun Manche in einen solchen Zustand der Unthätigkeit und bleiben sie auch darin: so ist das nicht ein Beweis, daß sie die gesuchte Zufriedenheit und Glückseligkeit so gefunden haben. Beobachten wir solche Müssiggänger: so findet sich keiner, es wäre denn, daß er kaum etwas mehr als eine Pflanze wäre, der nicht das Gegentheil beweist. Ist sehr wenig Leben und Feuer in einem Menschen: so verfällt er freylich beym Mangel der Bewegung

wegung an Seele und Leib nach und nach immer mehr in einen Zustand des Schlummers und der Trägheit, wobey die Idee der Arbeit, bloß weil er die Vortheile davon nicht kennt, unangenehm ist. Bey einem solchen Zustande der natürlichen Trägheit giebt sich auch nach und nach der Mensch mehr und mehr zufrieden. Allein selbst diejenigen, welche durch den Mangel der angebornen Naturkraft oder durch vernachläßigte Uebung der Kräfte, endlich in ein solches Pflanzenleben hinsinken, sind doch nicht glückliche Menschen. Die Länge der Zeit liegt noch immer schwer auf ihnen, und meiden sie gleich alle ordentliche und zur Glückseligkeit der Menschen nöthige Arbeiten, weil sie unglücklicher Weise sich Arbeit und Vergnügen als widersprechende Dinge vorstellen: so suchen sie doch irgend etwas, das sie sich gar nicht als Arbeit denken, um sich damit zu beschäftigen. Sehr selten finden sie so etwas nach ihrem Wunsch, indem ihnen das, was sie als eine Quelle der Glückseligkeit ansahen, das erwartete Vergnügen nicht gewährte, und sie auch nie zu ihrem Trost es sich sagen können, daß sie, indem sie soleben, würdige Menschen sind. Uebung unsrer Kräfte, wodurch wir im-

mer

mer auf eine fühlbare Art den vorhandenen Schatz unsrer Kräfte uns gegenwärtig erhalten, und wodurch wir veranlaßt werden, uns dieser Kräfte zu freuen, ist also ohne Ausnahme eine sichere und reiche Quelle der Glückseligkeit, wenn wir wenige verunglückte Mißgeburten ganz kraftloser und träger Menschen, die denn auch bald dahin sterben müssen, ausnehmen. Selbst alle die Thätigkeitsäußerungen, die wir unter dem Namen der Vergnügungen und Erholungen kennen, machen uns selbst nur so fern glücklich, als die Kräfte unsers Geistes oder Körpers dabey in lebendiger Bewegung sind, und uns die Idee unsers Daseyns und unsrer Kräfte auf eine angenehme Art gleichsam anschaulich machen. So fern wir aber nun zugleich über alles, was in uns vorgeht, und was wir so willkührlich thun, denken: so muß das Vergnügen, was die in Thätigkeit und Leben gesetzten Vermögensfähigkeiten geben, ganz natürlich nach dem Maaß vermehrt oder gemindert werden, als wir bey dem Gebrauch unsrer Kräfte finden, daß dadurch zu den wesentlichsten Vollkommenheiten und zu den wesentlichsten Theilen der Glückseligkeit entweder in Absicht auf uns oder in Absicht auf Andre

ein

ein nicht unbeträchtlicher Beytrag geliefert wird. Je größer dieser Beytrag ist, desto größer muß auch unser Vergnügen seyn, wofern wir dabey im Zustande des Denkens, das heißt, im Zustande der Menschheit sind, und uns über die bloß sinnlichen Thiere erheben. Diese stärkern Beyträge liefern die Menschen aber durch die Berufsgeschäfte, welche sie übernehmen, welche durch die wesentlichsten Naturbedürfnisse und durch die zu bewirkenden Societätsvortheile veranlaßt werden. Auch finden wir nicht wenige Menschen, die sich dabey so glücklich finden, daß es ihnen schwer fällt, ihre Kräfte nicht bis zur Schwächung und selbst Tödtung zu gebrauchen. Lassen wir uns nach dem bis zur Ermüdung fortgesetzten Gebrauch unsrer Kräfte Schlaf und Ruhe willkommen seyn: so geschieht es theils, weil wir sonst nicht wieder zur Fortsetzung unsrer Geschäfte tüchtig werden, theils weil das von unsern Vorsätzen und von unserm Willen ganz unabhängige stille Geschäft der Natur, da sie ihre Kräfte wieder herstellt, selbst ein zwar sehr dunkelbemerkbares aber dabey doch angenehmes Gefühl über uns verbreitet. Ist diese Kraftverschwendung in Ansehung des Körpers

oder

oder der Seele nicht allgemein, sondern trift sie nur einen Theil der Menschheit: so wollen wir nicht gänzliche Ruhe haben, sondern suchen Erholung, wobey diejenigen Vermögensfähigkeiten ruhen, deren Ermüdung erfolgt ist, und wobey andre Kräfte wieder geübt werden, die bey der gewöhnlichen Berufsarbeit nicht genutzt werden. Diese Thätigkeitsäußerungen nennen wir zum Theil auch deswegen Vergnügungen, weil wir durch keine Betrachtung und durch keinen Umstand genöthigt werden, die dazu nöthigen Kräfte bis zur Ermüdung zu gebrauchen, und weil wir dabey das ebengedachte angenehme Gefühl der Wiederherstellung unsrer ermüdeten Kräfte zugleich mit haben. Handeln wir nun bey der Wahl dieser Erholungsbeschäftigungen als Menschen, das heißt, als denkende Geschöpfe: so können sie uns nur so weit Vergnügen machen, als auch durch die Uebung der sonst ungenutzten Kräfte noch ein Beytrag zum Wohl der Welt geliefert werden kann, oder als eben dabey die Wiederherstellung der ermüdeten Kräfte aufs glücklichste erfolgt, oder als wir dabey neuen Reiz bekommen, wieder, sobald die ermüdeten Kräfte hergestellt sind, zu unsern sonstigen Berufsar-

beiten

beiten froh zurück zu kehren, und wo möglich, dabey unsre Kräfte noch weiser zu nutzen. Auch können uns Erholungsgeschäfte von dieser Art nur so weit gefallen, als wir es erkennen, daß wir noch nicht wieder im Stande sind, mehr Gutes zu schaffen, und den wichtigern Beytrag zur Glückseligkeit der Welt zu liefern, der durch Abwartung unsrer Berufsgeschäfte erhalten wird; oder als wir es finden, daß dieses Erholungsgeschäft selbst noch auf eine Weile mehrere vortheilhafte Folgen hat. Nie werden wir aber als denkende Wesen irgend ein Erholungsmittel lieben, oder auch nur so nennen können, wenn wir dadurch zu nützlichen Geschäften selbst untüchtig oder davon zurückgehalten werden, oder wenn selbst dadurch die Würde der Menschheit, die sich nur so weit behauptet, als wir unsre Kräfte nach richtigen Societätsgrundsätzen aufs beste nutzen, und als wir zur Vollkommenheit unsrer Selbst und andrer Wesen großmüthig vieles beytragen, zernichtet, oder wenigstens derselben durch diese unrecht nun noch so genannten Vergnügungen entgegen gearbeitet wird. Sind diese Gedanken der Natur der Sache überhaupt und der Natur unsers Wesens insbesonbesondre gemäß: wie werden wir denn von dem Werth der Kartenspiele mit Rücksicht auf den Vortheil, da sie lange Weile verhüten, urtheilen müssen? Wenn lange Weile da ist, wie fern sind wir Schuld daran, und wie fern können wir selbige überhaupt verhüten? Beym gesellschaftlichen Umgange pflegt man eine Weile sich mit Essen und Trinken und Gesprächen zu unterhalten. So lange wir damit uns so beschäftigen, daß die Zeit angenehm hingeht, stellt sich, wenn man wenige verzärtelte Empfindsame und launenvolle Mißvergnügte ausnimmt, keine lange Weile ein. Und bey diesen eben genannten entdeckt man auch nicht leicht, wenn sie nicht etwa sehr geldgierig und gewinnsüchtig sind, irgend eine Neigung sich durchs Spielen die lange Weile vom Halse zu schaffen. Bey allen Andern ist es so lange, als man ißt und trinkt und spricht, unnöthig, gegen die lange Weile Veranstaltungen zu treffen. . Aber wenn nicht mehr Materie zum Sprechen natürlich zufließt, wenn der Caffee oder Thee getrunken und die Mahlzeit geendigt ist, dann fängt man an zu gähnen, stille zu sitzen, sich anzusehen, und verlegen darüber zu seyn, daß man in Gesellschaft ist und doch

nichts

nichts sich auf die Gesellschaft beziehendes thut. Aber warum ist es so mit den Menschen beschaffen? Soll es ein Wink seyn, daß sie nun zum Spiel ihre Zuflucht nehmen? Laßt uns, meine geliebten Freunde, ehe wir dieß bejahen, wieder an das denken, worüber wir vorher ohne Zweifel alle eins geworden sind. Es ist die eintretende lange Weile freylich ein Zeichen, daß wir itzt thätig seyn wollen. Laßt es uns also nur untersuchen, ob unsere Kräfte zur Erneuerung unsrer gewöhnlichen Nutzen und Glückseligkeit in die Welt bringenden Geschäfte wieder hergestellt sind; und finden wir das: warum kehren wir zu den Geschäften, wodurch wir am meisten nützlich werden, und wobey wir, wie es deutlich gezeigt ist, am glücklichsten sind, nun nicht wieder zurück? Die kommende lange Weile ist eine heilsame Veranstaltung der Natur, und ein Wink, daß es nun Zeit sey, unsre Arbeit wieder anzufangen.

Allein unsre gesellschaftlichen Einrichtungen sind, heißt es, einmal nicht so angeordnet. Man bittet zum Mittagsessen, und bittet seine Gäste, den Nachmittag und den Abend zu bleiben. Aber warum ändern wir nicht diese se böse Sitte, welche lange Weile bringt, Zeit verdirbt, nützliche Thätigkeit verhindert, Regenten, Richter, Advocaten, Aerzte und öffentliche Lehrer von ihren vielen und zur Hervorbringung gesellschaftlicher Vortheile und zur Verminderung menschlichen Elends und Kummers höchst nöthigen Berufsgeschäften zurückhält? Warum schränken wir nicht die zum Umgange bestimmte Erholungszeit auf eine, zwey oder höchstens drey Stunden ein? Ja wer kann wider den Strom herrschender Sitten schwimmen? O, meine Freunde, herrschende Sitten kommen nach und nach, und können auch durch anhaltendes Wirken dagegen wieder in andre herrschende Sitten verwandelt werden, besonders wenn Natur und Pflicht uns dabey zu Hülfe kommen. Aber wie, wenn unsre Naturkräfte noch nicht wieder hergestellt wären, oder wenn beym Besuch das Unterhaltungsmittel, welches Essen, Trinken und Sprechen uns an die Hand giebt, ganz fehlte? Sind unsre Kräfte in ein bis zwey Stunden nicht hergestellt: so ist es schon ein Zeichen, daß sie zu stark gebraucht sind. Und für diejenigen, welche in so hohem Maaß Arbeit und Geschäftigkeit lieben, daß sie eine so lange Zeit zur Erholung brauchen, hat nicht leicht das Spiel vielen Reiz. Solchen emsigen Arbeitern wäre nur zuzurufen: Mäßigt euch, und sorgt dafür, daß ihr lange zum Besten der Welt wirksam seyn könnet. Hätte aber für einen solchen eifrigen Arbeiter das Spiel einige Annehmlichkeit, wie das gewiß selten der Fall ist: so dürfte er auch unter Hunderten von Personen, die spielen, wohl kaum Einige seiner Art finden können. Fehlten aber selbst sogleich beym Anfang des Besuchs alle andre Unterhaltungsmittel und selbst aller Stof zur Unterhaltung: so ist das ein Beweis, daß wir dann nicht in Gesellschaft gehen, sondern vielmehr für uns der Ruhe pflegen sollen. Ich finde also, da wir Menschen alles Gedachte ändern und zu unserm Vortheil ändern können, und da wir also uns nicht der Gefahr und der Pein der langen Weile auszusetzen und zu unterwerfen gezwungen sind, nichts für die gesellschaftlichen Kartenspiele unter dem Vorwande zu sagen, daß wir dadurch von der langen Weile befreyet werden. Auch erhellt aus dem Obigen, daß wir auf keine Weise ein Erholungsmittel dazu wählen können, das an sich nicht

nicht nur nichts Gutes in die Gesellschaft hineinbringt, nicht nur uns nicht bessert und veredelt, sondern uns selbst in den wichtigsten Neigungen des Herzens mehr oder minder verdirbt. Fänden sich Umstände, die uns nöthigten, ganze Nachmittage und wohl gar ganze Tage zusammen zu bleiben: wird man sich denn nicht auf irgend eine Weise trennen und sonst beschäftigen können? Und könnte dieß nicht geschehen; müßten Alle in gesellschaftlicher Verbindung bleiben und ein Vergnügen genießen: ließe sich denn nicht ein des Menschen mehr würdiges und die Seele in guten Regungen und Neigungen stärkendes oder wenigstens an sich selbst und in seinen Folgen unschuldiges Unterhaltungsmittel ersinnen? Unter den Personen des andern Geschlechts wäre es eine nicht genug zu lobende Sitte unsrer Zeit, daß sie ihre Frauenzimmerarbeiten mit in Gesellschaft nehmen, wenn es sie nicht zugleich veranlaßte, desto eher es sich zu erlauben, zu viele Zeit außer dem Hause zuzubringen, und zu wenig auf ihre Haushaltung zu sehen. Aber besser ist's doch, daß sie so zu viel Zeit in Gesellschaft zubringen, als wenn sie es bey dem

dem die Seele so leicht verderbenden Karten-spiele thun. Und besser wäre es denn auch, wenn die Männer auf eine ähnliche Weise vielmehr die Zeit, diese so schätzbare Gabe Gottes, nützten, als beym Spiel, wie eine lästige und widerliche Sache, vertrieben!

Auf eben die Art werden wir die Sache anzusehen haben, wenn man sagt, das Spiel mache der Verläumdung, die, wenn man etwas lange in Gesellschaft spricht, sich einzustellen pflegt, auf eine glückliche Art ein Ende, oder ersticke selbige in ihrer Geburt; oder wenn man anräth, damit das unendliche Geschwätz der Gecken und Narren, welches so Mancher in der Gesellschaft nicht ohne viele Mühe erträgt, zu unterdrücken. Können wir denn nicht solche Gesellschaften vermeiden oder wenigstens bald verlassen? Und könnten wir das nicht: so gehörte das zu den seltnen Fällen, in welchen wir denn auch nach obigen Betrachtungen lieber einmal das Uebel der langen Weile müßten ertragen wollen, als eine Sache in den Gang bringen oder erhalten, die so viel Verderben unter die Menschheit bringt. Und wir sind

sind nicht einmal gezwungen, uns jene lange
Weile oder ein ähnliches Uebel gefallen zu
lassen, da wir noch bessere Spiele haben,
und es dem menschlichen Geiste nicht schwer
fallen würde, noch andre lauter Gutes wirkende und ganz unschuldige gesellschaftliche
Unterhaltungen zu erfinden. Im Ganzen brauchen die Menschen aber nicht ängstlich dafür
zu sorgen, daß sie gesellschaftliche Unterhaltungsmittel erhalten. Die Natur führt uns
im Ganzen nach erfolgter Ermüdung zu Ge-
sprächunterhaltungen hin, wenn wir in Gesellschaft gehen, und zum gesellschaftlichen
Genuß irgend eines wahren Bedürfnisses.
Eine weise Einrichtung der Natur ist es, daß
sie uns nicht leicht geneigt seyn läßt, ein
solches Gesellschaftsvergnügen auf eine lange
Zeit zu genießen, damit wir desto eher und
williger bald wieder zu unsern Geschäften
zurückkehren. Auch finden wir, daß in jener Zeit durchgängig unsre Kräfte wirklich
wieder hergestellt werden, und daß wir die
so erneuerten Kräfte zu unsern Geschäften
wieder hinbringen können. Wir brauchen
daher nicht Reizungsmittel zu suchen, die
uns bewegen können, die Zeit des gesell-
schafts-

schaftlichen Zusammenseyns möglichst auszudehnen. Ohnehin geht ja noch außer der Stunde, die oft die Gesellschaft wegnimmt, nicht wenige Zeit mit mancherley andern Erholungsmitteln dahin.

Und nun werden Sie, meine geliebten Freunde, aus allem, was wir über die Kartenspiele mit einander überlegt haben, gewiß von selbst die Folge ziehen, daß wir als patriotische Weltbürger so viel, als in unserm Vermögen ist, und als wir von unsern Bemühungen glückliche Erfolge erwarten können, diesen so allgemein herrschenden Kartenspielen entgegen zu arbeiten verpflichtet sind. Die Beyspiele derer, welche Aemter bekleiden, die dazu bestimmt sind, Recht und Gerechtigkeit zu handhaben, über die Haltung der Gesetze zu wachen, richtige Kenntnisse über alles, was wahr, gut und pflichtmäßig ist, unter den Menschen zu verbreiten und Tugend und Glückseligkeit zu befördern, sind immer vorzüglich wirksam. Es giebt immer in allen Ständen eine Menge gemächlicher Menschen, die selbst den Werth der Dinge zu erforschen sich nicht die Mühe geben mögen. Wenn diesen

sen nicht augenscheinlich das Gegentheil in die Augen leuchtet: so glauben sie gerne, der Mensch sey doch wohl das, was er seinem Amte nach seyn soll. So finden sie denn auch in den Handlungen des Menschen dessen Glaubenssystem, wenn es dessen Beruf mit sich bringt, nach dem, was recht und wahr ist, zu forschen, das, was er erforscht hat, Andern vorzutragen, und diese zugleich zur Beobachtung alles dessen, was recht und gut ist, hinzuleiten. Sehr natürlich ist es dann zugleich, daß sie sich berechtigt halten, dem Beyspiel eines solchen Mannes in ihrem Wandel zu folgen, indem sie denken, er müßte nothwendig das Beste in allem kennen und ausüben. Wie viele Verpflichtung haben also Alle, die Leiter und Regierer andrer Menschen sind, ihr ganzes Leben ihren Glauben predigen zu lassen, jeden Schritt im Denken und Glauben vorsichtig zu thun und noch sorgfältiger den erlangten Kenntnissen gemäß zu wandeln! Würden alle diese Leute sich dieser Spiele enthalten, wären sie sonst sichtbar von aller Scheinheiligkeit und Heucheley entfernt, und ließen sie aus ihrem Wandel und aus ihren Urtheilen jeden es hell

und

und deutlich, sehen, daß Gottesfurcht und Menschenliebe sie in allem leiteten: dürften wir dann, wie herrschend auch die hier geprüften Kartenspiele sind, nicht hoffen, daß, wenn eine solche gegenwirkende Kraft bey den angesehensten und besonders zur Nachfolge reizenden Menschen sich eine lange Zeit fände, nach und nach dieser herrschenden Sitte wieder ein Ende gemacht werden könnte? * Ganz vorzüglich werden wir aber von den Predigern und allen Lehrern der Religion und aller menschlichen Pflichten es erwarten, daß sie nicht nur nicht an diesen so viel Verderben und Unglück in die Welt hineinbringenden Spielen Theil nehmen, sondern auch durch gründlichen Unterricht und sanften und freundschaftlichen Rath dem Fortgange dieser Spiele möglichst viele und starke Hindernisse in

---

* Als ich einige Zeit nach dem Abdruck dieser Betrachtungen des Herrn Pinto 1768 zu London gedrucktes Schreiben über das Kartenspiel las, fand ich, daß er in der That eine solche Hofnung äußert, indem er sagt, man würde mit der Zeit vielleicht diesen Zeitvertreib entbehren können, und dann würden sich Tugend und Vernunft weit mehr in die Höhe schwingen.

in den Weg legen. Und bey dem Lichte, worin ich diese Spiele und deren Werth erblicke, und bey der gewissen Versicherung, daß mich in Prüfung dieser Spiele keine dagegen erweckte Leidenschaft, keine Neigung, eine etwa angenommene Meynung nun zu verfechten, oder irgend etwas anders, das einer behutsamen und sorgfältigen Untersuchung dieser Materie hinderlich seyn könnte, geleitet hat; wie könnte ich bey diesem Lichte, meine theuersten Freunde, und bey dieser Versicherung meine Nebenmenschen mit Wärme und Eifer lieben, und mit Wärme zu deren Glückseligkeit wirksam seyn, wenn ich nun nicht vorzüglich lebhaft wünschte, daß Sie und zwar jeder in einem so großen Kreise um sich her, als wohin er wirken kann, dieser seelenverderblichen Vergnügungsart anhaltend, eifrig, aber auch weise entgegen arbeiten möchten! Und wie sollte ich mir's nicht erlauben zu hoffen, daß besonders Sie, die Sich ganz dem Dienst der Wahrheit, der Religion und Gottes widmen wollen, mit allen ihren Kräften hierin wirksam seyn werden? Indem ich das wünsche und hoffe; so kann ich nicht umhin, eben so eifrig zu wünschen, daß Sie hiebey als treue Haushälter Gottes auf Erden und als ächte Gehülfen Gottes in dem Geschäfte, da er jede Vollkommenheit in seinen Werken zu schaffen und über alle empfindende und denkende Wesen viele Glückseligkeiten auszugießen sucht, weise handeln mögen. Und so müsse es fern von Ihnen seyn, eine Sache, die unter gewissen Umständen doch bey guten, recht guten Menschen wenig oder nichts Böses wirken kann, ja die ein weiser Mann in gewissen einzelnen Fällen zu genehmigen Ursache findet, mit Heftigkeit geradezu zu verdammen; denen, die spielen, ihre Seligkeit abzusprechen, und die Jugend darüber, daß sie nie spielen wolle, gleichsam in Eid und Pflicht zu nehmen. Unweise würde es auch seyn, wenn Sie ein Haus, worin gespielt wird, wie eine Pest fliehen und mit einer ängstlichen Miene aus der Gesellschaft, worin Spieltische hingesetzt werden, wegeilen wollten. Auch möchte ich nicht rathen, daß Sie, ohne natürliche Anlässe dazu zu haben, allenthalben wider diese Spiele redeten, und unter Personen, denen Amt und Kenntnisse überhaupt eben so sehr als Ihnen das Recht geben, über der Dinge Werth zu urtheilen, die

Rolle

Rolle des Zurechtweisers spielten. Predigen Sie einst immer darüber auf den Kanzeln mit einer Wärme, der man immer Ihre zärtliche Menschenliebe, und Ihren Eifer, Ihren Brüdern nützlich zu seyn, ansieht, die aber nie in stürmenden Eifer und in Zorn ausartet. Und giebt man Ihnen in Gesellschaften Anlaß, darüber zu reden: so sagen Sie eben so sanft als gründlich, wie Sie glauben, diese Spiele ansehen zu müssen. Lassen Sie, wenn mehrers nicht frommet, auf die Frage, ob Sie spielen, oft nur dieß die Antwort seyn, Sie spielten überall nicht Kartenspiele; und fragt man abermal, warum nicht? so begnügen Sie Sich in gleichem Fall nur damit, daß Sie sagen, Sie hielten nach reiflicher Ueberlegung sich verpflichtet, Sich einer Sache zu enthalten, die Sie im Ganzen für etwas sehr Verderbliches hielten. So eine Antwort von einem Manne gegeben, dessen Leben Geschäftigkeit für andrer Menschen Wohl ist, der ohne alle Ziererey und ohne alle Spuren eines tadelsüchtigen Wesens seinen Kenntnissen sorgfältig gemäß handelt, und der von Herzen fromm lebt, aber nicht das Schild der Frömmigkeit mit pharisäischer

Eitel-

Eitelkeit und Henchelen allenthalben aushängt, wird bey verständigen Menschen oft viel mehr wirken, als eine noch so gründliche Auseinandersetzung und Widerlegung, die bey denen, die spielen, desto weniger Eingang findet, weil selbige, indem sie nachgeben, zugleich gegen den Belehrer in einem nachtheiligen Lichte erscheinen, in welchem sie jedoch der Eigenliebe zufolge nicht gerne erscheinen wollen. Diesen Eingang wird man desto weniger dann finden, wenn die Spielenden sonst Personen von größerm Ansehn oder auch wohl gar nach dem Urtheil der Welt von mehrern Einsichten sind. Aber dulden Sie in Ihren eignen Häusern selbst diese Spiele nicht, wenn nicht etwa so hohe und angesehene Männer Ihre Gäste sind, daß Sie das dem Hauswirth sonst zukommende Recht, alles anzuordnen, vielmehr selbigen zu überlassen Ursache finden, als Sich dasselbe anzumaßen. Wenn z. B. ein Fürst oder hohe obrigkeitliche Person bey einem Unterthanen einmal einkehrte: so würde es höchst ungereimt seyn, wenn der Hausbesitzer die Unterhaltungsvergnügungen derselben bestimmen oder auch nur vorschlagen wollte.

wollte. Denken Sie jedoch nicht, daß dieser Fall schon eintrete, wenn die Personen, die Sie bey Sich haben, von etwas höherm Stande sind, als Sie selbst. Ist von der Jugend die Rede, die Ihrer Erziehung anvertraut ist: so schimpfen und schelten Sie nicht aufs Kartenspiel, aber lassen Sie selbige durch Unterricht und Uebung sich den Gedanken bis zur Fertigkeit herrschend machen, daß es schwer halte, bey diesen Spielen der Tugend getreu zu bleiben, und daß, wenn allenthalben reiflich über die Sache nachgedacht würde, ordentlich und tugendhaft lebende Menschen gewiß diese Spiele, als eine im Ganzen der menschlichen Glückseligkeit und Tugend höchst nachtheilige Sache meiden, vielweniger in ihren Häusern veranlassen oder dulden würden. Und indem Sie so, meine Geliebten, handeln: so wird der Segen Gottes immer mit Ihnen seyn, der gewiß jeden weise handelnden Freund Gottes und der Menschen begleitet. *

* Als ich mit der Revision dieser Betrachtungen zur zweyten Auflage beschäftigt war, erhielt ich Barbeyracs Traité du Jeu où l'on examine

examine toutes les Questions de droit naturel et de morale, und habe beym Durchlesen das Vergnügen zu bemerken, daß dieser Gelehrte über die Sittlichkeit der Spiele eben so gedacht hat, als ich nach wiederholtem Nachdenken darüber denken muß.

Sechs

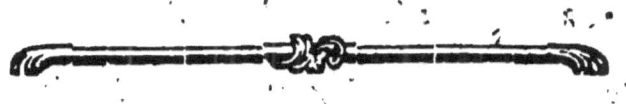

Sechs und zwanzigste Betrachtung.
Von den Spielen des Zufalls.

Nach allem dem, was von den Gewinnstspielen überhaupt, und dann theils von den Spielen des Denkens, theils von den Spielen des Denkens oder der Geschicklichkeit und des Zufalls insbesondere gesagt ist, haben wir nun noch, meine Herren, diejenigen Spiele zu betrachten, wobey der Erfolg des Spiels ganz vom Zufall abhängt. Die gemeinsten und bekanntesten Spiele dieser Art sind die Würfelspiele, alle Hasardspiele mit Karten, und die verschiedenen Arten der Lotteriespiele. Wenn alle diese Spiele gleich darin übereinkommen, daß menschliche Geschicklichkeit die Kette von Ursachen, wodurch ein gewisser Ausgang bewirkt wird, gar nicht lenket, und daß auch keiner

ner die Reihe von Folgen, welche sich mit gedachtem Ausgang endigen, so fern alles redlich zugeht, vorher übersehen kann, um darnach seine Maaßregeln zu nehmen: so sind doch diese Spiele ihrer innern Güte und ihren Folgen nach sehr von einander unterschieden.

Sehen wir auf die Würfelspiele: so giebt es deren unzählige Arten. Bey einigen spielt Mann gegen Mann, bey andern spielt Einer gegen verschiedene Andre, und bey noch andern spielen Alle mit einander um eine gemeinschäftlich zugesetzte Summe. Wenn Mann gegen Mann spielt: so nimmt derjenige, welcher die meisten Augen wirft, oder bey dessen Wurf sich zwey gleiche Zahlen finden, eine Summe ein, um welche man sich einig geworden ist, und in einem Augenblick oder in wenigen Augenblicken ist Gewinnst oder Verlust in beyden Fällen entschieden. Jeder sucht hier also unter dem Beystande des Glücks sich eines Theils des Vermögens seines Gegenspielers zu bemächtigen. Dieß hat also erstlich die Wirkung, welche alle Gewinnstspiele, worin man einen oder einige Gegenspieler hat, haben müssen, daß die Seele verenget und zu niedrigem Eigennutz hingelenkt und gewöhnt wird.

wird. Diese Wirkung ist desto stärker, je öfter die Begehrungssucht nach dem Gute eines Andern erregt wird, indem in jedem Augenblick, worin das Spiel sich endigt, das Spiel sich erneuert, und so auch jene Habsucht wieder lebendig wird, und dieß den eigennützigen Neigungen eine größere Stärke und mehrere Dauer giebt. Diese Wirkung hervorzubringen, dazu trägt auch der Umstand vieles mit bey, daß die Seele nicht irgend eine sie beschäftigende Denkarbeit bey diesem Spiele hat, und daß also sie immer von den Ideen des Gewinnstes und des Verlustes angefüllt bleibt. Auch ist die so entstehende Gewinnsucht und die damit verknüpfte Leidenschaft oft so heftig, daß sie selbst ganz ungewöhnliche Folgen hat. Bey diesem Spiel wirkt Einer durch keine eigenthümliche Kraft gegen den Andern, und keiner bestimmt also den Erfolg des Gewinnstes oder des Verlustes willkührlich. Verliert Einer also: so hat er seinen Gegenspieler nicht als die Ursache anzusehen, weil er es zu hell sieht, daß selbiger nicht durch eine bestimmte Art des Wurfs ein bestimmtes Fallen der Würfel veranlassen kann. Und dennoch finden wir, daß der Verlierende oft gegen den Gewinner

winner in Wuth geräth, indem die Seele bey ihren verwirrten Vorstellungen mit ihrem Haß auf alles fällt, was irgend einen Antheil an dem Spiel hat, wenn gleich derjenige Antheil, den der Gegner beym Werfen daran hat, nicht von Kenntniß und dadurch gelenktem Willen herrührt. In einer solchen Wuth flucht und schlägt man auch oft auf die Würfel, auf den Tisch, und alles, was man daselbst gegenwärtig sieht, als wenn jede Leidenschaft gegen leblose und also ganz absichtlos wirkende Dinge nicht etwas höchst Ungereimtes wäre. Kommt es nicht zu einer solchen sinnlosen Raserey: so entsteht aus diesem Spiel unmittelbar nicht so viele Disposition zum Haß gegen seinen Gegner, als bey den Spielen, wobey die Geschicklichkeit des Gegenspielers mitwirkt, indem man hier mit Recht sich den Gegner, als die willkührlich wirkende Ursache, vorstellt. Dagegen entsteht bey diesen und ähnlichen Hasardspielen weit eher eine solche ganz ungereimte leidenschaftliche Raserey, und der daraus entspringende gänzliche Verlust der menschlichen Würde enthält gewiß so viel Böses in sich, und hat so viele üble Folgen, daß dadurch das Böse, was die bey den andern Spielen sich befinden-

den

Von den Spielen des Zufalls.

den mehrern Anläße zur Feindschaft bewirken, wahrscheinlich noch weit überwogen wird. Eine böse Folge der Gewinnstspiele haben die Hasardspiele dieser Art aber in weit größerm Maaß, als die Spiele, wobey die menschliche Geschicklichkeit mitwirkt, nämlich den mit der hier erhöheten Gewinnsucht in gleichem Verhältniß stehenden Neid, womit der Verlierende den Gewinnst seines Gegners ansieht. Und wir wissen, daß von der starken Bewegung des Neides wiederum man nur einen Schritt zu thun hat, um den beneideten Mann auch herzlich zu hassen. Endlich wird die Seele bey diesen elenden Würfelspielen, weil nur eine Art des sinnlichen Abscheus und der sinnlichen Begierde immer sie bewegt und beschäftigt, nach allen ihren Kräften verenget, und der Mensch sinkt, wenn er so eine lange Zeit gespielt hat, sichtbar bis zu unvernünftigen Thieren herab, oder selbst unter selbige herunter.

Spielt Einer gegen viele Andre zugleich: so wird die Seele des Hauptspielers wegen der mehrern Personen, wider welche er spielt, mehr zerstreut, und weil sie sich diejenigen, welche gewinnen, nicht so bestimmt denken kann: so ist daselbst auch weniger Nahrung zu Neid und Haß.

Häß. Von beyden bleibt indessen genug übrig, und in dem Augenblick, da der eine oder der andre gewinnt, fällt auf denselben Widerwillen genug, um den Hauptspieler so zu einem elenden Eigennützigen zu machen, und Groll und menschenfeindliche Gesinnungen zu erregen. Alle, die wider ihn spielen, sammeln zusammen noch vielmehr Widerwillen gegen den Hauptspieler, wenn dieser gewinnt, zusammen, als in eines einzigen Gegenspielers Herz zu seyn pflegt.

Am unschuldigsten überhaupt sind die Würfelspiele, da man um einen gewissen Preis spielt. Dieser Preis kann entweder von Einem, der einer Gesellschaft ein Vergnügen machen will, hergegeben, und dem, der den höchsten Wurf thut, bestimmt seyn; oder Alle, die um einen Preis spielen, geben das Geld vermittelst eines zur Anschaffung desselben erforderlichen Zusatzes her. Im erstern Fall unterhalte ich den Wunsch zum Besitz eines Guts, das zu begehren mir erlaubt ist, weil jemandes Güte es unter der Bedingung, daß ich's gewinne, mir zugedacht hat. Die Vorstellung von dessen Güte, da er hat geben und nicht nehmen wollen, muß, wenn meine Seele edler

Regungen

Von den Spielen des Zufalls.

Regungen fähig ist, eine ähnliche großmüthige Gesinnung erwecken. Ein wenig anders ist es mit der Sache beschaffen, wenn jeder etwas hergiebt, um einen etwas größern Preis für den Gewinnenden auszumachen. Es ist in diesem Fall die Neigung, vieles zu erhalten, mit dem Vorsatze, weniges zu geben, verbunden, und man gewöhnt sich so leicht nach und nach zu der Idee, daß man es sich erlauben dürfe, sich auf Kosten des gemeinen Wesens zu bereichern. Ersteres begünstigt nicht großmüthige Gesinnungen, und letzteres ist sehr schädlich. Denn wenn der Gedanke erst in die Seele kommt, man könne schon ansehnliche Vortheile vom Staat oder von irgend einer Menge von Menschen, die mit einander zu einer Gesellschaft verbunden sind, zu erhalten wünschen, indem jeder so nur weniges dazu hergäbe, und man doch so viel gewönne: so wird man sehr bald sich diesen Fall nicht mehr so bloß denken, daß man selbst sowohl, als jeder Andrer zu den Vortheilen etwas hergeben, und daß auch jeder der Andern eine gleiche Wahrscheinlichkeit, gedachte daraus entspringende Vortheile zu gewinnen, vor sich sehen müsse; sondern man wird anfangen, durch willkührliche Bemühungen dem Staat solche Vortheile zu entreißen, das heißt, jedes übrige Gesellschaftsmitglied einen Theil dazu hergeben zu lassen, ohne selbst etwas dazu herzugeben, und ohne jedes Mitglied, wie es recht und billig wäre, in eine Lage zu setzen, worin es gleiche Vortheile gewinnen könnte. Nimmt aber so eine Neigung mit solchen Bemühungen in gesellschaftlichen Verbindungen überhand: so sucht bald jeder vom gemeinen Schatz einen Theil wegzurauben, ohne eben so viel, oder, wie das jeder auf eine großmüthige und edle Weise mit Freuden zu thun sich bestreben sollte, noch mehrers dazu hinzuliefern. Wer dann noch als ein edler Patriot und als ein großmüthiges Mitglied der Gesellschaft gar gerne zur Vermehrung der Summe des Ganzen eifrig und treu geschäftig ist, muß es bald sehen, daß von allen Seiten her alles geschäftig ist, das, was er darbringt, an sich zu reißen, daß nichts wieder für ihn geschieht, und daß man ihm nicht einmal Dank weis für das, was er thut. Auf diese Weise sieht er sich am Ende genöthigt, weil er sonst unkommen müßte, auf seiner Hut zu seyn, und nicht so sehr mehr für das gemeine Beste als für seinen Vortheil zu sorgen. Viele, welche nicht hinlänglich starke Anlagen zu großmüthigen Gesinnungen haben, und bey denen selbige nicht durch Grundsätze zur Festigkeit gebracht sind, werden selbst dieser die Menschheit so sehr zierenden edelmüthigen Denkungsart untreu, und die Zahl ächter Menschenfreunde und Patrioten muß so immer mehr und mehr abnehmen. Es giebt freylich unter den Menschen gar viele Dinge, Sitten und Handlungsweisen, wodurch eine ähnliche Verderbung der Seele veranlaßt wird, auch wird bey etwas guten Seelen die Wirkung dieser Art der Hasardspiele nicht stark seyn; allein wenn die Moralität dieser Spiele untersucht werden soll: so muß eine solche aus der Natur der Sache fließende und für jeden, der nicht in Tugend und Edelmuth sehr stark ist, schädliche Folge wenigstens nicht aus der Acht gelassen werden. Mit dieser Art der Spiele kommen manche Spiele, der Beschaffenheit und den Wirkungen nach, überein, wobey man noch andre Dinge zu Hülfe genommen hat, um selbige desto mehr zu einem gesellschaftlichen Unterhaltungsmittel zu machen. Von dieser Art ist z. B. das allgemein bekannte Affenspiel, womit ein neulich von Herrn Wagner erfundenes chronologisches Spiel übereinkommt. Und von diesem letztern kann ich nicht umhin, im Vorbeygehen zu bemerken, daß es viel Unterhaltendes hat, und daß der Jugend dadurch das ihr sonst gemeiniglich so widrige Geschäfte, sich die Chronologie in Verbindung mit den wichtigsten historischen Begebenheiten bekannt zu machen, eben so nützlich als angenehm gemacht wird. Indem so der Seele außer den Ideen, welche der Gang des Spiels veranlaßt, noch andre daran hängende die Seele nicht wenig beschäftigende Ideen zugeführt werden: so werden die ohnehin nur schwach wirkenden nachtheiligen Eigenschaften dieser Spiele noch mehr geschwächt und unterdrückt.

Mit den Würfelspielen, wobey ein Mann gegen mehrere spielt, und wobey ein Wurf oder einige Würfe Gewinnst oder Verlust entscheiden, kommt das unter dem Namen von Pharao bekannte Kartenspiel nebst andern ähnlichen Spielen sehr genau überein. Nur sind die bösen Wirkungen dieser Spiele weit stärker und ausgebreiteter, weil große Spieler, die ganz ihr Werk aus dem Spielen machen, sich lieber der Karten als der Würfel bedienen, und

weil

weil diese Kartenspiele von den Großen und Vornehmen geliebt und gesucht zu werden pflegen. Dieser letztere Umstand hat die Folge, daß auch Andre diesen Spielen mehrern Werth beylegen, als den gewöhnlichen Würfelspielen, und daß sie diese Spiele leicht bis zur Wuth lieben. Mancher, der viele Eitelkeit hat, rechnet es sich thörichter Weise auch zur Ehre an, daß er bey diesen Spielen mit unter den Angesehensten von Geburt und Stande erscheinen kann, und wird dadurch zu diesen Spielen, die er sonst noch wohl miede, hingezogen. Wie weit diese Hasardspiele die Seele verderben, davon will ich hier nichts wiederholen, weil ich darüber eben das sagen müßte, was ich schon über die Würfelspiele dieser Art gesagt habe. Die verderblichen Wirkungen sind nur hier noch stärker, nach dem Maaß, wie die Neigung und Leidenschaft stärker zu seyn pflegt, womit man diesen Kartenspielen ergeben ist. Diese stärkere Leidenschaft entsteht wahrscheinlich daher, daß der Gang dieser Spiele nicht so sehr kurz und einförmig ist, als man ihn bey den Würfeln findet, und daß Gewinnst und Verlust oft mit jedem Umschlagen der Karten entschieden ist. So viele Karten, als ein

26. Betrachtung.

Spiel hat, und so mannichfaltig diese Karten gemischt werden können, so lange dauert ein Spiel, und so abwechselnd kann der Weg seyn, den man dabey, indem man immer von neuem anfängt, durchwandelt. Es giebt hier also einen weit größern Reichthum von Ideen, die sich jedoch alle mit den Ideen des Gewinnstes und Verlustes unmittelbar verbinden, und also die daraus entstehenden starken Bewegungen der Seele und die dadurch bewirkte Verderbung verstärken. Nur sinkt bey diesen Spielen, weil die Seele in einem größern Thätigkeitskreise sich dabey befindet, der Mensch nicht so sehr in den thierischen Zustand herab, welcher bey den Würfelspielern sich einstellt, indem bey diesen der Blick der Seele bloß auf Gewinn und Verlust und die geringe Verschiedenheit der Würfe hinstarrt. Bey den Kartenspielen bleibt der Mensch mehr Mensch, wird aber auch als Mensch, so fern seine Seele den natürlichen Wirkungen des Spiels weicht, weit mehr verdorben, und im Ganzen ist so das Uebel noch größer. Hier ist aber nun der Ort, wo wir auf andre fürchterliche oft aufs ganze Leben fortwirkende und Manchen auf einmal in das äußerste Elend stürzende Folgen dieser

dieser Hasardspiele, welche Folgen die Würfel- und Kartenspiele mit einander gemein haben, unsern Blick hinrichten müssen. Es ist schon angemerkt worden, daß die fortdauernde Verstärkung der Gewinnsucht und des Abscheus vorm Verlieren, welche Verstärkung durch die immer wiederkehrende augenblickliche Entscheidung des Gewinnstes und Verlustes bewirkt wird, die Seele, wenn sie sich nicht durch viele Uebung zu einem gewissen Grad der Fassung gebracht hat, gewöhnlich sehr bald in die heftigste Bewegung und in eine Art der Spielwuth setzt. In einem solchen Augenblick sieht sie theils auf das hiebey zu überlegende Gegenwärtige und Zukünftige, und auf die Folgen des etwa erfolgenden Verlustes nicht, theils sieht sie alles, was der Seele davon vorschwebt, mit verwirrten Blicken an. Indem sie in einer solchen Lage ist, und die Neigung zu gewinnen in die allergrößte Leidenschaft übergeht: so spielt man, wenn man gewonnen hat, leicht sehr hoch, indem man theils zu seiner Sicherheit an das gewonnene Geld denkt, theils die großen Summen, die man zu gewinnen hoft, vor dem Blick der erhitzten Einbildungskraft hat. Weil aber das Spiel nun immer so große

dem

26. Betrachtung.

dem Spieler so theuer am Herzen liegende Summen betrift: so spielt selbst der Gewinner, wenn der Blick seiner Seele auf den vielleicht erfolgenden Verlust fällt, oft mit einer Angst, wobey er am ganzen Körper zittert, und der Schweiß sich über seinen ganzen Körper ergießt. Dieß geschieht nun noch weit mehr, wenn sich das Blatt wendet. Wenn dieß geschieht: so wählt er bey der Verwirrung der Seele, worin er ist, um von diesem peinigenden Gefühl des Schreckens und des Widerwillens sich wieder frey zu machen, gar leicht das Mittel, abermal großes Spiel zu wagen, indem er dabey den Blick wieder, zu einiger Herstellung des Muths und der Zufriedenheit, auf die Summen richtet, die er nun wieder auf einmal zu gewinnen hoft. In diesem Taumel der Verblendung und der Raserey gestehet er wenigen Würfen der Würfel oder einigen aus dem Ungefähr hervorgehenden Karten oft die Macht zu, seinen ganzen Geldvorrath und selbst alle seine Güter ihm wegzunehmen, und sie dem Bankhalter in die Hände zu bringen. So wird oft Einer, der wenig Minuten vorher einer der reichsten Menschen war, auf einmal im höchsten Grade arm und elend. Und

ist

ist es nöthig, meine Herren, daß ich es Ihnen nun noch sage, wie vieles Elend diese unglückliche Lage des Verlierers begleiten und darauf erfolgen muß? In den ersten Minuten scheint, wenn die Wuth zu spielen aufs höchste gekommen ist, und die Seele sich die Ideen von grossem Gewinnst so geläufig macht, und zu so vieler Gewißheit erhoben hat, daß sie ganz daran hängt, und das Spiel als das einzige Mittel ansieht, dazu zu gelangen, nichts peinlicher nach dem Verlust alles Geldes zu seyn, als die Vorstellung, daß man nun nicht weiter fortspielen könne. Bey jedem vorhergehenden Verlust gieng er zwar mit dem Glücksrade sehr ungern herunter; aber die daraus entspringenden quälenden Empfindungen wurden doch durch die Vorstellung gemildert, daß er sich daran fest halten, und so wieder mit demselben sich hinaufschwingen würde. Nun sieht er sich auf einmal vom Glücksrade tief in einen Abgrund hinabgeschleudert. Wie marternd einem, der so spielt, und alles verloren hat, die Vorstellung ist, daß er nun zu spielen aufhören müsse, sieht man daraus, daß die mit so vieler Wuth Spielenden dann, wann alles baare Geld verloren ist, selbst die nöthigsten

Sachen

Sachen und selbst ihre Wohnungen und Güter aufs Spiel setzen, um nur noch fortspielen und den Schatten des Reichthums, den sie vor ihren Blicken haben, weiter verfolgen zu können. Nach Verfließung der ersten Minuten pflegt, wenn gar keine Möglichkeit da ist, das Spiel zu erneuern, dann die ganze gegenwärtige und zukünftige traurige Lage, woran der erhitzte und seine Vorstellungen allein auf den Gewinnst hinrichtende Spieler vorher gar nicht dachte, und worin ihn sein Spiel hineingebracht hat, seiner Vorstellungskraft aufs lebhafteste zu erscheinen, und der mit dieser Vorstellung verknüpfte Gram ist desto peinigender, da noch die vorigen glänzenden Glücksaussichten seiner Seele gegenwärtig sind, und durch ihren Contrast die nun erfolgte entgegengesetzte Lage weit fürchterlicher und verabscheuungswürdiger machen. Nachdem er diese mit Rücksicht auf sich kaum bemerkt hat: so stellt sich ihm alles vor, was ihn umgiebt, und was mit ihm verbunden ist. Er sieht Aeltern, Frau, Kinder, Anverwandte und selbst Freunde, die sein Schicksal mit ihm theilen, die sein Elend kränkt, die über seine Raserey aufgebracht sind, die über den Mangel, welchen sie nun leiden sollen,

weinen

weinen und wehklagen, und er sieht die Miene des Widerwillens und der Verachtung, womit jeder vernünftige Mensch auf ihn hinblickt, lebhaft vor sich. Er erblickt nun in sich den Verbrecher, der sich und Andre unwiederbringlich unglücklich gemacht, sieht und fühlt die Thorheit, da er einen sichern Glücksstand einem Spiel anvertraut hat, wobey selbst mehrere Wahrscheinlichkeit ist zu verlieren als zu gewinnen, und verabscheut sich dergestalt, daß er seinen eignen Anblick nicht mehr ertragen kann. Denn wie Mancher geht in der Verzweiflung, worin er so gestürzt wird, hin, und macht seinem Leben ein Ende! Thut er diesen Schritt auch nicht: so verfolgt ihn doch oft lebenslang die schreckliche Vorstellung der Zeit, worin er so wider sich und die Seinigen rasete, und man liest die fortwährende Marter seiner Seele in seinen hohl liegenden Augen, in den finstern und halb wilden Blicken, in der hagern und blaßgelben Gestalt, womit er der Welt zur Warnung umher wandelt. Sind die Folgen des Spiels auch nicht so fürchterlich und so sichtbar, meine geliebten Freunde, lesen wir die peinliche Lage der Seele auch nicht jedem aus Augen, Mienen und Gestalt, stürzt einer sich

auch

auch nicht durchs Spiel so ganz in den Abgrund des Elends hinein: so wissen Sie es ja, wie wenig von dem, was in der Seele vorgeht, unter dem Verstellungsgeschlecht der Menschen leserlich sichtbar ist, und es wird Ihnen nicht schwer werden, alle die Stuffen der innerlichen Bekümmernisse, welche Folgen des Spiels sind, sich lebhaft genug vorzustellen, um diese Quelle des menschlichen Verderbens und des menschlichen Unglücks, so wie es die Sache erfordert, zu meiden und zu verabscheuen. Und werde ich Sie es bemerken lassen dürfen, daß nicht nur die Verlierenden solche Elende werden, sondern daß selbst die Gewinner, wenn sie nicht zu allen menschlichen Empfindungen erstorben sind, ähnlichen Leiden nicht entgehen? Man sieht Leute, die Andre im Duell erlegt haben, oft, von den Furien der Hölle in ihrem Gewissen gepeitscht, bis an ihr Lebensende einhergehen, und der Anblick des Ermordeten läßt oft nie von ihnen ab. Wie natürlich ist es, daß so dem Gewinner alle die Elenden, die durch ihn in tausendfältiges Unglück an Leib und Seele hineingestürzt waren, in ihrem jammervollen Zustande erscheinen! Und bringt er sich zu einem Zustande der Fühl-

losigkeit

Von den Spielen des Zufalls.

losigkeit und Verstockung in der Hinsicht, erlangt er endlich nach vieler Bemühung eine Fertigkeit, den Blick der Seele nie auf diese von ihm zu Grunde Gerichteten zu heften: was hindert einen solchen Gefühllosen noch in aller Hinsicht eine Geißel seiner Nebenmenschen zu werden, zu rauben und zu morden, wenn nur Geld und Gut dadurch kann erbeutet werden? Dieß gilt ganz vorzüglich von den Spielern vom Handwerk; und wenn wir darin nicht äußerlich solche Verworfene des menschlichen Geschlechts erblicken: so rührt es von der Nothwendigkeit her, daß sie, um ihr Gewerbe des Betrugs und der Grausamkeit fortsetzen, und Viele in ihre Schlingen hereinlocken zu können, sich mit aller Anstrengung der Seele darauf üben, daß sie immer eine gefällige Miene beybehalten. Aber glauben Sie es, unter einer solchen gleißenden Gestalt liegt Gefühllosigkeit gegen menschliches Elend, wilde Grausamkeit und Mordlust verborgen. Und mancher Anführer einer Räuberbande ist gewiß vorher ein solcher Spieler gewesen.

Wollte man aber auch an alles dieß nicht denken, wodurch der Mensch, wenn er bey diesen Spielen verliert oder gewinnt, so lange er noch menschliche Empfindungen hat, leicht zu einem Elenden und zu einem Ungeheuer wird; wollte man bloß an den äußerlichen Gewinnst und Verlust denken, und glauben, daß da, wo Gewinnst wäre, auch Glückseligkeit seyn müßte: so müßte man dennoch diese Spiele wie die Pest meiden. Denn die Wahrscheinlichkeit zu verlieren ist im Ganzen weit größer, als die Wahrscheinlichkeit zu gewinnen. So oft wird es zur Vertheidigung dieser Spiele angemerkt, daß das verlorne Geld doch immer in der Spielgesellschaft bliebe, und daß also extensive oder intensive der Gewinn überhaupt dem Verlust gleich seyn müßte. Da dieses vielen Schein für sich hat, und die Betrachtung der Sache aus diesem Gesichtspunkte gewiß Viele zum Spiel verführt, oder die Neigung zum Spiel unterhält: so können wir die Sache nicht ganz ungeprüft vorbeylassen.

Es ist wahr, was beym Spiel verloren wird, das fällt auf der andern Seite den Gewinnern wieder zu; aber es ist falsch, wenn man sich dieß dazu denkt, daß eben so viele angenehme Empfindungen und Glückseligkeiten den Gewinnenden zu Theil werden, als die Verlierenden Mißvergnügen und Elend auszustehen

zustehen haben. Falsch ist es auch, daß die Vortheile des Gewinnstes, womit die Gewinner heim kehren, dem Verlust gleich kommen, womit die Verlierenden den Spielort verlassen. Wir wollen erst auf das sehen, was die Gewinnenden an Glückseligkeit gewinnen möchten. Denn Gewinnst kann doch nur so weit Werth haben, als Glückseligkeit damit verbunden ist. Es ist schon erwiesen, daß der Gewinner, so weit als er noch menschliche Empfindungen und Reste der Menschenliebe hat, selbst beym Gewinnst elend seyn müsse. Denn er nimmt nur und giebt nicht, und sieht seinen Bruder, den er hätte nach seinem Vermögen glücklich machen sollen, in Noth und oft in Verzweiflung. Aber hätte er sich auch in Absicht auf solche menschliche, das ist, einem Wesen, das urtheilt und denkt, angemessene Empfindungen verhärtet, und hätte er das Gefühl für die Vergnügungen, die sonst mit der Befriedigung der menschlichen Bedürfnisse verbunden sind, noch behalten: so wüchse mit der Masse des Geldes, so fern er alle wesentliche Bedürfnisse schon ohnehin befriedigen kann, nicht das Maaß seiner Glückseligkeit. Was der Natur über ihre wahren Bedürfnisse gegeben wird, zerstört, wie das schon in vorhergehenden Betrachtungen genug erwiesen ist, ihre Kräfte, ihre Gesundheit und Wohlseyn. Ueberfluß kann also nur auf einige Minuten zur Zeit des Gewinnstes ein Vergnügen der Imagination geben. Sehr bald verschwindet ein solches Vergnügen aber, als wenn's nicht da gewesen wäre. Soll Ueberfluß ein dauerhafteres Vergnügen geben, und die ganze Glückseligkeit des Menschen erhöhen: so muß es bloß von dem Geschäfte hergenommen werden, da man damit würdige Menschen, die Mangel haben, oder deren Verdienste nicht erkannt werden, oder denen man gerne Beweise der Liebe giebt, unterstützt, belohnt oder erfreut. Eine so edle Glückseligkeit kennt der Spieler aber nicht, der sonst den Zustand des Leidens nicht ertragen könnte, worin sein Gewinnst den Verlierenden bringt. Also der Gewinner ist nicht leicht glückseliger, wenn er gewinnt. Dieß könnte indessen geschehen, wenn er nun wahre Bedürfnisse befriedigen könnte, die er vorher nicht hätte befriedigen können, falls ihm nicht der Gewinnst zugefallen wäre. Hierauf ist aber anzumerken, daß noch keiner das Spielen für eine vernünftige Art, Geld zur Befriedifriedigung wahrer Bedürfnisse zu gewinnen, gehalten hat. Denn ist man in Noth: so wird man sich vernünftiger Weise nicht der Gefahr aussetzen, in die äußerste Noth zu gerathen, so lange die Wahrscheinlichkeit zu verlieren eben so groß oder noch größer ist, als die Wahrscheinlichkeit zu gewinnen. Diejenigen, welche also auch das Spiel zu einer Gewinnstquelle mit Rücksicht auf die Befriedigung wahrer Bedürfnisse machen, sind sicher unbesonnene Leute. Und es ist bekannt, daß ein Mensch nicht leicht bloß in einem Punkt unbesonnen ist. Hat ein Spieler also gewonnen: so nimmt er nun nicht sein Geld, um weise damit hauszuhalten; sondern er gedenkt, auf diese Art komme er noch wohl zu mehrerem Gelde. Er denkt nicht mehr an die Gefahr, daß er eben so viel hätte verlieren können, und daß er sich das Geld theuer seyn lassen müsse, welches mit dieser Gefahr erkauft ist, sondern er denkt: Du bist leicht dazu gekommen, und sollst nun einmal aufgehen lassen, und dir etwas zu Gute thun. Die Neigung, Geld zu verschwenden, geht, wenn dem Spiel zuletzt ein Ende gemacht ist, oft so weit, daß man aus bloßem Muthwillen und in einem Anfall von ausgelassener

Raserey

Raserey eine Menge von Sachen und selbst von Kostbarkeiten zernichtet, um nur zu zeigen, daß man Geld nicht achte, und Geld im Ueberfluß habe. Und, was das seltsamste ist, die Verlierenden lassen den Verdruß über ihren Verlust oft an dem noch übrigen Gelde dadurch aus, daß sie auch nun den Rest desselben hindurchbringen, oder (wie es der zu einem solchen Leben stimmende gemeine Ausdruck ist) zum Teufel gehen heißen. Falsch ist es also, wenn man glaubt, das Geld bleibe doch unter der Spielgesellschaft, und es gehe nur, wie Ebbe und Fluth, hin und her. Wäre es aber auch der Fall, daß auf einer Seite bleibender Gewinnst wäre, wenn auf der andern Seite sich Verlust fände; wäre auch der Gewinner nach dem Maaß mehr glücklich nach dem Gewinnst, als der Verlierende nach dem Verlust mehr unglücklich wird, welches beydes, wie aus dem Gesagten erhellt, falsch ist: so wäre dennoch die ganze Gesellschaft damit nicht in Rücksicht auf Glück und Unglück in einem Gleichgewicht. Sehr oft ist einer bloß Gewinner und alle Uebrigen sind Verlierende. Nach den Wegen der Natur und nach den Wünschen brüderlich gesinnter Menschen sollen die Menschen, so weit,

als

als es immer die zu guten Societätseinrichtungen erforderliche Ordnung zuläßt, in dem Genuß des Guten, was sich auf unsrer Erde findet, zu gleichen Theilen gehen. Wenn also in einer Spielgesellschaft nur ein Gewinner ist, wie sich das oft so findet; und wenn auch dieser Eine intensive so viele wonnevolle Empfindungen hätte, als die unangenehmen Empfindungen aller Verlierenden betrügen, welches nie geschieht: so wäre denn doch nur Einer höchst glücklich, und viele Andre bis auf einen nicht geringen Grad mißvergnügt oder selbst ganz unglücklich. Dieß störte das Gleichgewicht der Natur so sehr als möglich, indem diese will, daß, so weit als das Uebel ein Ingredienz der Welt ist, es möglichst gleich vertheilt werde, und daß, wenn einige leiden, doch wenigstens Mehrere wieder gewinnen, und daß nicht bey einem Menschen überströmende Wonne und bey einem Andern Mißvergnügen und Kummer sich finde. Also weder intensive noch extensive wird unter Spielern auf einer Seite so viel gewonnen, als auf der andern verloren wird. Und wäre selbst das auch anzunehmen: so wäre es den Gesetzen der Gerechtigkeit doch im hohen Grade zuwider, welche die Natur in Austheilung menschlicher Glückseligkeiten will beobachtet haben.

Wollte

Wollte man nun am Ende sagen, das Geld, welches so die Spieler überhaupt einbüßten, bliebe in der menschlichen Gesellschaft, und käme so selbst leicht an bessere Menschen: so wäre dieß zuzugeben; aber so flösse hieraus doch dieß, daß diese Hasardspiele ihre Liebhaber wenigstens unglücklich machten, und daß nach dem Maaß, als die Zahl der Spielenden sich mehrte, Unglück und Verderben über diese Menschen käme. Und die andern Menschen, die guter Art sind, werden sich nicht Geldzuflüsse wünschen, wodurch diejenigen, woher sie kommen, unglücklich und lasterhaft werden.

Ehe wir die Untersuchung dieser Sache endigen, müssen wir aber noch einen Blick auf die Lage der Spieler von Profeßion wieder werfen. Es ist schon bemerkt, wie wenig sie auch, wenn sie immer gewinnen und sich so Reichthum sammeln, je glücklich seyn können, so lange sie noch Menschen bleiben, und nicht alle Gefühle der Menschenliebe und der Billigkeit verlieren. Allein wir haben noch eins zu erwägen, welches so Manche veranlaßt, bey solchen Hasardspielen Bank zu halten, und welches so Viele nach und nach dahin bringt, Spieler von Profeßion zu werden. Es ist nämlich bekannt,

bekannt, daß derjenige, welcher die Karten auf-
legt, im Ganzen Gewinnst auf seiner Seite
hat. Dieser Umstand, welcher allgemein bekannt ist, müßte alle Zusetzer nothwendig bewegen, nicht ein Spiel zu wagen, worin mehrere Wahrscheinlichkeit wider sie als für sie ist,
und ist ein neuer Beweis, wie thöricht diejenigen handeln, die durch einen solchen Weg zu
Reichthümern zu gelangen suchen. Allein auch
auf der andern Seite sollte jene vortheilhafte-
re Lage, worin der Bankhalter ist, keinen bewegen, sich damit abzugeben, und ein Spieler
von Profeßion zu werden. Die Wahrscheinlichkeitsregeln, welche aufs Spiel anzuwenden
sind, erfordern oft, wenn sie richtig aus Erfah-
rungsfällen sollen abgezogen und gefaßt werden, eine größere Menge von Fällen, als ein
Mensch erleben und zusammenbringen kann.
Auch leiden die Erscheinungen eines bestimmten Gewinnstes oder Verlustes eine so mannichfaltige Versetzung, daß es schlechterdings
sich nicht berechnen läßt, in welchen Perioden
der Zeit gewisse Fälle gewiß erfolgen werden.
Auch lehrt es die Erfahrung, daß von Zeit zu
Zeit wider die Erwartung erfahrner Spieler
alles anders läuft, als man nach Wahrschein-

lichkeitsregeln vermuthen konnte. So kommt auch oft plötzlich ein großer Verlust, der jeden ruinirt, welcher nicht sehr große Schätze hat. Und so große Schätze, die nicht durch wiederholtes so genanntes Sprengen der Bank zernichtet würden, hat ein Spieler doch auch nicht leicht; und hätte er sie: welch eine ungereimte Sache wäre es dann, Spieler seyn zu wollen! Auch sind solche Spieler nicht immer klug und vorsichtig in ihrem Wagen und in der Einrichtung ihres Spiels. Allgemein findet man bey ihnen heftige Leidenschaften und rasche Schritte, wodurch sie ihrem Untergange über kurz oder lang entgegen laufen. Man frage die Erfahrung, so wird man finden, daß unter hundert solcher handwerksmäßiger Spieler kaum zween bis drey bis an ihres Lebens Ende ihr Auskommen haben. Die Uebrigen bringen früh oder spät den übrigen Lebenstheil in Rauben und Stehlen, in Mangel und Elend zu. Bloß gewisse kaltblütige und im Bösen, wenn ich mich so ausdrücken darf, stark gewordene Seelen kommen bisweilen mit ihrem Spielen so durch die Welt. Diese brauchen mit kalter Ueberlegung alle Künste und Behutsamkeit, um diejenigen, welche mit ihnen spielen,

len, um das Ihrige zu bringen. Und im übrigen sind diese Spieler verhärtete Bösewichter und Ungeheuer, oder sie tragen auch die Hölle in ihrem Busen lebenslang mit sich herum.

Wenn wir alles dieses, meine theuersten Freunde, überlegen: wie sollten wir nicht mit Abscheu gegen diese Spiele, die so Manchen weniger oder mehr elend machen, und die so Manchen ins äußerste Verderben stürzen, erfüllt werden, und alle unsre Kräfte daran wenden, diesen Abscheu auch in die Seelen Andrer und vorzüglich derer hinein zu bringen, welche mit Unschuld und Tugend oft in die Welt des Betrugs und des Verderbens hineintreten, und vom Tage, da sie Theil an diesen Spielen zu nehmen angefangen haben, die Zeit der Lasterhaftigkeit und der nagendsten Bekümmernisse zählen müssen! Wie sollten wir nicht trauren, daß die Großen der Erde, die es sehen, daß Fluch und Verderben diesen Hasardspielen auf dem Fuß nachfolgt, und die selbige fast allenthalben strenge verbieten lassen, sich es doch vorbehalten, diese Spiele des Verderbens zu spielen, und denen, die zu ihren Spielen kommen, Zutritt dazu verschaffen! Wir wissen es, was die Beyspiele

der

der Großen bey bem großen Haufen wirken. Dieser dünkt sich, wenn er mit den Vornehmen gleiche Vergnügungen und Zeitvertreibe sucht, groß und glänzend, wie sie, zu seyn. Und jene Beyspiele veranlassen mehrere heimliche Spiele dieser Art, als das öffentliche Verboth und die strengste Wachsamkeit über Haltung des Verboths verhindern kann. Und was sind doch die Edlen und Großen dieser Erde, wenn sie nicht große Muster in Tugenden sind, und wenn sie sich Vergehungen erlauben, die sie Andern verbieten! Wie kann so das Band des Vertrauens und der Liebe zwischen ihnen und denen, die ihrer Sorge und Pflege anvertraut sind, fest geknüpft werden, wenn es aus öffentlichen Handlungen erhellt, daß sie nicht vom Geist der Religion, der Tugend und einer allgemeinen Wohlthätigkeit beseelt sind!

Und wie sollten wir nicht zugleich, meine Freunde, trauren, daß selbst in den Ländern, worin diese Hasardspiele verboten sind, dennoch Messen und Umschläge das elende Vorrecht haben sollen, selbige zuzulassen, und unter einer Menge von Menschen eine desto heftigere Spielsucht zu erwecken, da die Erlaubniß nur auf eine kurze Zeit eingeschränkt ist! Sollten Sie

Sie es nicht bemerkt haben, daß die Umschlags=
spiele die ersten Glieder einer langen Kette von
Unordnungen, Ausschweifungen und einer ver=
derblichen Spielsucht nur bey zu Vielen nur
zu oft schmieden? Sollten Sie es nicht be=
merkt haben, daß die Spielsucht zu der Zeit
bey Vielen zuerst rege wird, welche bis dahin
von dieser Pest der menschlichen Glückseligkeit
noch nicht angesteckt waren? Und wer kann
es nicht bemerkt haben, daß bey Andern, wel=
che schon der Neigung zum Spiel ergeben sind,
diese Neigung, welche gegen das Ende des
Jahrs etwas schwächer geworden war, dann
wieder lebendiger und stärker wird? Und wie
Mancher muß Ihnen bekannt seyn und bekannt
werden, der, ehe er zum Spielen sich verfüh=
ren läßt, in seinen Geldangelegenheiten ordent=
lich ist, und sich vor Schulden hütet, der, so
bald er zu spielen anfängt, Schulden macht,
sich nun bemüht, sich gegen die Sorge und Un=
ruhe, welche jede edle Seele als eine der pein=
lichsten Uebel dieses Lebens ansieht, zu verhär=
ten, und der sich so zu tausend betrügrischen
Kunstgriffen und selbst Niederträchtigkeiten
herabläßt, um nur den Verfolgungen der Gläu=
biger zu entgehen, oder selbige so um das Ih=
rige

rige zu bringen! Und wenn wir die ganze Kette moralischer und physischer Uebel ansehen,
die so über diese Unglücklichen und über alle
diejenigen, die mit Selbigen in Verbindung
stehen und stehen werden, kommen müssen: wie
wenige Menschenliebe müßten wir haben, wenn
wir nicht sehnsuchtsvoll wünschten, daß kein
Ort, kein öffentliches Haus, und keine den
Lustbarkeiten und den Zusammenkünften vieler
Menschen geweihte Zeit ferner die unselige
Freyheit behalten möchte, die den Vergnügungen und den Lustbarkeiten zueilenden Menschen
in Unglück und Laster zu stürzen! Und wenn
Menschenliebe uns bewegen muß, dieses sehnsuchtsvoll zu wünschen: wie sollten wir denn
nicht zugleich wünschen, daß allen herumzie-
henden Spielern, die, wenn auch selbst dergleichen Spiele verboten sind, heimliche Gelegenheiten dazu zu machen wissen, noch sorgfältiger der Eingang in Land oder Stadt versperrt
werden möchte, als man ihn bettelnden Müs-
siggängern, Räubern und Spitzbuben zu versperren sucht? O fienge man an, solche Spieler, die nach öffentlichen Warnungen wider sie,
sich noch in ihrem schändlichen Gewerbe betreffen ließen, ihre Verbrechen im Gefängnisse
büßen

Von den Spielen des Zufalls.

büßen zu laſſen, oder auf eine ſchmählige Art aus dem Lande zu führen: wie bald würde man denn Länder und Städte von dieſen Verderbern der Menſchheit reinigen können! Aber wie wenig müßten diejenigen, welche durch Geburt, Amt und Macht vor aller Menſchen Augen hoch hingeſtellt ſind, um durch Handlungen und Beyſpiele ihre Brüder zur Glückſeligkeit hinzulenken, ſich dann auch je ſo weit erniedrigen, daß ſie an einem ſolchen Werke des Verderbens ſelbſt Theil nähmen, und ſo das Brandmaal der Schande wieder auslöſchten, welches durch jene heilſame Veranſtaltungen dieſen Haſardſpielen gegeben würde!

Und die Lotterieſpiele, wie werden wir dieſe nun noch anſehen müſſen? Wir können dieſe in zwo Hauptgattungen eintheilen, zu deren einer alle Klaſſenlotterien gehören, und wovon die zweyte das Genueſiſche Lotto ausmacht.

Alle Arten der Klaſſenlotterien kommen in Anſehung der Moralität am meiſten mit allen den Haſardſpielen überein, da jeder Theilnehmer etwas zuſetzt, um eine aus allen Zuſätzen entſpringende Summe zu gewinnen. Wir haben, meine Herren, es ſchon geſehen, daß bey dieſen Spielen natürlich, ſo weit, als die Seele

Eindrücke

Eindrücke von außen her annimmt, eine solche Stimmung derselben veranlaßt werden muß, die großmüthigen Bewegungen zur Mittheilung menschlicher Glückseligkeiten nicht zuträglich ist. Denn man will gerne viel haben und wenig geben. Handeln wir so mit Rücksicht auf unsrer aller Mutter, auf die Erde: so ist das so, wie es seyn soll. Diese erhält und besitzt ihre Schätze in der Absicht, daß wir für weniges, das wir ihr vermittelst unsrer Thätigkeit geben, vieles wieder erhalten sollen. Und wenn wir für das Viele wenig geben sollen: so sieht's die Vorsehung, daß die Geschäftigkeit, wodurch wir zu den Gaben der Natur gelangen, und daß der geringe Preis also, wofür wir selbige einkaufen, selbst zu unsrer Glückseligkeit erforderlich ist. Ist aber von unsern Mitbrüdern die Rede, die mit uns gleiches Verlangen nach Glückseligkeit haben, und die überhaupt nach den Gesetzen der Billigkeit eben so viele Vortheile von ihren Mitmenschen erwarten, als sie selbigen zuwenden, oder die, wenn sie auch großmüthiger Weise nicht so viele Vortheile wieder erwarten, als sie selbigen zu verschaffen suchen, doch dieß ganz willführlich thun, und sich selbige nicht gewaltthätig

tig

tig oder listig rauben lassen wollen: so ist es höchst schädlich, sich die Neigung zu erlauben, wenig zu geben und viel zu nehmen. Dadurch wird alles eifersüchtig, neidisch, feindselig und folglich unglücklich, da hingegen die Neigung, vieles zu geben, und, wo möglich, wenig zu nehmen, gegenseitiges Zutrauen, gegenseitige Liebe, gegenseitige Freude über einander, ein allgemeines Gefühl des Adels und der Würde, welche mit Wohlthätigkeit verknüpft sind, und also die beste Glückseligkeit denkender Geschöpfe zur Folge hat. Eine solche wohlthätige Neigungslage befördern solche Spiele, da man wenig zusetzt, um vieles einzunehmen, und dieses Viele von unsern Nebenmenschen zu erhalten, freylich nicht. Und wenn die Lotteriespiele bloß gesellschaftliche Spiele wären: so würden sie auch nicht günstiger beurtheilt werden können. Allein unter den Lotteriespielen sind diejenigen, welche in Gesellschaften gespielt werden, in Ansehung der dadurch veranlaßten Wirkungen bey weitem nicht von so großer Wichtigkeit, als die großen Lotterien, die man zu gewissen Zeiten zieht, und wozu sich nicht die Zusetzer versammeln, sondern nur ihre Zusätze hergeben. Derjenige, welcher die

Plane dieser Lotterien entwirft, unterscheidet sich von andern Spielen, da gemeinschaftlich Alle zusetzen, dadurch, daß er bloß für die Ausführung des Plans sorgt, aus der ganzen Masse des durch Zusätze zusammen gebrachten Geldes sich einen Theil vorbehält, und das Uebrige in verschiedene Gewinnstsummen vertheilt, von welchen jeder Zusetzer unter Begünstigung des Schicksals einen Gewinn erhalten kann. Weil hier nicht alles schnell vor sich geht, weil man nicht oft und nicht leicht eine große Summe zusetzt, weil der Zusetzer sehr viele sind, und der Gewinner schlechterdings nicht die Verlierer sieht, und weil endlich die Menge der Zusetzenden es leicht geschehen läßt, daß derjenige, welcher die Lotterie dirigirt und die ganze Ausführung veranstaltet, von der großen Summe des Zusatzes einen beträchtlichen Vortheil sich selbst zueignet: so wird man sogleich vermuthen müssen, daß das Lotteriespiel sich noch durch viele besondre Umstände von andern Spielen, da jeder zusetzt, und den Zufall es dann entscheiden läßt, wer die Gewinnstsummen erhalten solle, unterscheiden müsse.

Es

Von den Spielen des Zufalls.

Es geht bey diesen Spielen nicht alles sehr schnell vor sich. Oft geht mit der Ziehung der verschiedenen Klassen einer Lotterie ein ganzes Jahr hin. Es fehlt hier also der sonst bey den Spielen sich findende oft wiederkehrende Reiz, die Seele mit Ideen des Gewinnstes und des Verlustes angefüllt zu haben; und es entstehen also auch nicht leicht die leidenschaftlichen Bewegungen, die ein Erfolg jenes Reizes und der so erweckten Ideen sind. Die Gefahr, viel zu verlieren, ist auch nicht sehr groß, weil die Ziehung einer Lotterie viele Zeit wegnimmt, und die Zusätze nicht leicht sehr hoch sind. Zwar fehlt es auch nicht an Beyspielen, daß auch durch Klassenlotterien sich Leute zu Grunde gerichtet haben, durch eine Menge von Loosen; allein das gehört doch im Ganzen zu den seltenen Fällen, und man kann in diesen Fällen sicher annehmen, daß sich ungemein starke Spielneigung bey solchen Leuten finde, die so viel in Klassenlotterien wagen. Der Umstand, daß der Zusetzer so viele sind, ist in Ansehung der moralischen Wirkungen dieser Spiele eine Sache von vieler Wichtigkeit, so wie es in eben der Hinsicht von großer Wichtigkeit ist, daß keinem Spieler die Mitspieler vor Augen sind.

sind. Indem ich bey der Menge der Zusetzer und bey dem mäßigen Zusatz eines Jeden mir es vorstelle, daß, wenn ich ein ansehnliches Loos erhalte, doch niemand dabey viel einbüße: so finde ich, daß die Menschenliebe dabey wenig leidet, und ich gewöhne mich also nicht so sehr dazu, gegen die Leiden und die Uebel Andrer gleichgültig zu seyn, wenn ich dabey gewinne, oder wohl gar eine Fertigkeit in Schadenfreude zu erlangen, welche so leicht erfolgt, wenn ich Verlust und Schaden Andrer wie eine Quelle meines Gewinnstes mir vorstelle. Es erfolgt also so weit, als ich meinen Gewinnst mit dem Verlust Andrer zusammendenke, nur eine schwache Fertigkeit, ungerührt den Schaden eines Andern meinem Gewinnst zur Seite zu sehen, indem ich den Verlust des Andern als sehr erträglich gegen meinen nicht unbeträchtlichen Gewinnst ansehe. Dazu kommt noch dieß, daß ich bey den Lotterien gar nicht eine anschauliche Vorstellung der Verlierenden und des jeden treffenden Verlustes erhalte. Sie kommen theils gar nicht vor meinen Blick, theils übersieht und faßt mein Blick nicht die Menge, zerstreut sich also, und hat keine Wirkung in Absicht auf gewisse zu erweckende Nei-

gungen

gungen und Empfindungen. Ich scheine mir also bey diesen Lotterien gleichsam aus dem Schooß der Vorsehung einen Gewinnst zu schöpfen; und indem ich mir nun kein Leiden und keinen Verlust Andrer denke: so nimmt auch meine Seele nicht eine Fertigkeit an, über meinen Gewinnst vergnügt zu seyn, unterdessen da ich Andre über ihren Verlust mißvergnügt sehe. Beträfe es in einem solchen Fall eine Sache von Wichtigkeit, und würden bey der Erhöhung meines Glückszustandes Andre merklich unglücklich: so würde der an Glückseligkeit Gewinnende, indem Andre sehr viel litten, und er dieß nicht sähe und dächte, zwar noch Unschuld und natürliche Güte behalten, und durch Gewöhnung zur gelassenen Ertragung des Leidens Andrer also nicht eben einen Hang zur Grausamkeit bekommen, wie das bey gütig gesinnten Regenten oft der Fall ist, deren Unterthanen oft im äußersten Druck leben; allein in einem solchen Fall müßte man doch solchen Menschen die Augen über Andrer Elend öfnen, um sie dadurch zu bewegen, aus einer Quelle der Vortheile nicht zu schöpfen, die nur durch Schweiß und Blut und Leiden Andrer Nahrung bekommt. So ist es mit den

Q 3 Lotterien

Lotterien nicht beschaffen. Es geschieht dadurch kein Uebel bey Andern, worauf ich den Blick der Seele zu richten Ursache habe, um mich vom Zusetzen dadurch abzuschrecken. Und daher ist es gar nicht nöthig, daß ich bey meinem Gewinnst mir das Mißvergnügen irgend eines Verlierenden denke. Die Unschuld und natürliche Güte des Herzens bleibt so ganz unverletzt, indem man denkt, man bekomme den Gewinn aus der Hand der Vorsehung.

Man läßt bey der Menge der Zusetzer und bey der beträchtlichen Summe Geldes, die so zusammen kommt, es leicht geschehen, daß diejenigen, welche die Lotterie und alle dahin gehörige Einrichtungen dirigiren, sich einen beträchtlichen Vortheil zuwenden. Denkt man auch einmal, indem man den Plan durchsieht, und darüber nachdenkt, wie fern alles mit Billigkeit und nach gehörigen Verhältnissen eingerichtet ist, denkt man dann einmal, der Lotteriedirector habe sich zu viele Procente oder sonstige Vortheile vorbehalten: so läßt man sich dadurch doch selten abhalten, ein Loos zu nehmen, wenn man die Lotterie sonst nach seinem Wunsch eingerichtet findet. Dieser Umstand muß üble Wirkungen veranlassen, wenn

es

es jedem frey stehet, eine Lotterie zu veranstalten. Weil der Lotteriedirector sich willkührlich und sicher die Vortheile bestimmen kann, welche er haben will: so muß dieß nothwendig bey allen Geldgierigen und Dürftigen den Wunsch erregen, daß sie eine solche Lotterie zu Stande bringen mögen. Und nun werden der Lotterien so viel kommen, daß die Vielheit der verschiedenen Lotterien eben eine solche Spielsucht erwecken müssen, als sonst durch die öftere Erneuerung eines und desselben Spiels nach und nach erweckt wird. Auch würden so die Menschen durch die vielen Gelegenheiten, ihr Glück in der Lotterie zu versuchen, viel zu häufig in die Lotterie einsetzen, und die sämmtlichen Theilnehmer würden, einige Gewinnende ausgenommen, dabey zu viel Geld einbüßen, weil derjenige, welcher die Lotterie veranstaltet, immer gewisse Vortheile für sich haben, sie nicht in geringem Maaß nehmen, und oft auf tausendfache Art seine Plane reizend einrichten würde. Dazu kann noch leicht der Fall kommen, wie er ja wirklich sogar oft itzt, da die Lotterien eine Sache der Staaten geworden, und Privatpersonen entzogen sind, Statt gefunden hat, daß nämlich der Lotteriedirector,

alles Geld einnimmt, die Ziehung gar nicht zu Stande kommen läßt, und das Geld für sich gebraucht. Weil jeder in einem solchen Fall nicht sehr viel einbüßt: so ist es natürlich, daß man einen Menschen, der vielleicht in Schulden steckt, mit seiner Beute davon gehen läßt, ohne ihn gerichtlich oder gewaltthätig zu verfolgen. Keiner will dann als Einsetzer wegen eines kleinen Zusatzes mit einer solchen gerichtlichen Verfolgung Aufsehen machen. Mancher wird auch durch das wirkliche oder scheinbare Elend, worin ein solcher wortlos handelnder Lotteriedirector ist, oder worin er sich hinein= setzt, zum Mitleiden bewogen, und bringt aus dieser Ursache auf keine Bestrafung. Alles dieß muß eine Menge von Lotterien, vielen allgemeinen Verlust und selbst viele Betrüge= reyen unter den Menschen veranlassen. Auch haben alle diese Umstände es gewiß bewirkt, daß man alle Lotterien zu Staatsvorrechten ge= macht hat. Und so hat man damit auf einmal dem großen Uebel, das so entstehen mußte, ge= wehret. Freylich muß nun der Staat nicht viele Lotterien veranstalten, und dem Lande zu viel Geld entziehen. Die Ueberlegung und Entscheidung, wie weit das, was darin ge=
schieht,

schieht, zuträglich ist, gebühret aber doch auch demselben, und keinesweges einzelnen Privatpersonen. Augenscheinlich giebt der Staat das, was er so nimmt, auch dem Lande wieder, indem die Regenten oder die Repräsentanten des Staats, so weit als selbige wirklich väterlich für ein ihrer Leitung und Regierung anvertrautes Volk sorgen, das durch Lotterie gehobene Geld nicht für sich nehmen, sondern es zu des Landes Besten anwenden. Wenn Privatpersonen aber solche Geldcanäle öfnen: so öfnen sie selbige sich, und die zusetzenden Theilnehmer der Lotterie, die Gewinner ausgenommen, erhalten von der sichern Hauptsumme, die der Direction zufällt, nichts. Dieses sicher zu erübrigende Geld wird bey den Staatslotterien sogar den Verlierenden mit zum Besten verwandt. Und geschieht dieß: so würde selbst, wenn dadurch zu viel Geld dem Volke entzogen würde, dann wenigstens noch dieß zur Entschuldigung der Vielheit der Lotterien gesagt werden können, daß doch das Volk davon immer wieder Nutzen hätte. Brauchen die Regenten oder höchsten obrigkeitlichen Personen aber darin eine weise Mäßigung: so werden die Wirkungen einer Lotterie leicht ganz

und

und gar gut. Wer so einsetzt, sieht zwar auch mit auf den Gewinnst, kann auch, wenn er sonst sehr eigennützig ist, bloß auf den zu hoffenden Gewinnst sehen; allein eine solche Seelenrichtung und dazu stimmende Neigung fließt dann doch keinesweges aus der Einrichtung der Lotterie wesentlich heraus. Er wird vielmehr durch die Natur der Sache auf die Idee geleitet, daß er mit seinem Zusatz dem Staat sicher einen Beytrag zu dessen Besten gebe, und indem Selbstinteresse erregt wird, welches nur ungewisse Hofnungen zum Gegenstande hat: so wird damit die patriotische Gesinnung und Neigung, dem Staat einen sichern Vortheil zuzuwenden, vortheilhaft verbunden. Weiß man endlich selbst, wozu der Staat das Geld anwenden will, und kann sich das Gute, was so bewirkt wird, vorstellen: so werden auch die Zusetzer veranlaßt, von Zeit zu Zeit an das Gute zu denken, und sich darüber zu freuen. Durch diese Seelenlagen werden ganz natürlich andre zu jenen Ideen und Gemüthsbewegungen stimmende Vorstellungen und Neigungen erregt, und der Mensch im Guten überhaupt gestärkt und weiter gebracht.

Haben

Haben diejenigen, welche in eine solche Klassenlotterie setzen, und dazu nicht mehr bestimmen, als was sie wohl entbehren können, an sich nicht viele Spielsucht, viele Eigennützigkeit und heftige Neigungen: so wird auch die Seele nicht leicht voll von den Ideen des Gewinnstes und vom heftigen unruhigen Verlangen nach Gewinnst. Die Betrachtung des gemeinen Bestens, welches durch die Lotterie bewirkt wird, und die darauf abzielende gute Regung des Herzens wirkt jeder solcher eigennützigen Gesinnung und aller unedler Leidenschaft entgegen. Nimmt nun ein Herz allerhand gute Empfindungen, wenn Anlässe dazu entstehen, willig an: so kann sich ein solcher Theilnehmer an einer dem Staat zum Besten eingerichteten Lotterie auch mancherley angenehme Empfindungen versprechen, die aus seiner Theilnehmung gewiß entstehen. Denkt er an das, was der Staat mit dem Gelde machen will: so freut er sich herzlich dieses Guten, und gewinnt mehrere Disposition, sich alles Guten zu freuen. Fällt ihm dabey seine Theilnehmung ein: so macht ihm die Vorstellung Freude, daß er doch sein Scherflein mit dazu hergebe. Bey diesem Gedanken kann er die

Vor-

Vorstellung, daß er vielleicht keinen Gewinnst bekommen werde, leicht ertragen, und wird sein Herz nun gar nicht daran hängen, und so wird er auch kühl genug bleiben, um es nicht wahrscheinlich zu finden, daß er vielmehr ein Gewinnstloos als eine Niete bekommen werde. Indem er so urtheilt, so bauet er nicht irgend eine Unternehmung und Handlung auf die Hofnung, daß er gewinnen werde, welches so leicht geschieht, wenn die Seele bey Gewinnstspielen in Leidenschaft geräth. Bey dieser gelassenen Lage seiner Vorstellungen und Empfindungen wird er doch auch zuweilen bey recht guter Muße nach geendigter schwerer Arbeit den Fall als möglich denken, daß er einen ansehnlichen Gewinnst erhalten könne, und wenn er sich den denkt: so wird er Entwürfe über die beste Anwendung eines solchen Gewinnstes machen. So weit als seine Ideen durch die bemerkten aus der Natur der Sache bey diesen Klassenlotterien entspringenden Umstände geleitet werden, ist er nun in einer Lage, worin er gute und edle Entwürfe jener Art zu machen geneigt seyn muß. Solche Momente der Speculation, solche unschuldige Spatziergänge der Seele in eine vielleicht sich einstellende Zukunft,

kunft, machen einem solchen Menschen in mancher Minute der Muße oder der Ausruhung ein Vergnügen, das allein schon weit mehr für die Glückseligkeit desselben werth ist, als der Zusatz des Geldes, welchen ein Loos erfordert. Wenn in solchen Umständen aber die Seele solche aufheiternde Spaziergänge thut: so bleibt sie dabey doch von unruhiger Sehnsucht und von der thörichten Ueberredung, es müsse gewiß ein großer Gewinnst erfolgen, und man könne in der Hinsicht schon itzt mehr Geld brauchen, nach der vorher aus der Natur der Sache hergeleiteten Denkungsart weit entfernt. Wird eine Klassenlotterie weise eingerichtet; sind Regenten der Länder das, was sie ihrer wesentlichen Bestimmung nach seyn müssen, nämlich weise und liebreiche Väter und Verpfleger einer großen Staatsfamilie; sorgt man dafür, daß die durch solche Lotterien eingehobenen Gelder auf eine dem Volk bekannte Art zum Besten des Landes verwandt werden; verhüten es die Väter einer Staatsfamilie, daß keiner viele Loose nehme, und sich dadurch in die Gefahr eines großen Verlustes und also auch leicht in heftige durch Vorstellungen von Gewinnst und Verlust veranlaßte Gemüthsbe=

wegun=

wegungen setze: so sind die Klassenlotterien nicht nur nicht schädlich, sondern selbst allen Theilnehmern in aller Hinsicht zuträglich. Und diese Vollkommenheiten, welche nach den hier angegebenen Ideen die Klassenlotterien haben sollten, sind nicht von der chimärischen Art, welche man nur in einer Ideenwelt finden kann, sondern man kann alle diese Vollkommenheiten ganz frey und willkührlich in unsrer wirklichen Welt gedachten Lotterien geben, ohne daß man desfalls mit wichtigen aus verwickelten und unbekannten Ursachen entstehenden Folgen und Hindernissen zu kämpfen hat.

Die Zahlenlotterie, welche aus Genua nach andern Orten Italiens, und so nach Deutschland, Dännemark und Schweden gekommen ist, macht die zweyte Hauptklasse von Lotterien aus. Man hat von diesem Genuesischen Lotto gesagt, daß man es im Occident und Norden für eine solche Strafruthe der Vorsehung ansehen könnte, als der Orient an der Pest hat. Wie weit ist dieß der Einfall eines witzigen Kopfes oder das Urtheil eines Mannes, der über die Natur dieses Lotto und über die wirklichen Folgen desselben nachgedacht hat? Wäre auch der Gedanke nicht das Resultat sorgfältiger

tiger Ueberlegungen und richtiger Beobachtungen: so würde man doch schon denken müssen, daß dieses Lotto wenigstens eine sehr böse Seite hätte, die bemerkt wäre, und zu einem solchen Urtheil Anlaß gegeben hätte. Wir wissen es nun schon Alle, daß dieses Lotto unter den Zahlen von eins bis zu neunzig, als auf welche neunzig Zahlen es sich einschränkt, nur fünf gewinnende Zahlen hat, daß jeder auf gewisse willkührlich aus neunzig zu wählende Nummern eine gewisse Summe setzen kann, die verloren geht, wenn keine dieser Nummern aus dem Glücksrade herausgeht, und die in einer gewissen Vervielfältigung von dem Lotto auf die unter den gewählten Nummern herauskommende Nummern zurückbezahlt wird. Ferner ist es bekannt genug, daß, wenn unter den gewählten Nummern hernach zwey und mehrere gezogen werden, dann auf eine Ambe, Terne oder Quaterne die Einsatzsumme in einer ziemlich großen Vervielfältigung, als Gewinnst, fällt, und Ideen eines gar großen Gewinnstes erweckt.

Die Einrichtung des Spiels ist höchst simpel in Ansehung der Ziehung, und so begreiflich, daß auch ein sehr dummer Mensch es

leicht

leicht faßt, wie es damit beschaffen ist. Zugleich öfnet es ein ungeheur weites Feld zu Speculationen, und führt diejenigen, welche Wahrscheinlichkeitsrechnungen lieben, in eine Bahn, die sie nicht absehen können, und doch glauben absehen zu können. Es wird mit der größten Kunst durch dieses Spiel in Menschen von vielerley Denkungsart und Gesinnungen Spielneigung hineingebracht, und diese Neigung geht leicht in eine wirklich rasende Spielwuth über. Die simple Einrichtung des Spiels und die Leichtigkeit, womit ein Spieler auf eine solche Lotterie fällt, macht es wahrscheinlich, daß der Erfinder anfänglich nicht alle damit verknüpfte Umstände und Folgen gesehen, oder seine Erfindung aus der Uebersicht der in einer solchen Spielart gegründeten verschiedenen Wirkungen genommen, und so dieß Spiel angepriesen hat. Wenn dieß letztere der Fall wäre, und der Erfinder darauf gesonnen hätte, eine Spielart zu erfinden, woran die Menschen leicht mit leidenschaftlicher Neigung Theil nähmen, und wobey derjenige, der dieß Spiel dirigirte, leicht große Reichthümer erwerben könnte: so zeugt dieß von sehr tiefer Kenntniß der menschlichen Natur und der

mensch-

menschlichen Schwächen. Aber wahrscheinlich hat derjenige, welcher es erfunden hat, nicht einen in die Natur der Dinge so tief eindringenden Blick und so viele Menschenkenntniß gehabt. Es ist ohne Zweifel ein sehr spielsüchtiger Mensch gewesen, der ein leicht zu Ende gehendes und sich immer wieder erneuerndes Spiel hat haben wollen. Einem solchen fällt es leicht ein, daß man aus einer gewissen bestimmten Menge von Zahlen leicht einige wenige Zahlen herausziehen könnte, und daß man für diejenigen, die vorher diese Zahlen errathen würden, unter der Bedingung, daß sie ein gewisses zusetzten, eine gewisse Prämie festsetzen könnte, und daß wegen der wenigen Wahrscheinlichkeit, mit jenen gewählten Nummern just diejenigen wenigen zu treffen, die hernach unter vielen, die gezogen werden können, wirklich gezogen werden, diese Prämie nicht sehr gering seyn müßte. Und wie sollte der, der diese Prämie oder die Vervielfältigung der Einsatzsumme bestimmen will, nicht darauf bedacht seyn, diese Summe scheinbar groß aber doch so festzusetzen, daß er auf sichern Ueberschuß Rechnung machen könne. Es mag indessen dieses Lotto, so fern dabey alle Umstände und

Folgen in Anschlag gebracht werden, ein Werk des Zufalls oder des Nachdenkens gewesen seyn: so ist es gewiß, daß es durch seine Folgen eine höchst wichtige Sache geworden, und daß das Lotto in seinen Folgen eine Sache vom größten Umfange ist.

Wegen der simpeln Operation, da beym Lotto neunzig Nummern gemacht werden, und man fünf Zahlen aus denselben herausnimmt, kann eine jede Ziehung geschwind geendigt und gar oft erneuert werden. Wir haben es schon bey den vorhergehenden Spielen, angemerkt, daß die öftere Endigung des Spiels und die öftere Erneuerung desselben der Seele immer neuen Reiz giebt, sich mit den Ideen des Spiels zu beschäftigen, und daß dieß diese Beschäftigung bis zur Gewohnheit und Fertigkeit erhebt. Diese Gewohnheit stellt sich desto eher ein, weil, so oft ein Spiel geendigt, und Verlust oder Gewinnst entschieden ist, die Vorstellungen und Empfindungen der Seele durch den erlangten Gewinnst oder durch den erlittenen Verlust vorzüglich lebhaft und stark werden. Auch haben wir es gesehen, wie sowohl in dem einen als dem andern Fall die Seele nicht in eine moralisch gute Lage kömmt, besonders

wenn

Von den Spielen des Zufalls.

wenn man als Gewinner die Verlierenden vor sich sähe, und sich nach und nach gewöhnte, sich über einen Vortheil zu freuen, der eine Folge des Schadens Andrer wäre. Die letztere üble Folge findet bey den Klassenlotterien fast gar nicht Statt, außer wenn man zufälliger Weise es hört, daß dieser oder jener verloren hat. Bey dem Lotto von Genua ist die Sache schon ganz anders beschaffen. Man hat dafür gesorgt, daß die Spielenden bis zu Tausenden zugegen seyn, und die ganze Ziehung ansehen können. Selbige versammeln sich denn auch in großer Menge, und kann man gleich hier nicht den Haufen der Verlierer von dem Haufen der Gewinner unterscheiden: so kann man doch nach vollendeter Ziehung es mehrern Hunderten aus dem Gesicht lesen, ob sie verloren haben, und wenn der Gewinner dieß bemerkt: so hat die angeführte Folge doch hier bis auf einen gewissen Grad Statt, und dieß ist noch mehr der Fall, wenn man sehr oft hört, daß Einer oder der Andre durch starkes Spielen sich um sein Vermögen gebracht hat. Die Wirkung zur Verderbung des Herzens ist jedoch hier nicht so stark, weil der Gewinnende sich wenigstens nie eigentlich die denken kann, die durch ihren Verlust zu seinem Gewinnst etwas beygetragen haben, indem sein Gewinnst aus der ganzen Geldmasse geht, wozu die ihm bekannt werdenden Verlierer nur wenig vielleicht beygetragen haben. Indem ich indessen diese, in Absicht auf die natürliche Stimmung des Herzens zur Güte, so schädliche Wirkung des Spiels in Rücksicht auf die Spieler berührt habe: so kann ich nicht unterlassen, hier den Blick auf den oder diejenigen zu richten, welche die Unternehmer des Lotto sind, und hier das sind, was beym Pharaospiel derjenige ist, der die Bank hat. Bey den Klassenlotterien sind die Unternehmer, als Unternehmer, nicht Spieler, sondern sie vertheilen die ganze Summe der Einnahme für gewisse Procente in verschiedenen Gewinnen unter die Zusetzer. Beym Genuessischen Lotto aber setzen die Lottodirectoren eine große Summe hin, spielen damit gegen alle Zusetzer, und machen die Hauptklasse der Gewinner oder Verlierer aus. Alle Zusetzende spielen auch eben so wider diese Directoren, als die Zusetzer beym Pharaospiel gegen den spielen, der die Bank hat. Gewinnen nun die Lottointeressenten, und sehen selbige einen Haufen

Von den Spielen des Zufalls.

fen gewonnenen Geldes nach Ziehung der Lotterie vor sich: so kann es nicht anders seyn, als daß sie sich den Haufen der Unglücklichen zugleich mit vorstellen, welche Opfer dieses Gewinnstes geworden sind. Sie müssen es durchaus denken, daß die gewonnenen großen Summen, welche sie vor sich liegen sehen, und welche oft zwanzig bis funfzigtausend Reichsthaler betragen, den Spielern durch die in selbigen erregten heftigen Leidenschaften ausgepreßt sind. Und lernen sie es erst, diese Vorstellungen, ohne darüber traurig zu seyn, zu ertragen, oder sich dabey ihres Gewinnstes zu erfreuen: so bilden sie sich nach und nach zu bösen menschenfeindlichen Tyrannen. Gut ist es indessen, daß man diese Spiele nicht leicht Privatpersonen, auch durch Pachtung, in die Hände kommen läßt, daß die Lottodirectoren also selbst nicht Eigenthümer des Gewinnstes sind, und also durch eignen Gewinnst nicht gehindert werden, Mitleiden mit den armen Leuten zu haben, die sich so zum Spiel herzulocken lassen; und abermal gut ist es, daß die Fürsten, auf deren Rechnung diese Lotterien gezogen werden, selbst nicht die Wirkungen dieses Spiels immer mit vor Augen haben,

und

und daß alfo felbige nicht durch Angewöhnung zum Anblick des eignen Gewinnstes in Verbindung mit der Vorstellung alles des Elends, das dadurch über den größten Haufen der Spieler kommt, um den Theil der Seelengüte gebracht werden, der ihnen sonst zu Theil geworden ist. Aus diesem Umstande fließt aber nicht, daß ein Fürst von väterlichen Gesinnungen gegen sein Volk nicht einmal den ganzen Vorgang ansehen sollte. Wie sehr wäre es vielmehr zu wünschen, daß er in einer Stunde, da seine Seele voll von Verlangen wäre, Menschen glücklich zu machen, diese Scene der Politik und des menschlichen Lebens, so wie sie in der Natur da ist, oder treu nach der Natur gemalt, ansähe, um eine richtige Vorstellung davon zu erhalten, und eine dieser Kenntniß und seinen huldreichen Gesinnungen angemessene Entschließung in Absicht auf einen solchen Zufluß von Einkünften zu fassen. So lange man indessen diese Spiele Statt finden läßt, ist es für Alle, die Theil daran nehmen können, höchst nützlich, den Werth dieses Spiels möglichst genau kennen zu lernen. Es steht doch bey uns, ob wir dieser Geldquelle mit Nahrung und Zufluß geben wollen. Finden wir nach

sorg=

sorgfältiger Prüfung dieses Lotto, daß es höchst wahrscheinlich für jeden Spieler leicht eine Grube des Verderbens wird; so werden wir doch wenigstens dadurch bewogen werden, uns nicht in selbige hineinzustürzen, wie viele Sirenen sich auch umhergelagert haben, um uns durch ihren zauberischen Gesang dahinan zu locken. Auch dürfen wir immer dann hoffen, daß wir noch Manchen, der zu seinem Unglück dahin eilt, wieder zurück führen können. Und so wollen wir wieder zur Betrachtung dieser großen Spiels zurück gehen.

Spieler kommen gerne, weil sie hier nach Belieben kleines oder großes Spiel machen können, und bey den so oft wiederholten Ziehungen wird ihre Spielsucht theils befriedigt, theils bis zur Wuth und zur blindesten Leidenschaft genährt. Wer noch nicht Spieler ist, versucht es leicht einmal, und wird nach und nach mit den oft in ihm erweckten Ideen des Spiels, des Gewinnstes und des Verlustes vertraut bekannt, wird durch Gewinnst gereizt, mehr gewinnen, und wird durch Verlust gereizt, das Verlorne wieder gewinnen zu wollen. Andre Spiele sind in Häusern und verschlossenen Oertern, oder finden in gewissen

Gesellschaften Statt. Das Geschäfte des Spiels fällt also nicht allen Menschen in die Augen, und Alle, welche sonst Geschäfte und Neigung haben, Berufsgeschäfte abzuwarten, oder zu suchen, denken an dergleichen Spiele nicht, weil sie nichts davon sehen. Diese werden also auch nicht versucht, an diesen Spielen mit Theil zu nehmen. Beym Lottospiel veranstaltet man die Ziehung auf einem in freyer Luft dazu erbauten Gerüst, und veranlaßt dadurch einen Zusammenfluß von Menschen, und durch das so entstehende viele Gerede veranlaßt man einen ganzen Ort und eine ganze Gegend, dieses große Spiel mit anzusehen. Und wie reizend wird Allen, die kommen und sehen, nun das ganze Spiel gemacht. Die ganze Bühne steht geschmückt da. Ein Glücksrad, so hübsch und prächtig gemacht, als wenn's eine Feye dahingestellt hätte, erscheint vor Aller Augen. Pauken und Trompeten fordern das Herz zur Lustigkeit und zum Muth auf, hier sein Glück zu versuchen. Jede Nummer wird nach vielen von Musik begleiteten Drehungen des Rades durch einen prächtig geschmückten Knaben herausgeholt, den Anwesenden vorgezeigt, und endlich dem Volke hingeworfen.

Selbst

Selbst diese Nummern sind reizend auf Pergament gemalt, und in einer Capsel eingeschlossen. Die Menge der Menschen, welche sich da versammelt, vermehrt die lebhafte Theilnehmung bis zu einem hohen Grade. Denn jedes Vergnügen wird überhaupt zwiefach genossen, alles, was interessant ist, gewinnt unglaublich in Ansehung der Wirkung, die es auf unser Herz hat, wenn viele Menschen daran Theil nehmen. Ferner ist in Ansehung der Ziehung alles so veranstaltet, daß jeder Zuschauer alles ansehen kann, um sich zu überzeugen, daß keine Betrügerey dabey vorgehen könne. Diese Ueberzeugung erlangt noch desto mehrere Festigkeit, da Personen, die uns durch Amt, Stand und Geburt eine Empfindung der Ehrfurcht veranlassen, theils die Ziehung mit verrichten, theils über dieselbe die Aufsicht haben. Außerdem hat das Ansehn dieser Personen die Wirkung, daß dem ganzen Spiel dadurch ein gewisser Glanz mitgetheilt wird. Und wir wissen es, wie viele Ehre die Eitelkeit kleiner Seelen in der Vorstellung findet, daß hohe und angesehene Personen mit ihnen zugleich in einer Sache beschäftigt sind und daran Theil nehmen. Bey den gewöhn-

lichen Hasardspielen, bey welchen ein Spieler
von Profeßion die Bank hält, pflegt, so lange
einer noch nicht ein Spieler geworden ist, die
nachtheilige Idee, die man von solchen Leuten
hat, die das Spiel ganz zu ihrem Geschäffte
machen, Viele selbst wider das Spiel einzunehmen, und vor der Neigung zu diesen gefährlichen Spielen zu bewahren. Diese vom Spiel
zurückhaltende Idee mit den dazu stimmenden
Empfindungen fällt beym Lotto weg, wo wir
Personen sehen, die uns vieler Ursachen wegen
ehrwürdig seyn müssen, und die Vorstellung
dieser Personen hat daher eben so viel zum
Spiel Einladendes, als die andre davon Ab-
schreckendes hat. Erschienen lauter geringe
Leute auf dem Ziehungsgerüste mit noch so
vielem in die Augen fallenden Prunk, und würde so die Ziehung unter Pauken und Trompeten veranstaltet: so würde dieß zwar Viele
zum Spielen mit verführen; aber Manche
würden doch dabey an das Gerüste eines Markt-
schreyers denken, und so nicht darauf achten.
Dieser Idee wirkt das Ansehen der Personen,
die hier auf dem Gerüst erscheinen, zu sehr entgegen, als daß sie leicht entstehen, und Einflüsse auf die Lenkung der Vorstellungen und

auf

auf die Stimmung der Empfindungen haben könnte, wenn sie gleich bey Einem und dem Andern doch noch nach den gewöhnlichen Ideenassociationen entstehen möchte. Und wenn sie entsteht: so ist es dem gemeinen Wesen wieder gar nicht zuträglich, daß eine so verächtliche Idee mit auf Männer fällt, an die jeder nur mit Hochachtung und Ehrerbietung denken sollte.

In manchen Spielen kann nur eine mäßige Anzahl von Menschen zum Spielen kommen; in Klassenlotterien kann es nicht mehrere Spieler geben, als man Loose hat. Ist der Erfolg von solchen Spielen schädlich: so hat der Schaden doch noch Schranken. Mit dem Lotto ist es ganz anders. Eine unzähliche Menge von Menschen kann spielen, und jeder kann sich willkührlich Nummern wählen. In andern Spielen hält Manchen, der nicht ein Loos nach seinem Sinn bekommen kann, sein Eigenwille vom Spiel zurück; hier aber kann jeder alles nach seinem Wunsch bestimmen, und es findet also die Idee einer freyen Wahl dabey Statt, die immer etwas Schmeichelhaftes für den Menschen hat. Und diese willkührlich gewisse Nummern wählende Freyheit erstreckt

sich

sich noch viel weiter. Man kann auch ganz willkührlich die Summe festsetzen, welche man wagen will. Man kann auf mannichfaltige Weise sein Spiel bestimmen und verändern. Zwischen simpeln Einsätzen und bestimmten Auszügen kann Jeder wählen, die Nummern können nach verschiedenen Ordnungen zusammengeordnet, und bey folgenden Ziehungen abgeändert werden. In den Speculationen über die nach Wahrscheinlichkeitsgesetzen nach und nach zu vermuthenden Nummern und Gewinne sieht man eine große Menge von Fällen, und man findet leicht vieles Wohlgefallen daran, sich diese verschiedenen Fälle nach gewissen Vermuthungen zu denken. Mit dem Fortschritt der nach einander erfolgenden Ziehungen wird von Jahr zu Jahr vermittelst eines Lottokalenders alles sich auf die Lotterie beziehendes, so weit als das Publicum Winke zu irgend einer Spielart daraus hernehmen kann, öffentlich bekannt gemacht, und darin findet sich denn auch eine Tabelle, worauf man sieht, wie oft eine jede Nummer in den vorhergegangenen Ziehungen aus dem Rade herausgekommen ist. Dadurch werden einige veranlaßt, auf eine oft erschienene Nummer, als wie auf eine, die

gleich=

gleichsam gerne aus dem Glücksrade geht, zuzusetzen. Noch mehrere finden es sehr wahrscheinlich, daß man in den folgenden Ziehungen diejenigen Nummern am ersten erwarten könne, die noch gar nicht oder selten zum Vorschein gekommen sind. Eine Menge von Spielern fällt daher mit der Wahl der Nummern auf diejenigen, welche am seltensten oder noch gar nicht aus dem Glücksrade herausgekommen sind. Man findet, daß die Natur der Dinge auch in den zufälligsten Vorfällen und Umständen nach gewissen einförmigen wiewohl etwas verschieden bestimmten Gesetzen handelt. Wir wissen es, wie in Absicht auf diejenigen, welche geboren werden, oder sterben, es manche ähnliche Verhältnisse giebt, und wie man, wenn man eine gewisse Reihe von Jahren annimmt, eine Mittelzahl festsetzen kann, wornach die zukünftigen Fälle in Absicht auf die Mittelzahl und in Absicht auf gewisse Jahre nach Wahrscheinlichkeitsregeln und ähnlichen Erwartungen selbst mit großer Gewißheit berechnet werden können. Wie natürlich ist es, daß man also auch glaubt, es werde nach einer gewissen Reihe von Ziehungen ein Gleichgewicht unter den verschiedenen gezogenen Zahlen

len erfolgen, und wie natürlich ist es wieder, daß man dann, weil man so viele Begierde zu gewinnen hat, die Menge der dazu erforderlichen Ziehungen sich nicht zu groß und den Termin, da eine jede Nummer gewisse bestimmte male müßte herausgekommen seyn, nicht zu entfernt denkt! In dieser Vorstellung erwartet man leicht mit großer Gewißheit, daß, wenn in etwa hundert Ziehungen eine Nummer nur noch einmal und eine andre Nummer schon zwölfmal herausgekommen ist, die erstere Nummer in den nächsten Ziehungen Fortschritte zu der Gleichheit mit der andern Nummer thun müsse. Daher kommt es, daß nach und nach so Viele auf die Nummern fallen, die noch selten erschienen sind. In diese Art der Speculation fielen ganz gewiß nur Wenige, wenn keine Nummerntabellen gedruckt würden. Auch würde es, um darnach gewisse Maaßregeln nehmen zu können, nöthig seyn, daß man sich selbst Tabellen der Art verfertigte, welches nur Wenige zu thun sich die Mühe nehmen würden. Itzt aber studirt jeder diese Tabelle durch, und glaubt, leicht einen Weg ausfündig gemacht zu haben, der ihn zu großen Gewinnsten führen müßte. Hätten die Lotto-

directo-

Von den Spielen des Zufalls.

directoren es vorher bedacht, daß fast alle Zusetzer dadurch veranlaßt werden, eine Nummer zu wählen, und daß das Lotto auf den Fall, da eine solche Nummer kommt, seinen ganzen Schatz leicht verlieren könne: so würden sie wohl lieber dieses Aufmunterungsmittel zum Spielen weggelassen, als das Lotto einer solchen Gefahr ausgesetzt haben. Allein daraus folgt noch nicht, daß man nun einen Weg ausgemacht habe, worauf man vielmehr gewinnen als verlieren werde. Jeder einzelne Zusetzer hat immer nach vernünftigen Vermuthungen es zu erwarten, daß er im Durchschnitt ans Lotto oder an wenige Mitspieler, die zufälliger Weise einen großen Gewinnst ziehen, sehr viel verlieren werde. Denn es kann seyn, daß in einer Million von Ziehungen erst eine solche Gleichheit unter den gezogenen neunzig Zahlen erfolgen werde, und wenn das ist: so ist es noch nicht ausgemacht, die wie vielsten Ziehungen das jedesmalige Hervorkommen einer und derselben Zahl treffen werde. Eine Zahl kann in dem ersten Hundert zwölfmal herauskommen, und eine andre kann vielleicht erst im fünften Hundert zwölfmal gezogen seyn.

Jedoch

26. Betrachtung.

Jedoch ich wollte hier noch nicht von der wenigen Wahrscheinlichkeit reden, die jeder Spieler hat zu gewinnen, sondern nur von dem, was die Spielsucht veranlassen muß. Und dazu trägt auch der durch die Nummerntabelle veranlaßte Speculationstrieb nicht wenig bey. Zu diesen Speculationen giebt auch der Umstand Anlaß, daß man auf bloße Auszüge, bestimmte Auszüge, Amben, Ternen und Quaternen Anschläge machen kann. Sehen wir auf den großen Haufen gemeiner oder zu Speculationen unfähiger Leute: so ist es für selbige nicht eine geringe Versuchung, wenn sie hören und lesen, daß man auf einen simpeln Einsatz funfzehn, auf einen bestimmten Auszug siebenzig, auf eine Ambe zweyhundert und siebenzig, auf eine Terne bis gegen sechstausend, und endlich auf eine Quaterne sechszigtausendmal so viel, als man zusetzt, gewinnen könne. Sie bleiben ganz natürlich mit ihrer Vorstellungskraft an diesen großen Gewinnstzahlen hängen, bekommen eine heftige Begierde, eine davon zu erhalten, ohne eine Idee von der Seltenheit der Fälle zu haben, da diese Gewinnstsummen gewonnen werden können. Selbst denkende und mathematische Köpfe pflegen durch die Ideen
von

von den großen Summen, welche gewonnen werden können, oft so geblendet zu werden, daß sie nicht frey genug bleiben, um es einzusehen, daß die großen Gewinnstzahlen mit Rücksicht auf deren Seltenheit im Durchschnitt mit dem Verlust, der oft nach einander im Durchschnitt erfolgen muß, gar nicht in einem den Spielenden vortheilhaften Verhältniß stehen, und daß auch diejenigen, welche ein Lotto einrichten, dieß Verhältniß nothwendig zum Vortheil des Lotto haben festsetzen müssen. So wie überhaupt alle Seiten einer Sache, die wir heftig begehren oder verabscheuen, nicht vor unsrer Vorstellungskraft erscheinen, und wir unsrer Leidenschaft zufolge im Ganzen den Blick fest auf die Seite der Sache heften, welche die Leidenschaft erweckt: so geht es auch hier mit dem Lotto, wenn die Seele von Ideen eines großen Gewinnstes voll ist, und wenn sich damit die Sehnsucht nach einem solchen Gewinnst vereinigt. Dazu kommt beym Lotto noch dieß, daß man auch bey kaltem Blute nicht leicht alles übersieht, was bey Berechnung der Wahrscheinlichkeit, zu gewinnen oder zu verlieren, in Anschlag zu bringen ist. Man sieht es freylich bald, daß, wenn auf einen simpeln

peln Einsatz funfzehnmal so viel gewonnen wird, man nicht im Fall des Gewinnstes für den durchgängig erfolgenden Verlust schadlos könne gehalten werden, indem man, wenn auf fünf Zahlen gespielt wird, sich es nur versprechen kann, es werde in achtzehn Ziehungen einmal eine gewählte Zahl aus dem Glücksrade hervorgehen. Setzt man nun auf einen simpeln Auszug eine Mark: so gehen in achtzehn Ziehungen neunzig Mark verloren, und es werden nur höchstens fünfmal funfzehn gewonnen. In Ansehung der bestimmten Auszüge läßt es sich auch noch leicht genug berechnen, daß eine siebenzigmal vervielfältigte Einsatzsumme im Ganzen nicht den wahrscheinlich erfolgenden Verlust wieder ersetze, und daß, wenn auch die jedesmalige Verdoppelung der Einsatzsumme den vorhergehenden Verlust endlich einbringt, dennoch dieser Gewinnstfall leicht später erfolgen könne, als mein Vermögen diese Verdoppelung ertragen kann. Sollen aber die Wahrscheinlichkeitsregeln festgesetzt werden, nach welchen Amben, Ternen, und Quaternen muthmaßlich erwartet werden können: so ist es eine höchst mühsame und langsame Arbeit, alle die möglichen Combinationen von fünf Zahlen unter

neunzig

Von den Spielen des Zufalls.

neunzig Zahlen herauszubringen, und darnach zu berechnen, wie oft überhaupt eine Ambe, Terne oder Quaterne könne gewonnen werden. * Auch diejenigen, welche im Rechnen geübt sind, scheuen sich zum Theil vor einer solchen Arbeit, oder fehlen in ihren Berechnungen selbst, wie dieß die Erfahrung vieler reicher Leute, die sich durchs Lotto zu Grunde gerichtet haben, und nicht sowohl durch Spielsucht und heftige Geldbegierde, als durch ihren mathematischen Speculationsgeist anfänglich dazu ver-

---

* In des Hrn. Geheimen Justizrath Pütters rechtlichem Bedenken über die Zahlenlotterien, worin er sich aufs lebhafteste wider dieselben erklärt, und welches Staatsmänner vorzüglich ihrer Beherzigung würdig finden werden, ist die Hofnung des Einsetzers, zu gewinnen, gegen die Wahrscheinlichkeit, zu verlieren, angegeben, wie 1 gegen 17 in simplen Auszügen, 1 gegen 89 in bestimmten Auszügen, 1 gegen $399\frac{1}{2}$ in Amben, 1 gegen 11747 in Ternen, 1 gegen 511037 in Quaternen. Nach eben dieser Schrift gewinnt der Unternehmer bey simplen oder bestimmten Auszügen $16\frac{2}{7}$, bey Amben $37\frac{61}{101}$, bey Ternen $54\frac{2402}{2377}$, und bey Quaternen $88\frac{66228}{253715}$ pro Cent. S. Göttingisches Magazin, ersten Jahrgangs drittes Stück.

verführt sind, allen Denen beweist, die Gelegenheit finden, Nachrichten von allen diesen Vorfällen zu erhalten. Fürsten und Kaufleute, deren Vermögen oder Credit sie in den Stand gesetzt hat, das Spiel lange fortzusetzen, und eine gewisse Spielart durch viele Ziehungen zu verfolgen, haben, indem sie ihren nach ihrer Meynung zu großen Gewinnst sie hinleitenden Berechnungen folgten, ungeheur große Summen eingebüßt und sich zu Grunde gerichtet. Hätten auch Einige, wozu alle bisherige Erfahrungen gewiß nicht hinreichen, die wahrscheinlichen Gewinnstfälle mit Rücksicht auf bestimmte angenommene Zahlen unter einer gewissen Anzahl von möglichen Fällen herausgebracht: so bedächten sie doch oft nicht, daß selbige in der langen Reihe aller möglichen Fälle leicht eine andre Stelle einnehmen könnten, als man es sich vorgestellt hätte. Gewönne man auch in hundert tausend Ziehungen dreymal eine Quaterne, wie dieß bey weitem nicht im Durchschnitt geschehen kann: so könnte doch der Fall möglich seyn, daß alle drey Quaternen in das letzte Hundert fielen, und daß, wenn ich nicht so weit das Spiel fortsetzen oder sie erleben könnte, ich also in neun und

und neunzigtausend Ziehungen nicht eine einzige erhielte. Denken die speculationssüchtigen Leute, die darauf sinnen, wie sie die Lotterie selbst zu Grunde richten können, auch an alles dieß, und auch daran, daß die Gewinnstzüge viel zu spät bey ihrem Spiel erfolgen können: so stellen sie sich dagegen auch den Fall vor, daß selbige in einer Menge von Ziehungen sehr früh kommen können. Wird ihre Vorstellungskraft nun ganz mit dieser Idee angefüllt: so stellen sie es sich wieder nicht vor, daß es unsinnige Thorheit sey, mit Wahrscheinlichkeit sich einem auch nur zwanzigtausendmal nach einander erfolgenden Verlust und dem damit verknüpften Elend mit Rücksicht auf eine Quaterne für den möglichen Fall auszusetzen, daß doch schon in den ersten Ziehungen eine Quaterne erfolgen könne. Aus allem diesen erhellt indessen genug, wie viele Wege man bey seinen Speculationen willkührlich wählen könne; und die Geschichte des menschlichen Herzens lehrt es uns auch, daß, wenn man einen Weg sich angenehm und vortheilhaft denkt, man bey den angenehmen Vorstellungen gewöhnlich verweilt, und eine Menge nachtheiliger Umstände, welche sich dann finden, aus der Acht läßt.

Also bleibt, wenn man die Menschen nimmt, wie sie sind, auch in dem Umstande, daß beym Lotto man so manche Entwürfe machen kann, der Reiz, wodurch sie zum Spiel hingezogen werden, weit größer, als das, was dagegen wirken kann, wenn einige Neigung zum Spiel oder auch nur Neugierde da ist, ein solches Spiel zu versuchen. Wir sehen also am Ende, daß dieses Lottospiel unendlich viel mehr verführerisches und einladendes hat, als irgend ein anderes Spiel. Die übeln Folgen, die es mit Rücksicht auf die Verderbung des Herzens mit andern Spielen gemein hat, sind also auch weit ausgebreiteter. Wer die Oerter kennt, wo diese Zahlenlotterien gezogen werden, weis es auch, wie sehr die Erfahrung das hier gesagte bestätigt, und wie nöthig es sey, nächst dem, was man leicht als eine Folge aus der wesentlichen Einrichtung dieses Spiels herleitet, auf alles, was man der Erfahrung nach bemerkt, noch einen Blick zu werfen. Denn ein Mann, der Gelegenheit hat, alles mit dem Lotto verknüpfte zu beobachten, und der es auch wirklich beobachtet, muß es finden, daß wir bey weitem nun noch nicht alles, wodurch der sittliche Werth des Lotto bestimmt wird,

wird, bemerkt haben. Aus den vielen Concursen und Bankerotten, die durchs Lotto offenbar veranlaßt sind, ist es sichtbar genug, wie verderbliche Folgen es für eine Menge von Menschen hat. Aus diesen Folgen, die öffentlich sichtbar werden, kann man leicht schließen, daß es eine gar große Menge von Spielenden giebt, deren Vermögen wenigstens sehr gemindert und geschwächt wird. Wir haben es schon gesehen, in welchen peinlichen Lagen ein Spieler, der mit einiger Leidenschaft spielt, ist, und wir können es uns leicht vorstellen, wie viele Uebel schon, wenn die Seele auch sonst nicht dabey verlöre, allein auf diese Weise durchs Lotto veranlaßt werden. Die Zufriedenheit und Ruhe der Seele, und der größte Theil der häuslichen Glückseligkeit muß nothwendig, bis auf einen hohen Grad verloren gehen, wenn man immer mehr und mehr Geld einbüßt, und, wo nicht in gänzliche Armuth, doch in Nahrungssorgen, sich stürzet. Und diese häuslichen Uebel sind oft desto größer, wenn der Mann, die Frau und die Kinder, jeder für sich, spielen, und ihr Spiel vor einander geheim halten. Daß dieses oft auch geschieht, weis man daraus, daß die Sache sich zuweilen mit

einem

einem Bankerott geendigt hat, und so ans Licht gekommen ist. Indem wir hier des heimlichen Spielens erwähnen, so ist zugleich dabey zu bemerken, daß bey Manchem, der nicht spielte, wenn sein Spielen bekannt würde, der Umstand, daß er sein Spiel ganz geheim halten kann, eine nicht geringe Versuchung ist, sein Glück beym Spiel zu versuchen. Andre Spiele gehen in Gesellschaften vor sich, und wer spielt, bleibt nicht unbekannt. Wenn hier der Collecteur oder ein Bedienter schweigt: so bleibt die ganze Sache verborgen. Weil indessen durch die hernach erfolgenden schlechten Umstände oder durch Bankerott oft das heimliche Spielen bekannt wird: so muß bey Personen, die Geldgeschäfte zusammen haben, nothwendig wegen der so leicht entstehenden Besorgniß, daß einer oder der andre vielleicht viel beym Lotto verlieren möchte, Mißtrauen sehr überhand nehmen, und der zu glücklicher Besorgung der Geschäfte im Ganzen so nothwendig erforderliche Credit sehr dabey leiden. Dieses Mißtrauen stört auch nicht bloß den Gang der Geschäfte, sondern hebt selbst auch die mit Vertrauen verbundne Seelenglückseligkeit und die daraus entspringenden men-
schen=

schenfreundlichen und wohlthätigen Gesinnungen auf.

Ueberhaupt wird ein Spieler leicht, wo nicht ein Betrüger, welches der gewöhnliche Fall ist, doch ein vom geraden Wege des Rechts, der Billigkeit und des Edelmuths abweichender Mensch. Wenn ihm auch nicht Geldbegierde auf diese Abwege führt, wie es so oft geschieht: so thut es bey erfolgendem wiederholten Verlust die Noth, worin man geräth. Man will in seinen Geldangelegenheiten sich es nicht merken lassen, daß man sein Geld verspielt hat, und man will auch gern den Verlust ersetzt haben. Man sucht sich daher durch falsche Vorspiegelungen mancherley Wege auf, um Geld zu erlangen; und weil es leicht unbekannt bleibt, daß man sein Geld verspielt, indem man ohne viele Mühe das starke Spielen in der Lotterie ein Geheimniß seyn lassen kann: so macht man, wenn sonst die Umstände gut gewesen sind, sich leicht einen Geldcanal offen. Mancher bis dahin ehrlich handelnder Mann ist, wenn er solche Wege einschlägt, und von Leuten, die Vertrauen zu seiner Ehrlichkeit haben, Geld erlangt, anfänglich gar nicht Willens, Andre um das Ihrige zu bringen;

und weil er sich's bewußt ist, daß er alles wieder bezahlen will: so bedient er sich eines unerlaubten Kunstgrifs, um Geld zu erdichteten Umständen und Absichten zu erhalten, und giebt leicht falsche Versicherungen in Ansehung der Zeit und der Art, wie das zur Leihe oder auf Zinsen genommene Geld soll wieder zurückgezahlt werden. Indem das Falsche und Unwahre ihm nur allein bekannt ist: so unterhält er gern die Hofnung, daß er große Summen Gelds gewinnen werde, und daß er dann alles Versprochene leisten könne, ohne daß irgend einer von seinen Kunstgriffen je etwas erfahre. Und ist die Bahn des Betrugs erst geöfnet: so läßt man sich gar zu leicht zum oftmaligen Gebrauch der unerlaubtesten Mittel dieser Art auch dann verführen, wenn man sieht, daß man gar nicht mehr hoffen könne, seine Zusagen zu halten, daß einmal das ganze Gewebe der List und der Betrügerey werde entdeckt werden, und daß der gutherzig trauende Mensch das Seinige gewiß einbüßen werde. Wir wissen, wie oft selbst in den ordentlichen Geschäften des Lebens, und besonders im Handel, die Menschen nach und nach, wenn sie zurück kommen, so von der Bahn der Ehrlichkeit abwei=

abweichen; und es ist unnöthig zu erinnern, wie viel leichter eine Seele in dem Taumel der Spielsucht, wodurch sie auf so mannichfaltige Art verdorben wird, und ihren Adel verliert, zu solchen Unordnungen müsse verführt werden können. Die Erfahrung belehrt uns nur zu oft von der Wahrheit dieser Sache.

Dergleichen Unordnungen des Betrugs und der List erfolgen desto eher, da spielsüchtige Leute weit eher, wenn sie mit ihrem Spielen zum Lotto ihre Zuflucht nehmen, als bey andern Gewinnstspielen, in eine rasende Spielwuth und in Mangel und Noth gerathen. Auch der spielsüchtigste Mensch findet bisweilen selten Gelegenheit Hasardspiele zu spielen, und wenn er sie findet: so spielen seine Mitspieler oft nicht um hohe Summen. Er spielt daher selten, und spielt um weniges, weil es ihm an Gelegenheiten, oft und hoch zu spielen, fehlt. Hier aber kann er wöchentlich, und mehr als einmal, in dem einen oder dem andern Lotto sein Spiel erneuern und ganz seiner Spielleidenschaft in Absicht auf große Summen ein Gnüge thun. Wir wissen auch, wie Viele bis zur höchsten Raserey hoch spielen, und in einer kurzen Zeit oft Tonnen Goldes verlieren.

Aus

26. Betrachtung.

Aus einer solchen Spielsucht entspringt unmittelbar auch noch diese Folge, daß die Seele ganz vom Spielen angefüllt wird, und daß man seine sonstigen Berufsgeschäfte nicht mit der gehörigen Ueberlegung thut, und nicht mit dem gehörigen Eifer treibt. Die Lust zu diesen Geschäften verliert sich oft dermaßen, daß man selbst ganz in einen Zustand der Unthätigkeit hinsinkt, und lieber das Geld auf eine gemächliche Art gewinnen, als es mühsam durch Arbeit und durch sorgfältig ausgedachte und ausgeführte Unternehmungen erwerben will. Das erträgt noch der Staat, wenn er so hin und wieder ein unthätiges und selbst betrügerisches und zur Last fallendes Mitglied bekömmt; allein ergreift die Spielsucht unter Anbietung der Gelegenheiten dazu von Seiten des Lotto etwa nur einen und den andern, etwa nur diesen und jenen Reichen, der, ohne irgend einen wahren Dienstbeytrag für Andre zu leisten, sich von den Diensten Andrer und von den Früchten des Landes nährt, und auf seinem Geldhaufen brütet? Wie oft wird auch ein solcher Mensch ein Raub dieser Leidenschaft, der ein wichtiges Rad in der Maschine des Staats treibt, und dadurch, daß es es stocken läßt, eine Menge von Menschen leiden läßt.

Und wie weit verbreitet sich diese Spielsucht selbst über den gemeinen Mann! Taglöhner und Dienstboten denken oft wie an irgend ein Hasardspiel. Selbige suchen tausend kleine Ersparungsmittel auf, um von dem gewiß zu verdienenden Gelde etwas weniges zu erübrigen. Weil sie dabey nicht in Noth kommen, sondern für ihre nothwendigen Bedürfnisse durch ihre Arbeit gesorgt wird: so sind selbige oft sehr glücklich, indem sie bey ihrer Arbeit nicht die Haushaltungssorgen ertragen dürfen, welchen Andre, die Dienstboten und Taglöhner gebrauchen, selten entgehen. Auch fällt ein Dienstbote, der täglich seinen Tisch gedeckt findet, und sich das sonst nöthige von seinem Jahrgelde anschaffen kann, nicht leicht in Geldmangel, in Zahlungsverlegenheiten und in Versuchungen, durch unrechte Wege und durch Treulosigkeit sich Geld zu verschaffen. Aber auch diese Leute, die sonst keine Gelegenheiten zum Spielen finden, oder je ans Spielen denken, nehmen bald allgemein, besonders an den Orten, wo die Lotterien gezogen werden, an diesem Lottospiel Antheil. Es kommen bald Collecteure, die gerne ihre Procenten hoch bringen, oder gedungene Gehülfen derselben, und bringen auch dem geringen Mann, den Bedienten und Mägden reizende Begriffe vom Lottospiele bey; und ehe sich's die Herrschaft versieht: so haben sich die Domestiken so hineingespielt, daß sie schon nach und nach heimlich vieles entwandt und gestohlen haben. Und wie verführerisch ist es nicht für solche Leute und überhaupt für den gemeinen Mann, der sich mit seiner Hände Arbeit sein Brodt erwerben muß, daß man selbst mit einem Groschen sein Glück soll machen können, und daß so niedrige Zusätze angenommen werden. Bey andern Spielen kann einer, der nur weniges Geld hat, oft gar nicht mitspielen; sehr niedrige Zusätze werden oft gar nicht angenommen. Hier hingegen kann jeder so wenig zusetzen, als er will. Die meisten unter den gemeinen Leuten, so wie selbst die meisten Bemittelten, fangen ihr Spiel auch mit dem Vorsatz an, daß sie nur sehr wenig wagen wollen. Sie denken noch nicht, daß sie bald an nichts mehr als ans Spielen denken werden, daß sie gern höher werden spielen wollen, und daß sie, indem die Spielneigung bis zur

heftig-

heftigsten Leidenschaft gestiegen seyn wird, um vieles zu gewinnen, oder den Verlust wieder gut zu machen, andre Leute um das Ihrige betrügen, ihre Herrschaft bestehlen, und selbst ihre sonstige Unschuld und Tugend für Geld feil haben werden. Und das ist doch der Erfolg davon. Man hat an den Oertern, wo die Lotterien gezogen werden, Beyspiele, daß es selten ein Haus giebt, wo sich nicht das Gesinde durchs Lottospiel zur Untreue hat verführen lassen. Und wem ist es nicht bekannt, daß Leute, die einmal untreu zu handeln angefangen haben, eben so selten zur Treue, als Trunkenbolde zur Mäßigkeit, zurückkehren. Der angeführte Umstand, daß man bey der Spielsucht ganz natürlich eine Abneigung vor den ordentlichen Geschäften bekommt, findet auch vorzüglich beym geringen Manne Statt. Wenn die Lotterie den folgenden Tag gezogen werden soll: so sind Viele schon so voll davon, daß sie alles liegen lassen, und sich allerhand unnöthige Erholungen und Lustbarkeiten erlauben. Den Tag, da die Ziehung erfolgt, macht man sich leicht ganz zum Feyertag, indem man auf die Ziehungszeit harrt, der Ziehung beywohnt, und nach der Ziehung von

seinem

seinem Gewinnst schwelgt, oder seinen Verdruß über den erlittenen Verlust, wofern man noch einen Schilling hat, vertrinkt, und in einem Anfall von Raserey das noch vorhandene Geld hindurchbringt.

Uebersehen wir endlich die große Schaar der Lottobedienten in einem Lande, die sonst mit zur Hervorbringung irgend eines wahren Lebensbedürfnisses arbeiteten, und nun nichts thun, als die Ziehungsanstalten machen, und als Collecteure die Menschen zum Spielen verführen, oder selbige sich ins Verderben stürzen sehen: wie viele Menschen sind dadurch dem arbeitenden Theil des Staats entzogen, und verführerische und hart gesinnte Kostgänger des Staats geworden.

Wenn wir nun noch einmal die von unordentlichen Leidenschaften beherrschte Menge der Spieler in allen Stunden uns vorstellen, wenn wir an Alle, die sich und die Ihrigen in Noth und Armuth gestürzt haben, gedenken, wenn wir erwegen, wie viele sonst redliche Menschen nun ehrlose Betrüger geworden sind, und wenn wir dann betrachten, wie sehr Vertrauen, treuer Diensteifer, ein thätiges Leben und nützliche Geschäftigkeit sich vermindert haben,

haben, und wenn wir es erkennen, wie sehr die ganze Masse der Einwohner einer Stadt und eines ganzen Landes so durch und durch verderbt wird: werden wir dann noch fragen dürfen, ob das Lotto, das im Occident herrscht, mit der Pest des Orients wohl verglichen werden könne, und ob diese Vergleichung nur der Einfall eines witzigen Epigrammatisten seyn könne? *

* Nach der ersten Auflage dieser Betrachtungen sind mir zwo Schriften über dieses Lotto mitgetheilt worden, die ich nicht umhin kann, hier noch anzuführen. Die eine ist zu Hamburg 1774 anonymisch erschienen, unter dem Titel: Die Schädlichkeit der Zahlenlotterie. Hierin sagt der Verfasser S. 4: "Kein Spiel in der Welt ist geschickter, alle ehrliche und anständige Arbeitsamkeit aufzureiben, und aus einer Nation zuletzt lauter Spieler und Bettler zu machen, als die Zahlenlotterie." Die andre Schrift ist die Vorstellung der Bürgerschaft zu Genf an den Rath gedachtes Lotto betreffend, welcher das gedachter Vorstellung völlig gemäße Verbot des Raths beygefügt ist. Die Uebersetzung dieser sonst französisch abgefaßten Schrift ist zu Cölln 1774 herausgekommen. In gedachter Vorstellung findet sich auch eine Untersuchung der Combinationen des Lotto, wovon das Resultat ist, daß, wenn die Spielenden zwey Millionen, sechs hundert

sieben und sechzig tausend zwey hundert und funfzehn Mark zusetzen, sie nur drey hundert sechs und funfzig tausend ein hundert und funfzig wieder gewinnen, und daß also 232150 für sie verloren gehen. In dieser Untersuchung ist auch besonders gezeigt, wie höchst nachtheilig vorzüglich die Einsätze auf Amben, Ternen und Quaternen sind, und woher es also komme, daß die Collecteure die Einsetzenden so sehr zu diesen Spielarten zu verführen suchen. Uebrigens sagt die Bürgerschaft unter andern in ihrer Vorstellung: "Die Verwüstungen des Lotto seyn desto fürchterlicher, da sie die zahlreiche Klasse derer treffen, die von ihrer täglichen Arbeit leben. Einzig und allein dazu calculirt, um außerordentlich großen Profit zu machen, verberge dieses Lotto unter einer eben so verführerischen als verwirrten Gestalt den alle Maaße überschreitenden Nachtheil, der für die Spielenden daraus entspringt."

Sieben und zwanzigste Betrachtung.
Von den Vergnügungen der Jagd.

Wenn es entschieden werden soll, was für einen sittlichen Werth die Vergnügungen der Jagd haben: so muß es vorher ausgemacht seyn, ob die Natur dem Menschen zu seiner Nahrung Thiere bestimmt habe oder nicht. Um darüber einen Ausspruch zu thun, hat man dawider oder dafür Grundsätze angenommen, wobey auf der einen oder der andern Seite der rechte Mittelweg verfehlt ist. Theils hat man angenommen, daß der Mensch gleichsam der Herr der ganzen Schöpfung sey, und daß alles, was da ist, nur ihn glücklich machen solle. Indem man das angenommen hat: so hat man damit auch ihm das Recht zuerkannt, daß er mit allem ganz nach Belieben schalten und walten möchte. Nun hat man

man nicht erwogen, wie weit bey der Schö=
pfung der unvernünftigen Thiere auch mit auf
diese Thiere selbst Rücksicht genommen sey,
und wie weit ein denkendes und die Absichten
der Schöpfung erforschendes Wesen sich so
gegen die Thiere zu verhalten habe, daß diese
Absichten der Vorsehung mögen erfüllt wer=
den. So wurde es denn auch als eine unstrei=
tige Sache angesehen, daß der Mensch sich der
Thiere zur Nahrung und zu allerley Arten des
Vergnügens bedienen könne. In dieser Vor=
stellung denkt Mancher, daß er nichts Böses
thue, wenn er ohne Ursache ein Thier tödtet,
oder demselben peinliche Empfindungen ver=
ursachet.

Andre verlieren, indem sie darüber nachden=
ken, worauf Gott bey der Schöpfung aller
Dinge sahe, dabey den Menschen fast aus dem
Gesicht. Indem sie die Urtheile derer, die
alles sich bloß auf den Menschen beziehen las=
sen, als irrig und hart verwerfen, und einen
Widerwillen gegen diejenigen fassen, die in ih=
rem stolzen Sinne sich Alles sind; so gehen sie
leicht in ihrer Neigung, den Thieren große
Vortheile einzuräumen, auf der andern Seite
zu weit. Ja sie bleiben oft nicht einmal bey
den

den Thieren stehen, sondern nehmen sich selbst des Pflanzenreichs an. Ihnen ist der schon ein grausamer Mann, der nur einen Baum, nur ein Gewächs niederhaut. Unter diesen in Ansehung der Thiere, der Bäume und der Pflanzen so empfindsam mitleidigen Menschen giebt es natürlicher Weise denn auch Viele, die dem Menschen es nicht erlauben wollen, daß er Fleisch esse. Viele sind in diesem Stücke, wie in andern Dingen, gegen alle ihre eignen Begierden und Neigungen nachsichtig, erlauben sich alles, und sind nur so naturfreundlich, wenn ich mich so ausdrücken darf, in den Stunden empfindsamer Ueberlegungen, und in den Augenblicken, da sie gerne Andre tadeln.

In beyden Fällen legt man Gedanken zum Grunde, die uns nicht sicher genug zur richtigen Beantwortung der Frage führen, ob es uns nämlich erlaubt sey, die Thiere zur Nahrung zu gebrauchen. Es ist nothwendig, erst zu untersuchen, ob der Mensch so gebaut sey, daß er durch die Natur zum Fleischessen veranlaßt werde.

Wenn wir erkennen, daß die Menschen in den Dingen, die sie allgemein zu ihren Bedürfnissen rechnen, überhaupt nicht leicht den Weder Natur verfehlen: so haben wir auch daraus den analogischen Schluß zu ziehen, daß sie Fleisch essen dürfen. Denn wir finden, daß alle Menschen ohne Ausnahme so weit, als sie sich durch Naturinstinkte, und nicht durch gewisse von einigen auf die Bahn gebrachten Ideen leiten lassen, das Fleisch zur Speise suchen. Dieß findet nicht nur bey Menschen Statt, die unordentlich leben, sondern auch bey Andern, und vereinigt sich also mit einem solchen Zustande des Menschen, der den Natureinrichtungen und den Naturgesetzen sonst angemessen ist.

Auch scheint es erwiesen zu seyn, daß der Mensch wirklich zu einem Fleisch essenden Thiere gebauet sey.

Wenn wir nun noch bedenken, daß Gott in dem Thierreiche überhaupt es so eingerichtet hat, daß viele Thiere andre Thiere zur Nahrung suchen: so können wir daraus schließen, daß es auch Gottes Einrichtungen in der Schöpfung gemäß seyn könne, wenn der Mensch ebenfalls sich der Thiere zur Nahrung bedient. Ohne Zweifel dient dieß dazu, daß überhaupt unter den Geschöpfen ein gewisses Gleichgewicht zum Vortheil des

Ganzen

Von den Vergnügungen der Jagd.

Ganzen und der einzelnen Theile des Ganzen erhalten werden möge. Hieraus fließt, daß der Mensch die Thiere nicht ohne Ausnahme im ungestörten Genuß ihres Lebens, ihrer Freyheit und ihres Vergnügens zu lassen verpflichtet sey.

Weil der Mensch aber nicht bloß ein nach Instinkt handelndes Geschöpf ist, sondern aus der ganzen Einrichtung der Schöpfung es herauslesen kann, daß alles auf Vollkommenheit und Glückseligkeit hinzielt: so erhellt daraus unwidersprechlich, daß er nicht nur dem unvernünftigen nach Instinkt und Sinnlichkeit handelnden Thiere in dem Stücke, da nicht leicht ohne starkes Gefühl irgend eines wahren Bedürfnisses ein Thier dem andern Freyheit und Leben raubt, oder eine schmerzliche Empfindung veranlaßt, an Gutartigkeit gleich seyn, sondern daß er auch jedes Thier darin übertreffen müsse. Dieß geschieht, wenn er nie ein Thier im Genuß der angenehmen Empfindungen, deren es fähig ist, anders stört, als wenn er dadurch zu irgend einer Glückseligkeit gelangt, die aus der Befriedigung wahrer Lebensbedürfnisse oder aus irgend einer in richtigen Kenntnissen gegründeten und des

Menschen, als eines denkenden und wohlthätigen Wesens, würdigen Neigung entspringt. Zu dieser Art von Neigungen gehört auch dieß, daß er vermittelst seiner Denkkraft, als einer von der Vorsehung in die Welt mit hineingelegten Triebfeder, die Haushaltung Gottes auf Erden und dessen eben so gütige als weise Absichten dadurch befördert, daß er selbst das Gleichgewicht unter den Geschöpfen mit erhält, und die raubsüchtigsten Thiere sich nicht zu sehr vermehren läßt. Vorzüglich hat der Mensch die Verpflichtung, durch die Art des Betragens die Thiere zu übertreffen, daß er selbst so weit, als er seinen wahren Bedürfnissen dadurch nichts entzieht, und als es überhaupt mit den guten und weisen Absichten der Vorsehung bestehen kann, die angenehmen Empfindungen der Thiere, als die ihnen durch die Schöpfung zugedachte Glückseligkeit, zu vermehren sucht. Nachdem diese Grundsätze, welche über alle Zweifel und gegründete Einwürfe scheinen erhoben zu seyn, festgesetzt sind: so werden wir es nun leicht bestimmen können, ob das Vergnügen der Jagd den Menschen zuzugestehen sey, und unter welchen Umständen es uns verstattet werden könne.

Was

Was die zahmen Thiere betrift, so ist es ausgemacht, daß, wenn sie auf eine vernünftige Art zum Nutzen und zur Unterhaltung der Menschen gebraucht werden, selbige im Ganzen dabey gewinnen. Selbige entgehen, indem sie zugleich von dem Menschen verpflegt werden, der Hungersnoth, und werden gegen die Rauhigkeiten der Natur geschützt. Weil sie den auf sie wartenden Tod nicht vorher sehen: so stört die Vorstellung davon sie nicht in dem Genuß ihrer angenehmen Empfindungen. Selbst der Tod kommt ihnen auf eine weit angenehmere Weise, als er käme, wenn eine quälende und Hunger mit sich führende Krankheit sie dahin führte. Was die wilden Thiere betrift: so trift letzteres auch zum Theil bey ihnen ein. Es kann also der Mensch mit Recht eine Freude darin finden, daß er ein zu seiner Nahrung dienendes Thier aufträbt und erlangt. Er folgt so dem Rufe der Natur, und darf es sich nicht vorwerfen, daß er den Gesetzen der Natur und den Geboten Gottes, nach welchen jeder den Gesetzen der Natur gemäß wirken soll, entgegen handelt. Hiebey versteht es sich aber zugleich, daß er den vorhergehenden Betrachtungen zufolge durchaus

nicht

nicht dem Thiere, das er erjagen will, weiter eine unangenehme Empfindung veranlassen müsse, als die Tödtung desselben nothwendig mit sich bringt, daß er selbiges also möglichst schnell tödten müsse, und daß ihm endlich so weit, als er sich denn die Schmerzen desselben vorstellt, dieses natürlicher Weise unangenehm seyn müsse. Viel weniger wird er sich es je erlauben dürfen, sich an den Vorkehrungen, die den Thieren Schmerzen oder Angst zu wege bringen, oder selbst an den Ausdrücken des Schmerzens oder der Angst zu weiden. Ja damit er nicht eine Fertigkeit erlange, Schmerzen und Leiden mit Gleichgültigkeit anzusehen: so wird es rathsam seyn, daß er, indem er Thieren die Schmerzen veranlaßt, die nicht von der Tödtung getrennt werden können, diese Schmerzen seiner Vorstellungskraft nicht gegenwärtig seyn lasse. Jedoch muß dieß nicht auf diejenigen Schmerzen ausgedehnt werden, die dem Thiere erspart werden können, auf den Fall nämlich, da sie sich noch durch Bemerkung der Schmerzen bewegen lassen, selbige zu verhüten. Denn, wenn man beym Anblick der Schmerzen nach und nach aufhörte, Mitleiden zu empfinden: so
würde

würde es immer gut seyn, überhaupt sich die Schmerzen leidender Geschöpfe nicht vorzustellen.

Wollen wir nun auf die Jagd und auf die Art sehen, wie gejagt wird, oder wie man jagen kann: so werden wir wohl Wenige finden, die es von sich rühmen können, daß sie bey ihren Jagdvergnügungen nach den gedachten Grundsätzen und Vorschriften handeln. Wie Viele finden ein Vergnügen daran, daß ein armes Thier eine Weile in Angst und Noth sey, ehe es von den Hunden ergriffen oder ehe es erlegt wird! Zwar würden wir zu hart urtheilen, wenn wir glauben wollten, daß die Marter und die Angst der Thiere an sich selbst diesen Leuten ein Vergnügen machte. Sie weiden sich vielmehr an den Kraftanwendungen des Wildes, um sich zu retten, und der Hunde, das Wild zu erhaschen. Wären die Menschen nicht aufgelegt, sich, indem sie jene Kraftanwendungen und das darin liegende Interessante vor Augen haben, die Quaal und die Schmerzen der verfolgten Thiere vorzustellen: so würde ein solches Vergnügen unschuldig seyn, weil die Natur der Sache es mit sich brächte, daß es entstünde. Auch würde

der

der Mensch bey jenem Vergnügen, indem er sich die Leiden der Thiere nicht dächte, keine Härte nach und nach annehmen. Allein die Menschen können sich bey dem geringsten Nachdenken es doch leicht vorstellen, daß ein Thier, indem es gehetzt wird, Angst und Schmerzen leidet. Auch bleibt ihm der Ausdruck der Angst und des Schmerzens nicht ganz verborgen. Unvermerkt gewinnt also die Seele bey dem Vergnügen, das ihr die Bemerkung der gedachten Bestrebungen oder selbst der Kampf der Hunde und des verfolgten Wildes macht, eine Fertigkeit, gleichgültig und fühllos die davon untrennbaren Leiden sich vorzustellen. Indem nun die Seele dazu gewöhnt wird, zur Seite des Vergnügens die Leiden der Thiere dunkel zu erblicken, und bey Bemerkung der letztern endlich gar keine Bewegung des Mitleids zu empfinden: so kommt sie leicht so weit, daß sie selbst den Anblick dieser Leiden liebt, weil sie in Verbindung mit dem Vergnügen, das ihr gedachte Bestrebungen machen, sich ihr darstellten, und ihr auf die Art angenehm wurden.

Wenn einer die Jagd also liebt, und nicht sehr viele natürliche Anlage zur Güte in seiner

Seele

Seele ist, und wenn diese Anlage nicht zugleich viele Cultur früh erhalten hat: so ist es natürlich, daß er nach und nach gegen den Anblick fremder Leiden verhärtet wird. Dieß ist vorzüglich der Fall, wenn man von Natur auf alles merkt, und eine Sache nicht leicht bloß von einer Seite ansieht. In dem entgegengesetzten Fall, da die Seele alles einseitig leicht bemerkt, kann es möglich seyn, daß eine Seele in Absicht auf Menschenliebe und die Neigung, selbige zu äußern, unverletzt bleibe, wenn sie sonst eine natürliche Stimmung dazu hat. Ein solcher Mensch kann sich bey der Jagd die Bestrebungen der Hunde, das Wild zu erhaschen oder zu überwinden, und die Bemühungen des Wildes, sich zu retten oder zu wehren, so einseitig vorstellen, daß die Idee von der Angst, die das Wild hat, und von den Leiden desselben gar nicht erweckt wird. Allein Leute von dieser Art müssen zu allen Arten des Guten eine sehr starke natürliche Temperaments- oder, wie man vielleicht richtiger sich ausdrückte, Nervenstimmung haben, wenn man es annehmen soll, daß sie bey einer solchen Seelenbeschaffenheit, da sie sich nur eine Seite der Dinge vorstellen, in den gegen Menschen oder

Thiere

Thiere zu beobachtenden Pflichten nicht leicht fehlen. Solcher natürlich gutgearteten Menschen giebt es aber gar nicht Viele. Also kann man annehmen, daß Personen, die sich alles leicht einseitig denken, die daher, wenn von der Jagd die Rede ist, sich allein die Bestrebungen der Thiere und nicht deren Angst und Schmerzen vorstellen, und die also auch keine Neigung zur Härte bekommen, doch den Thieren ohne Noth auf der Jagd Angst und Schmerzen verursachen werden. Und wenn man ferner auch findet, daß die Menschen nur zu häufig sich vieles einseitig denken: so ist es doch auch wahr, daß es sehr Wenige giebt, denen nicht zugleich dunkel die andern Seiten der Sache vorschweben. Im Ganzen kann man also behaupten, daß die Liebhaber der Jagd, indem sie sich an den Bestrebungen der Thiere weiden, doch dunkel deren Angst und Schmerzen zugleich bemerken. Wenn sie das nun thun, und sich dazu gewöhnen, ohne vom Mitleiden gerührt zu werden: so verlieren sie ganz natürlich etwas von der leicht entstehenden Mitempfindung mit Andern, und können immer leichter hart handeln. Wollte man damit zufrieden seyn, daß die Jagd nur ein mäßiges

siges Vergnügen mit sich brächte: so wäre wohl nicht zu rathen, daß man die Seele überhaupt von dem Anblick des Leidens der Thiere zurückzöge. Dann würde man durch diesen Seitenblick und durch das so erweckte Mitleiden gehindert, jemals ein Thier ohne Noth leiden zu lassen. Eine solche Stimmung der Seele würde des Menschen vorzüglich würdig und den Thieren am zuträglichsten seyn. Die Thiere würden so nicht weiter im Genuß des Guten, das ihnen zu Theil werden kann, gestört, als es das Wohl des Menschen und das Wohl des Thierreichs überhaupt erforderte, und der Mensch genösse das Vergnügen der Jagd dann in dem Maaße, wie es ihm gebührte. Er behielte die Empfänglichkeit zum sympathisirenden Mitleiden, indem ihm die Bemerkung des Leidens bey dem gejagten Thiere einiges Leiden erweckte, wodurch er immer einen Antrieb erhielte, darauf zu sinnen, wie dem Thiere jede vermeidliche Angst und Pein erspart werden könnte. Zugleich verschäfte ihm die Erhaschung einer Sache, die zur Befriedigung wahrer Lebensbedürfnisse mit dient, ein solches Vergnügen, als jedem Geschöpf der Besitz und der Genuß einer Sache gewähren

darf,

darf, die ihm zur Befriedigung seiner Lebensbedürfnisse nützlich und nöthig ist. Die so
entstehende gemischte Empfindung von Lust
und Schmerz würde in einem richtigen Verhältniß zur Natur der Sache überhaupt und
zur menschlichen Natur insbesondere stehen,
und also eines vernünftigen Wesens, wie der
Mensch ist, vorzüglich würdig seyn. Bey diesem gemischten Gefühl von Lust und Unlust
würde doch die Empfindung des Vergnügens
von größerm innern Gehalt seyn, als das Gefühl des Mißvergnügens, und also die Seele
überhaupt in eine angenehme Lage setzen. Mit
diesem Uebergewicht des Vergnügens sollte
der Mensch auch, als ein guter und genügsa-
mer Sohn der Natur, zufrieden seyn, so wie
er Muth, Stärke und Ordnungsliebe genug
haben müßte, um dem Gefühl des Leidens,
das aus dem Mitleiden auf die bemerkte Art
entspringt, und das ihm zur Erhaltung der
Neigung, keinem Thiere ohne Ursache Weh zu
thun, so dienlich ist, sich nicht entziehen zu
wollen.

Wollte der Jagdfreund indessen nicht gerne
jenen Zusatz des Schmerzens tragen, und sein
Jagdvergnügen reiner und lebhafter genießen,
wozu

wozu auch deswegen nicht zu rathen wäre, weil er nicht nur gar zu leicht, auch bey den besten Vorsätzen, dann oft doch das Thier zu viel leiden läßt, und weil gar zu leicht die Neigung zur Jagd eine starke Leidenschaft wird, und ihn von seinen Geschäften zu sehr abzieht: so würde er unter der Bedingung doch nur das Auge gegen die Bemerkung der Angst und der Quaal, welche die gejagten Thiere leiden, zuschließen dürfen, daß er, bevor er sich die Jagdvergnügungen erlaubte, sorgfältig über alle Mittel nachdächte, wodurch den Thieren unnöthige Angst und Pein erspart werden könnten, und daß er immer seine Jagd darnach einrichtete, und es sich zum Gesetz machte, nie von den Regeln, die er bey der vorgängigen Ueberlegung festgesetzt hätte, in dem Genuß der Jagdvergnügungen abzuweichen. Auf diese Art genösse er dann das Vergnügen gleichsam lauter, und weil ihm die Leiden der Thiere nicht vorschwebten: so würde er auch nicht sich dazu gewöhnen, Leiden fühllos zu ertragen, und so würde er überhaupt keine Unempfindlichkeit und Härte gegen Menschen und Thiere annehmen. Diesen Ideen zufolge würde ein menschlich gesinnter Jäger weit lieber das Wild mit einem Feuergewehr tödten, als es eine Weile durch Hunde ängstigen, weit lieber es durch ein vortrefliches Windspiel schnell erreichen, als dasselbe durch weniger schnelle oder starke Hunde lange jagen lassen.

Nach diesen die gewöhnliche Jagd betreffenden Untersuchungen werden wir, meine Herren, es wohl nicht weitläuftig untersuchen dürfen, wie wir von der Parforcejagd zu urtheilen haben. Es ist bekannt, daß das Wild dabey so lange gejagt und geängstigt wird, bis es todt dahin fällt, und daß es endlich nicht einmal den Liebhabern dieser Jagdvergnügungen zur Nahrung dienen kann. Da aus dem vorhergesagten erhellt, daß wir nur so weit Thiere tödten dürfen, als uns dadurch zu wesentlichen Bedürfnissen dienende Güter geraubt werden, oder als wir sichtbar das erforderliche Gleichgewicht unter den Thieren selbst, oder zwischen den Thieren und uns dadurch gestört sehen, und daß die Jagdvergnügungen nur so fern zu billigen sind, als wir Thiere zu unserm Unterhalt brauchen, und wir selbige nicht ohne Noth irgend eine Angst und Pein ausstehen lassen: wie werden wir denn eine Art der Jagd rechtfertigen können, wobey der

wesent=

wesentliche Endzweck, dessentwegen die Jagd den Menschen verstattet werden kann, ganz wegfällt, und wobey bloß das Statt findet, was bey der Jagd aufs sorgfältigste vermieden werden muß. Es würde zu viel gesagt seyn, wenn wir behaupten wollten, daß diejenigen, welche solche Jagden anstellen oder denselben beywohnen, nothwendig grausame Menschen seyn müßten. Von Manchen weiß man wenigstens das Gegentheil. Die Seele der Parforcejäger macht oft ganz einseitig die Bestrebungen des Wildes, zu entfliehen, zu ihrem Augenmerk, und verbindet damit das eigne Bestreben und das Bestreben des Pferdes, dem Wilde seine Bemühungen zu vereiteln. Indem sie sich nun nicht die Märter der Thiere vorstellt: so nimmt sie auch keine Fühllosigkeit und Härte in Ansehung der Leiden der Thiere und der Menschen an, welches nur geschieht, wenn man die Leiden und die Marter bemerkt, und selbige gleichgültig oder selbst mit Vergnügen ansieht. Allein wenn man gleich es zugeben muß, daß einer, der der Parforcejagd beywohnt, noch von Grausamkeit entfernt bleiben kann; wenn es gleich dem Menschen bis auf einen hohen Grad möglich

ist,

ist, eine Sache bloß einseitig anzusehen: so verliert doch der Parforcejäger ganz gewiß etwas, wo nicht vieles, von der natürlichen Güte des Herzens. Bey der ordentlichen Jagd ist es schon nicht leicht, den Blick der Seele ganz von der Bemerkung der Angst und der Pein, die das gejagte Thier leidet, zurück zu ziehen. Wie viel weniger kann dieß dann bey der Parforcejagd geschehen, wobey das Thier so oft in der sichtbarsten Gestalt der Angst und der Noth erscheint! Stellt man sich diese Angst und Noth gleich nicht mit deutlichem Bewußtseyn vor: so bekommt man doch dunkle Vorstellungen davon, und, indem man diese dunkeln Vorstellungen, ohne von Kummer und Mitleiden bewegt zu werden, ertragen lernt: so kommt man gar leicht dahin, daß man auch Andrer Leiden fühllos ansehen kann. Auch ein Herz, das einen hohen Grad natürlicher Güte hat, nimmt also eine Art des Verderbens an in Absicht auf diese liebenswürdige menschliche Eigenschaft. Und sehen wir dann auf die Sache selbst: welche Ausdrücke sind stark genug, um die Quaal der Thiere und die gegen sie verübte Grausamkeit gehörig zu bezeichnen und ins Licht zu stellen! Wie sehr handelt hier

hier der Mensch, der zur Handhabung der Gerechtigkeit und einer guten Ordnung unter den Thieren mit bestimmt ist, und der durch die ihm verliehenen Verstandskräfte und durch die davon abhängenden Thätigkeiten, als ein treuer Diener Gottes und als ein so hochbegnadigter Theilnehmer an dem Geschäfte Gottes, jedes Geschöpf nach dem Maaß der demselben ertheilten Fähigkeit durch angenehme Empfindungen glücklich und froh zu machen, den gütigen Absichten des Schöpfers entgegen, und wie weit irrt er hier von seinem Naturberufe ab! Wie unnatürlich ist es, daß der Mensch ein Vergnügen an dem soll finden können, an welches er nicht ohne heftigen Abscheu und ohne Grausen denken sollte! Sähen wir nicht so viele Beyspiele vom Genuß eines solchen Vergnügens, und dächten wir dann über die uns bekannten Naturgesetze und des Menschen natürliche Bestimmung nach: wer würde es nur von ferne argwöhnen können, daß so eine Art des Vergnügens unter den Menschen seyn könnte, als das sogenannte Vergnügen der Parforcejagd ist? Die Edlen und Großen dieser Erde hängen diesem Vergnügen freylich zum Theil mit einer Art der Unschuld nach,

indem

indem sie theils sich nicht die Marter der Thiere genug vorstellen, theils die Sache selbst nicht genug untersuchen, theils endlich zu wenig über den Beruf des Menschen und dessen Bestimmung zu wohlthätigen und Glückseligkeit für alle Geschöpfe Gottes mit sich führenden Handlungen nachdenken. Wenn ich indessen sage, daß sie es mit einer Art der Unschuld thun: so sind sie doch bey weitem nicht schuldlos. Denn welche unter den Menschen sind mehr verpflichtet, über den Werth ihrer Handlungen nachzudenken, als diejenigen, welche mit ihren Handlungen in einen weit größern Umkreis von Menschen und Thieren Einfluß haben, als andre Menschen! Möchten daher doch alle diejenigen, welche an der Erziehung und Bildung derer arbeiten, die über ihre Mitbrüder zu regieren bestimmt sind, den Gedanken vorzüglich zu einem lebendigen Gefühl bey jungen Prinzen und Adelichen zu erheben suchen, daß sie immer ihren großen Beruf, in allen ihren Handlungen wohlthätig gegen Menschen und Thiere zu seyn, lebendig vor Augen haben sollten. Und deuten wir hier an die Parforcejagd; wer kann sich enthalten, Weh über diejenigen Lehrer und Füh-

rer auszurufen, die nicht frühzeitig ihren fürst-
lichen Zöglingen einen lebhaften Abscheu gegen
die Grausamkeiten einer solchen Jagd beybrin-
gen! Von den großen Gefahren, worin sich
die Liebhaber dieser Jagd selbst in Verfolgung
des Wildes stürzen; und von der Strafbarkeit
eines solchen Verfahrens, die desto größer ist,
je mehr an deren Erhaltung, einem Lande oder
einer beträchtlichen Anzahl von Menschen ge-
legen ist, und von der Zugrunderichtung der
Pferde, welche zu einer solchen Jagd gebraucht
werden, habe ich noch nichts gesagt. Und
wie sehr verdient doch auch diese Betrachtung
mit in Erwägung gezogen zu werden! Einen
mildern Namen hat diejenige Art der Jagd,
welche man die Schweißjagd nennt. Aber
was ist es, worin selbige minder hart und
grausam ist? Bey derselben wird das Wild,
das zu Tode gejagt werden soll, erst angeschos-
sen, damit es den Jagdliebhabern leichter werde, dem schon sogleich durch Verwundungen
und Blutverlust geschwächten Wilde zu folgen.
Zwar hat die Quaal des Thieres nun gewöhnlich eher ein Ende, indem es eher fällt; allein
wie grausam ist es dagegen, wider den natürlichen Trieb des Thiers, nach erfolgter Ver-

wundung

wundung Ruhe und Heilung zu suchen, es ganz unbefriedigt und mit Angst, Schmerz, Ermattung und Tod zugleich ringen zu lassen!

Nach allen diesen Betrachtungen werden wir uns freylich freuen, daß die Parforcejagden bey so vielen Fürsten schon aufgehoben und abgeschafft sind; aber wie kann unsre Freude vollkommen seyn, so lange diese Art der menschlichen Grausamkeit nicht gänzlich ausgerottet ist, oder derselben Rückkehr noch gefürchtet werden kann!

Acht und zwanzigste Betrachtung.
Von den edelsten Freuden und Vergnügungen der Menschheit.

Wollten wir, meine Herren, sorgfältig herum forschen; so dürften sich noch vielleicht manche Vergnügungsarten finden, woran die Menschen hie und da sehr hängen, und welche nicht unter die schon angeführten Klassen der Vergnügungen mit gebracht werden können. Allein theils würde die Betrachtung derselben, wofern sie nicht auch unter uns Staat fänden, oder uns bekannt wären, uns wenig angenehm und die Bestimmung der Sittlichkeit derselben ohne großen Nutzen für uns seyn, theils würden wir die Schranken überschreiten, die diesen Betrachtungen haben gesetzt werden müssen. Wir wollen

wollen also nur noch untersuchen, welche Vergnügungen besonders des Menschen würdig sind, und vor welchen Abirrungen sich der Mensch dabey zu hüten hat. Was schon anfänglich angemerkt ist, muß leider hier noch wiederholt werden, daß nämlich die Menschen unter dem Namen der Vergnügungen nicht leicht die edlen Freuden der Menschheit verstehen, die sie immer vorzugsweise ihre Vergnügungen nennen sollten. Was dem Menschen mehr, als irgend etwas, ein reizendes Vergnügen machen sollte, ist die immer mehr und mehr fortschreitende glückliche Entwickelung der Seele zur Erkenntniß der Natur und ihres großen Urhebers, zur Erkenntniß des Verhältnisses, worin der Mensch zu Gott, zu der Erde und deren Geschöpfen steht, und zu einer feurigen Neigung, allen erkannten Verhältnissen gemäß zu leben, und nach Gottes Muster ein wohlthätiges edles Wesen zu seyn. Des Menschen Seele müßte von wonnevollen Empfindungen überfließen, wenn sie ein Wesen, auf welches sie mehr Einfluß durch Entschließungen und Thätigkeiten haben kann, als auf irgend ein anders in der Schöpfung, das heißt, sich selbst zu einem nicht geringen Grad der

der Vollkommenheit an Kenntniß, Tugend und nützlichen Geschäften durch die ihr verliehenen Kräfte erhebt, so in der Reihe der Dinge immer mehr und mehr ein wohlthätiges Geschöpf wird, und es erwarten kann, daß ihr großer Urheber in diesem Zustande mit ihr zufrieden und sein Wohlgefallen an ihren Kraftanwendungen haben wird. Alle andre angenehme Empfindungen, welche in dem Seelen- und Leibesgenuß mit Rücksicht auf irgend ein Gut dieser Welt gegründet seyn, und daraus entspringen können, sollten nur für uns Vergnügen und Freuden werden, so fern sie zu den erwähnten erkannten Verhältnissen und darin gegründeten Neigungen und Handlungen stimmten. Diese Vergnügungen würden, indem sie durch Befolgung der erkannten Naturgesetze und durch das Hinstreben nach Vollkommenheiten, die dazu stimmen, zugleich mit veranlaßt würden, oder selbst den Menschen, zum höhern Genuß der ersten und erhabensten Glückseligkeiten immer mehr geschickt machten, freylich auch nicht geringe Vergnügungen seyn. Ja, sie würden selbst ein größeres Gehalt an Glückseligkeit haben, als je einer dadurch erhalten kann, der nur nach solchen Vergnügungnügungen hascht, und sie nicht erhabnern menschlichen Freuden unterordnet. Allein der Mensch würde doch weit entfernt seyn, sie vorzugsweise mit dem Namen der Vergnügungen zu belegen, oder vorzüglich an sie zu denken, wenn von Vergnügungen die Rede wäre. Ist es nun ausgemacht, daß ganz andre Empfindungen und Seelenbewegungen des Menschen vorzüglich würdige Vergnügungen sind, als diejenigen, welche wir gewöhnlich so nennen: warum sollten denn die Menschen, deren Amt und Lage es mit sich bringt, daß sie auf menschliche Seelen wirken, und Ideen und dazu stimmende Namen veranlassen, nicht es sich erlauben können, einen solchen Ausdruck, als das Vergnügen ist, vorzüglich denjenigen Seelenbewegungen eigen zu machen, die durch richtige und nützliche Kenntnisse, durch eine in Neigungen und Trieben wohlgeordnete Seele und durch zu beyden stimmende Handlungen veranlaßt werden? Dürften wir nicht hoffen, daß, wenn die Menschen es erst lebhaft genug erkennten, was sie vorzüglich Vergnügen nennen sollten, nicht nur diesen denkenden Menschen, sondern auch Andern diejenigen Kenntniß- und noch mehr diejenigen Tugendbestre-

bungen,

bungen, die Vergnügungen genannt werden, eben deswegen mehr angenehm würden, weil ihre Benennung schon angenehme Empfindungen, Vorstellungen und Seelenbewegungen ankündigten.

Sollte es indessen den wärmsten Freunden der nützlichsten Kenntnisse und den eifrigsten Beförderern glückselig machender Neigungen und Handlungen nicht gelingen können, den uns so sehr erniedrigenden Sprachgebrauch dieses Worts zu ändern: so müssen wir alle, die wir uns dazu zählen, wenigstens nie aufhören, den Menschen es hell sehen zu lassen, was sie eigentlich Vergnügungen nennen sollten, und so müssen wir die Sache selbst in ihrem ganzen Werthe mit allen ihr eigenthümlichen Reizen den Menschen zu zeigen, und eine lebendige Aufmerksamkeit auf die Quelle der besten, reinsten und der menschlichen Natur vorzüglich würdigen Vergnügungen zu erregen uns bestreben.

Manche werden hier freylich behaupten, daß Lehrer, Anführer und Regierer der Menschen sich eine eitle Mühe machen, indem sie sich bestreben durch Bildung, Lenkung, Unterricht und Beyspiel die Menschen zu einer höhern

Stufe

Stufe des wahren Adels der Menschheit zu erheben. Sie mögen das immerhin behaupten und in ihrem Wahn annehmen, daß die Masse des moralischen Guten und Bösen unter den Menschen bey jeder Art der Cultur gleich sey. Gedanken, die den Muth des edlen Menschen so leicht bey seinem Hinstreben zu jeder Vollkommenheit niederschlagen, und die die ringenden und emporstrebenden Kräfte desselben so sehr gefangen halten, und, ich freue mich auch hinzusetzen zu können, die so irrig sind, sollen uns nicht in jenen unsern Vorsätzen und Bemühungen irre machen. Erfahrung, Geschichte und Nachdenken lehren uns, meine Geliebten, daß die Verkettung der Ursachen und Wirkungen in der moralischen Welt der Causalverbindung und den Ereignissen in der physischen Welt höchst ähnlich ist, und damit in einem harmonischen Verhältniß steht. Und wer sagt je, daß die Masse des fruchtbringenden Triebes und der Früchte selbst immer auf der Erde und in jedem Theile der Erde gleich war. Was waren Deutschland, Dännemark, Engelland, Rußland und so viele andre Länder vor tausend und mehrern Jahren in Vergleichung mit dem, was sie itzt nach so vieler er-
halte-

haltenen Cultur ſind! Und welches Land des Orients, welches an Fruchtbarkeit und Anmuth verloren hat, verlor ſie nicht wegen vernachläſſigter Cultur! Folgten nicht immer Schönheit, Fruchtbarkeit und Güte des Bodens, wenn anders in dieſem Anlagen und Kräfte ſchlummerten, dem Fleiße des ihn bebauenden und deſſelben wartenden Einwohners nach? Und der bey ſo vielen Menſchen ſo reiche Boden des Geiſtes und Herzens, die weit feiner und ſchneller wirkenden Triebfedern und Kräfte des Menſchen ſollten den Fleiß deſſen, der durch Sachvorſtellungen, durch mannichfaltig gemiſchte aus der mannichfaltigen Natur herausgeſchöpfte Ideen und durch dazu ſtimmende Reize zu Neigungen, Bewegungen und Handlungen ſeiner Seele eine zu ſeinen Abſichten und zu der Natur des Bodens paſſende Cultur giebt, ganz unbelohnt laſſen? Iſt denn wohl irgend einer unter meinen Zuhörern ſo jung, oder in ſeinem bisherigen Leben ſo wenig Beobachter geweſen, der nicht Beyſpiele wüßte, daß irgend eine wahrhaftig menſchenfreundliche und Tugend und Gerechtigkeit mit warmen Eifer befördernde obrigkeitliche Perſon, daß ein den ganzen Sinn ſeines

nes Berufs begreifender und von so starkem als sanftem Eifer brennender Lehrer der Schule oder der Kirche, oder ein in Ansehen lebender wohlthätiger, frommer und weiser Hausvater, Häuser, Dörfer, Städte und Gemeinen in eines Menschen Lebensalter gleichsam umwandelte, und den nahe anliegenden nachläßig bebauten und mit Disteln und Dornen überwachsenen Gegenden zur Seite anmuthige, gesunde, dauernde und sich selbst vervielfältigende Früchte der Wahrheit, Tugend und Frömmigkeit hervorgehen ließ? Laßt uns nur, meine Werthesten, als ächte Söhne Gottes und als unserm größten Oberherrn mit eifriger Treue ergebene Diener und Helfer in seiner Haushaltung arbeiten und kämpfen, um allerley Arten des Guten zu schaffen, und den Menschen edlere Begriffe von ihrer Würde, ihrer Bestimmung und der ihnen, als Menschen, gebührenden und erreichbaren Glückseligkeit beyzubringen suchen; laßt uns nur wandeln, wie wir lehren, und es an uns zeigen, daß im treuen Gehorsam gegen Gottes uns zur Glückseligkeit führende und durch Schrift und Natur uns gegebene Gebote, in einem zu immer mehrer Veredlung des Menschen hinstrebenstrebenden Leben und in heilsamer, den erhaltenen Kräften angemessener Thätigkeit wir die hohe der menschlichen Natur würdige Wonne gefunden, die wir Andern anpreisen! O! wir werden immer in dem Umkreise, worin wir wirksam sind, viele Früchte richtiger und heilsamer Kenntnisse und glückseligmachender Religion und Tugend hervorbringen können.

Denkt nicht, meine Freunde, ich wähnte, es dürfte am Ende Unvollkommenheit nicht mehr das Loos der Menschheit seyn. Ich fühle es lebhaft genug, daß der nach Vollkommenheit ringende Mensch, wie weit er auch kommt, noch immer Ziele der Vollkommenheit sieht und sehen muß, von denen er noch weit entfernt bleibt, daß er als unpartheyischer Prüfer seiner selbst, je schärfer er sieht, desto mehrere Mängel immer entdeckt, und daß ein stolzer über menschliche Unvollkommenheit sich erhaben dünkender Mensch noch immer in den wesentlichsten Stücken der Vollkommenheit ein sehr kurzsichtiger und nicht weit in die Natur der Sache eindringender Mensch ist. Welcher vorgeblich großer Gelehrter und welcher scheinbar großer Heiliger und Tugendheld nicht bescheiden und von Herzen demüthig blieb, war nie ein großer Gelehrter, nie ein großer Heiliger. Und laßt uns diesen Gedanken nicht traurig machen. Welch ein Glück, daß Geschöpfe, die ewig leben sollen, ewig in Vollkommenheiten fortschreiten und die Wonne des Weitergehens erwarten können! Wir müßten Gott seyn, oder wir wären einst elend, wenn wir einmal an ein Ziel kämen, über welches wir nicht hinausgehen könnten.

Aber ich fühle Sie, meine geliebten Freunde, bewegt; Ihre Seele fängt an vor Begierde zu entflammen, gesegnete Werkzeuge der Vorsehung zum Besten Ihrer Mitmenschen zu werden, selbige zu den reinen und erhabenen Vergnügungen, zu denen der Mensch gelangen kann, hinzuführen, und selbst in starken Zügen aus der besten Quelle der besten Vergnügungen zu trinken. Sie denken nun an die Kenntnisse, an die Neigungen und Handlungen, die uns jenen Nectar der menschlichen Vergnügungen in unsern Freudenkelch hineinströmen lassen. Wohl Ihnen, indem Sie Sich so bewegt finden, indem Sie diese Gedanken in Ihrer Seele auf= und abwelzen!

Wie gerne möchte ich Ihre Blicke nun über das ganze große Feld der Kenntnisse und Thätigkeiten

tigkeiten, hinführen, wo nie versiegende und reiche Quellen der edelsten menschlichen Freuden gefunden werden können! Wie gerne möchte ich Ihnen in dem Eden, das unsre Erde noch für die Weisern unter den Menschen hat, die verschiedenen Plätze zeigen, wo noch jede Klasse der Menschen eine reiche Fülle der edelsten menschlichen Freuden sicher finden kann! Allein wie lange würden wir in diesem Lustgarten der Menschen mit unsern Augen herumwandeln müssen, um alles gehörig zu bemerken! Und wie sollte ich, indem ich daran dächte, Ihnen alles, wie es ist, darzustellen, nicht auch zittern, und fürchten, alles möchte in dem Gemälde, daß ich Ihnen gäbe, auf der Charte, die ich entwürfe, zu viel von den ihm eignen Reizen verlieren! Und wie viel mehr muß ich das fürchten, wenn ich alles nur in einem Grundrisse, wie das hier seyn müßte, nur nach den erheblichsten Zügen schilderte! Und doch kann ich der Versuchung nicht widerstehen, letzteres zu thun. Und darf ich nicht glauben, daß Ihnen nach allen den vorhergehenden Betrachtungen nicht leicht eine Gegend dieses Edens fremd mehr seyn könne, und daß Sie, indem ich die reichsten und besten Freubenquellen zeige, Sich leicht Selbst die Thäler, wodurch sie fließen, dabey bemerken werden?

Wohl, so laßt es uns sehen, was die Menschen vom Regenten an bis zum Hüttenbewohner hinunter in ihrem Geiste und Herzen und in ihren Thätigkeiten sich für Vergnügungen hier auf der Erde zubereiten können.

Große Sterbliche, wie glücklich seyd ihr, wie viel des Guten könnt ihr, wie leicht es thun! So ruft der Sänger des Meßias aus, indem er an die Regenten denkt, und es lebhaft fühlt, worin deren großer Vorzug, deren eigenthümliche hohe Glückseligkeit besteht. Und worin besteht dieser Vorzug, diese hohe Glückseligkeit anders als in dem großen Vermögen, weit umher Vollkommenheit und Glückseligkeit zu verbreiten, und einen Platz hier auf Erden zu haben, wo man, wie sehr auch die Gottheit über das Vollkommenste und Wirksamste aller Geschöpfe erhaben ist, doch unter den Menschen dieser Gottheit am nächsten ist, und in dem großen göttlichen Geschäfte, Vollkommenheiten aller Art allenthalben entstehen, und empfindende und denkende Wesen glückselig werden und
sich

sich ihres Glück's freuen zu lassen, der Gottheit erster Theilnehmer und Mitwirker seyn kann? Die Geschichte der Könige lehrt es freylich, daß deren Geist nur zu häufig zu armselig klein ist, als daß sie ihr großes göttliches Amt hell aus diesem Gesichtspunct anzusehen, und eine Vorempfindung von den wonnevollen wahrhaftig göttlichen Vergnügungen zu erhalten wissen, die ihnen im reichen Ueberfluß zuströmen würden, so bald sie das hohe Geschäft jener Theilnehmerschaft treu und eifrig verwalten wollten. Was dem Fürsten mehr, als irgend einem würdigen Menschen, gering und schmacklos seyn sollte in Vergleichung mit den hohen Freuden, die ihm seine Regierungsgeschäfte geben können und gewiß geben, wenn er sie genießen will, nämlich jede sinnliche Ergötzlichkeit, die den Regenten nie weiter müßte angenehm seyn können, als sie zur nöthigen Erholung von den Regierungsarbeiten erforderlich wären, und den Ton der Kräfte wieder herstellten, darin versinken leider so viele Regenten, wie die Unwürdigsten unter den Menschen. Was für Könige nur so weit einen Werth haben sollte, als es ein ächtes äußerliches Merkmal von der wahren

X 3   königs

niglichen Würde, das ist, von einer über ein ganzes Volk sich weise verbreitenden Wohlthätigkeit und zur Glückseligkeit des Volks angewandten Macht ist, nämlich äußerlicher Glanz und äußerliche Ehrfurchtsbezeigung des Volks, bekommt leider für viele Regenten Reiz und Werth, wenn gleich die dadurch zu bezeichnende Sache ganz fehlt. Nur zu viele Regenten vergessen es leider, daß alle diese äußern Zeichen des Glanzes und der Ehrerbietung sie zu einem tiefen Gefühle von Schaam bey dem Gedanken bringen sollten, daß sie das nicht sind, was sie nach diesen äußerlichen Zeichen seyn sollten und zu seyn vorgeben. Aber wir wollen nicht sehen, was die Fürsten nur zu oft sind, und in welches tiefe Elend sie sich hineinstürzen, wenn sie die ihnen gebührende und von ihnen mit Recht geforderte Würde nicht behaupten, und in einer Stunde des Nachdenkens sich in ihrer Nichtigkeit und Unwürdigkeit erblicken, sondern wir wollen nur sehen, wie göttlich glücklich Regenten seyn können. Und welche Seligkeiten warten schon auf sie, wenn sie es fühlen, daß sie die Bedingung mit Eifer erfüllen, unter welcher nur der Mensch über Menschen Macht erhalten sollte,

sollte, daß sie nämlich als zärtlich gesinnte und weise handelnde Väter des Volks ganze Millionen glücklich machen. Welche Glückseligkeit ist es schon, wenn man auch nur einen Menschen aus Elend und Noth herausgerissen und ihn auf eine Laufbahn der Glückseligkeit gebracht hat! Wie hohe namenlose Wonne muß es denn nicht seyn, wenn ein Regent ein ganzes Volk durch seine weise Regierung von einer Stufe der Glückseligkeit zur andern steigen sieht! Wie eine wollustreiche Betrachtung muß es nicht für derselben seyn, wenn er bedenkt, daß seine wohlthätigen Handlungen durch die Lage, worin ihn die Vorsehung gesetzt hat, einen so hohen innern Werth erhalten, und in vielen Tausenden einen erhöhten Glückszustand bewirken, und ganze wüste und unfruchtbare Strecken des Erdbodens zu fruchtbaren und anmuthigen Gefilden umwandeln können! Und indem er das denkt, welche Ströme freudiger und dankbarer Bewegungen werden seine Seele über die Vorstellung durchströmen, daß die Gottheit ihn eben in der Reihe der Menschen einen Platz bekommen ließ, wo er in einem solchen Umfang Glückseligkeiten und Vollkommenheiten

28. Betrachtung.

schaffen konnte! Denn er wird es sich sagen, daß mancher eble zum Wohlthun und zur Verbreitung von allerley Vollkommenheiten und Glückseligkeiten geschaffene Geist oft an einer Stelle steht, wo er mit hundertfältig mehrerer Anstrengung nur auf einem Fleckchen des Erdbodens, nur bey wenigen Menschen sichtbare Wirkungen der erhöhten Vollkommenheit und Glückseligkeit hervorbringen kann. Und wenn er sich das sagt, und dann findet, daß es schon eine himmlische Wonne ist, wenn ein Mensch auch nur einen dem Elende entreißt, auch nur einen zu einer merklichen Stufe der Glückseligkeit erhebt: wie viele Mühe wird er, wenn er einer der besten unter denjenigen Menschen ist, deren Schicksal er sich anvertrauet sieht, wie viele Mühe wird er dann haben, die hohe himmlische Wonne zu ertragen, die auf ihn zuströmen muß; wenn er sieht, daß er millionenfältig so viel thun, ganze Schaaren beglückseligter Mitmenschen vor den Blicken seiner Seele haben kann. Er wird und muß in einem Meer von himmlischer Wollust schwimmen, wenn er eine ganze mit warmer Liebe, inniger Verehrung und lebhafter Dankbarkeit ihm ergebene Nation theils wirklich,

theils

theils in der Vorstellung vor sich erblickt, sich sympathetisch gleichsam in alle diese Menschen umgeschaffen sieht, und in und mit allen ihre Freuden genießt, als wären es bloß seine Freuden, oder als wäre aller Wesen und sein Wesen eins geworden. Und sieht er auf die Glückseligkeiten, die er schaffen kann, wie mannichfaltiger Natur sind selbige nicht! Ganz gewiß wird seine erste und größte königliche Freude, wenn er sie alle richtig schätzt, diese seyn, daß er allen Mitmenschen, die er leitet, einen glückseligen Seelenzustand verschaffe, die besten und nützlichsten Kenntnisse nach den verschiedenen Lagen, worin sie sind oder seyn können, zuführe, eine zu heilsamen Kenntnissen stimmende Ordnung in den Neigungen bewirke, einen Geist der Menschenliebe, der Gerechtigkeit und Wohlthätigkeit unter selbigen rege mache, feurigen Eifer zu nützlichen Geschäften erwecke, und sein Volk dahin bringe, daß es an nützlicher Geschäftigkeit und Arbeit seine süßten Vergnügungen finde. Und wie ein wonnevolles Geschäfte muß es für ihn seyn, wenn er nun, um den Brüdern, deren Vorsteher er ist, jene größten Vortheile zu verschaffen, daran arbeitet, der Gesetzverwaltung, dem

Lehramt, der Rechtspflege, dem Militairwesen, und allen Theilen der großen Staatshaushaltung eine solche Einrichtung zu geben, daß Unterricht und Wandel und Betragen aller derer, durch welche er sein Volk leitet und regiert, die große Wahrheit laut und mit einbringlicher herzgewinnender Kraft seinem Volke predige: Der Mensch ist nur durch heilsame Kenntniß, nur durch wohlgeordnete Neigungen und Triebe, nur durch Arbeit und Geschäftigkeit, nur durch Wohlthätigkeit und gegenseitigen Genuß der Liebe glücklich, geht dadurch nur muthig dem Tode entgegen, und öfnet dadurch nur sich eine frohe Aussicht übers Grab hinaus. Und wenn er daran arbeitet, daß seine ganze Staatsverwaltung diese Wahrheit verkündigen möge, und wenn er so zugleich den Einwohnern seines Reichs nach ihren verschiedenen Lagen und Fähigkeiten so viele äußerliche Glückseligkeit verschafft, als mit der Begränztheit unsers Geschlechts und mit der Natur unserer Erde und dessen, was darin, darauf und darüber auf uns wirkt, bestehen kann: wie viele herrliche Freuden warten auf ihn, wenn er allenthalben alles nach seinen und seiner weisen Räthe Einrichtungen

in

in seinem Staat zur Erreichung seiner Absichten sich bewegen und wirken sieht, und wenn er die guten Erfolge bemerkt, oder durch einen unrichtigen Lauf irgend eines Triebrades einen Wink erhält, auf dessen Verbesserung zu sinnen! Indem er die Einschränkung seines Vermögens fühlt und sieht, daß er bey der nöthigen Uebersicht des Ganzen und bey der Prüfung aller Haupttriebwerke der Staatsmaschine, oder aller Entwürfe, die zur Verbesserung alter Einrichtungen oder zu neuen Anordnungen bestimmt sind, nicht Muße und Kräfte genug hat, selbst viel Einrichtungen mit hinlänglicher Rücksicht auf alle dabey zu erwägenden Umstände mit Vorsicht und weiser Ueberlegung zu machen: wie ein angenehmer Gedanke muß es für ihn seyn, daß es nicht an treuen, einsichtsvollen und weisen Männern unter seinem Volke fehlt, welche ihm in allem beystehen können; und wie ein angenehmes Geschäft muß es zugleich seyn, indem er selbige besonders unter denen sucht, die bescheiden zurück stehen, aber Geist und Herz voll von Kenntnissen und feurigen Trieben haben, um ihm zur Erreichung seiner Absichten ihren Dienst mit Einsicht und Kraft zu weihen

und

und weißen zu können! Sind die Kräfte der Seele und des Leibes in diesen mannichfaltigen wahrhaftig königlichen Handlungen und in dem damit unzertrennlich verbundnen hohen Wonnegenuß erschöpft, braucht der Regent Ruhe und ein zur Erholung dienendes Vergnügen, das nicht so stark ist: so wird er sich auch zuweilen zu gewöhnlichen Vergnügungen der Höfe herablassen. Aber wie wird er sie, wenn gleich der nicht beßre Freuden kennende schwache Mensch mit Entzücken davon oft spricht, itzt doch schaal und geschmacklos finden, und wie wird er es lebhaft erkennen, daß nie eine ächte königliche Seele in den Regenten wohnte, die in solchen eines Regenten so höchst unwürdigen sinnlichen Lüsten versinken und nicht sehen, nicht empfinden konnten, welche hohe menschliche Glückseligkeiten ihnen dadurch geraubt würden. Wie armselig klein wird er die Regenten finden, die wohl gar diese für seine königliche Seele so geschmacklose Kost mit dem Gelde kauften, das vom Schweiß und Kummer der Menschen, die glückselig zu machen ihr Beruf war, erpreßt war. Indem er denjenigen Vergnügungen nur zur Erholung beywohnt, die nicht für einen solchen Preis ge-
kauft

kauft werden, und welche er vielleicht nicht einmal nähme, wenn es ihm nicht Freude wäre, irgend ein Vergnügen mit dem Volke, darüber er regiert, zu theilen, und daſſelbe auch Freuden mit ſich theilen zu laſſen: ſo wird er ſelbſt dabey ſich von einer weit eblern Bewegung des Vergnügens ergriffen fühlen, wenn er bey dieſen Erholungsvergnügungen denkt, wie bald ſeine hergeſtellten Kräfte ihn wieder zu den Freuden hinführen, die ihn die Vorſehung in ſeinen königlichen Geſchäften und den damit verbundnen ſeligen Empfindungen genießen läßt. Zwar wird er auch nicht immer dieſe hohen Wonneempfindungen haben. Er wird, wenn er ſein Volk im Geiſt oder in Perſon in allen Gegenden ſeines Reichs beſucht, manche Unvollkommenheit, manches Uebel finden. Er wird manches faule Glied des Staatskörpers erblicken, manchen unnützen oder ſchädlichen Diener finden, oft einen, den er für edel und gut hielt, als einen Blutigel an ſeinem Volke ſaugen ſehen, um nur ſich zu mäſten. Das alles wird ihn tief betrüben. Aber Regenten ſind auch nur Menſchen. Auch ihr Loos iſt es, nicht ohne Leiden zu ſeyn. Auch bey ihnen würde das Gefühl zur Empfindung

wonne-

28. Betrachtung.

wonnevoller Freuden stumpf werden, wenn es nicht durch den Contrast des Kummers wieder von Zeit zu Zeit, geschärft würde. Und wie viel Freude muß es dem Regenten machen, daß er bey Erblickung der meisten Leiden mächtig herzutreten, und denselben ein Ende machen kann! Hat er auch zuweilen Schwierigkeiten zu bekämpfen, welche zu besiegen seine ganze Macht kaum hinreicht: so ist auch das Wonne für ihn, große Uebel weggeschafft, sehr schwer zu erwerbende Güter errungen zu haben. Sie werden, meine geliebten Freunde, voll von Begierde seyn, um den Regenten auf allen den verschiedenen Wegen, die er betritt, um jede Art des Wohlstandes und der Glückseligkeit in seinen Landen entstehen zu lassen, zu begleiten und zu sehen, wie er seine Bedienten wählt; wie er gute, treue und weise Gehülfen in seinen Geschäften schätzt und liebt; wie er nie etwas anders, als Einsicht, Geschicklichkeit und eine edle große Seele, ein Titel zu Aemtern und Bedienungen seyn läßt; wie er Begüterten die edle Hoheit der Seele einzuflößen sucht, nicht sowohl für Geld als für den göttlichen Lohn, mit ein Wohlthäter eines Volks zu seyn, und dasselbe mit glücklich

lich gemacht zu haben, dem Lande zu dienen; wie er diejenigen, die es vergessen, daß sie bestellt wurden, zur Glückseligkeit des Volks Recht und Gerechtigkeit zu handhaben, oder solche Beyträge zur Casse des Landes einzuheben, als die Menschen, ohne eine Beute des Kummers oder der Nahrungssorgen werden zu dürfen, hergeben können, und die, indem sie das vergessen, Land und Leute wie einen Raub ansehen und unglücklich machen, wie er diese, sage ich, die ganze Macht seines Zorns fühlen, und zum warnenden Beyspiel strafen läßt; wie er allenthalben die natürlichen Rechte der Menschheit aufrecht erhält oder wieder herstellt; wie er bey den Beschatzungseinrichtungen dahin sorgt, daß dadurch eine gesunde Organisation des ganzen Staatskörpers befördert werde, und daß daher nun von Vermögenden Geld zu den Bedürfnissen des Staats genommen, dagegen Hülfsbedürftigen geholfen, jeder aber angereizt werde, das Vermögen des Staats, wie sein eignes Vermögen, durch Arbeitsamkeit, durch Kunstfleiß, durch Mäßigkeit und durch eine seiner Lage angemessene Vermeidung des Aufwands zu vermehren; wie er es zu seiner Hauptsorge macht, daß sein Land nicht nur vor Schulden

den bewahrt, sondern daß vielmehr dafür ein Schatz gesammelt werde, wodurch er Hauptverbesserungen unternehmen, wodurch er einen durch Brand, durch Mißwachs und andre Landplagen verursachten Schaden bald heilen, und wodurch er Feinden des Staats mächtig widerstehen könne; wie er — — — Doch wie können wir auch nur alle die Wege nennen, auf welchen wir dem Regenten in seinen verschiedenen Geschäften nachgehen, und seine königlichen Freuden mit ihm in der Mitempfindung theilen möchten! Ohnehin möchte Mancher, der nicht mit uns in gleicher Empfindungslage wäre, uns fragen, wozu es nützte, von königlichen Vergnügungen zu reden, die uns nicht bestimmt sind? Wir dürften nun freylich solche Fragen derer nicht achten, die keinen Sinn für solche Betrachtungen haben, und die es nicht wissen, daß jeder, welcher es erkennt, was für ein göttlicher Mensch ein edler Regent ist, es sehnlich wünschen müsse, es möge ein über ein ganzes Land Glückseligkeit verbreitender Fürst auch hohe Wonne und erhabne Glückseligkeit dafür zur Belohnung erhalten, und daß sie daher selbst nicht eine süßere Freude erleben können, als wenn sie an alle die erhabnen Freu=

den

den denken, die wirklich das Eigenthum wohlthätiger und Gefühl für hohe göttliche Glückseligkeiten habender Fürsten sind. Wir könnten solchen Fragenden auch sagen, daß, wenn es solche Regenten geben solle, die Bildung derselben am Ende von denen abhänge, welche sich zum Dienst des Staats bestimmen, und entweder unmittelbar an der Erziehung der Fürsten und der Ersten des Volks arbeiten, oder doch auf irgend eine Art Einfluß in die Bildung und das Leben der Prinzen und der Regenten haben. Allein wir haben, wenn wir auch der Versuchung, den vortreflichen Regenten und dessen aus seinen Geschäften entspringende Glückseligkeiten noch ferner mit unsern Blicken und mit unsern Empfindungen zu verfolgen, nachzugeben uns erlauben dürften, doch schon zu lange bey dieser entzückenden Betrachtung verweilt.

Wir sollen noch sehen, wie die andern Klassen der Menschen auch auf eine ähnliche Art glücklich seyn könnten. Aber wir sehen es, es wäre ein Werk vieler Stunden, wenn wir so bis zu dem Hüttenbewohner hin jede Klasse der Menschen nach dem aus ihren Geschäften entstehenden Glückszustande betrachten wollten. Und doch müssen Sie es empfinden, wie selbst zu dem Gemälde königlicher Freuden noch das

Gemälde des Glückszustandes eines geringen Landmanns hingestellt werden, und doch Reize für den Menschen haben könne, wenn dieser Hütteneinwohner nicht unter der Geißel eines Tyrannen oder eines tyrannischen Dieners seines Herrn seufzet.

Gehen Sie mit mir in die Hütte eines solchen Mannes. Er kommt eben von der schweren Arbeit zurück, womit er sich ein Tagelohn verdient hat; und siehe, seine Kinder hüpfen ihm entgegen, hängen sich an ihn, und freuen sich laut seiner Daheimkunft. Kaum kündigen die sich laut freuenden Kinder seine Ankunft an: so verläßt sein gutes Weib ihren Feuerheerd, und heißt ihn mit liebevoller Freundlichkeit willkommen. Selbst sein treuer Hund wedelt liebkosend um ihn herum; und siehe, der Mann hat ein fühlend Herz, und dankt Gott, daß er nach der schweren Arbeit des Tages seinem Weibe und seinen Kindern so viele Freude machen, und daß er so viele Erquickung bey selbigen finden kann. Wie vielen Großen und Reichen wird's, ruft er aus, lange nicht so wohl, daß sie so viel Trost und Freude bey Weib und Kindern finden! Da ist mir freylich der Tag bey saurer Arbeit lang geworden; aber dagegen wird mir die Ruhe nun auch recht süß. Und wie wohl schmeckt mir nun

nun auch das Brodt, dazu ich den Rocken auf unserm Stückchen Feldes säete, und das du mir, gutes liebes Weib, backest! Alle schönen Gerichte können den Reichen nicht so wohl schmecken, indem ihnen nicht Hunger und Arbeit die Speise würzet. Und da stehen die lieben Jungen, und sagen es mir so angenehm vor, wie sie nun auch bald werden arbeiten können, und wie sie dich, liebes Weib, und mich im Alter verpflegen wollen. Und wenn wir alle ferner so Gott fürchten und oft zusammen beten: so wird Gott die Kinder auf seinen Wegen erhalten, und so wird es uns nicht an dem Nothdürftigen mangeln. Die kleine mit Stroh gedeckte Hütte schützt uns doch so gut, als der Reichen große Häuser, gegen Wind und Regen. Dazu ist das freye Feld ein so schöner Aufenthalt für die Menschen, und da können wir, weil wir bey unsrer Arbeit härter und gesunder sind, als die Vornehmen, viel häufiger seyn, als sie. Wie laufen sie oft vor Kälte zitternd und mißvergnügt in ihre warme Stube hinein, wo sie immer einerley sehen, unterdessen da uns draußen so wohl ist, und wir immer etwas auf Gottes Erdboden finden, das uns neu ist; da wir Vögel und Thiere frölich dahin hüpfen und springen sehen, und da Sonne, Mond und Sterne so munter über den Kopf

dahin

dahin wandeln. Die Arbeit wird mir oft sehr sauer, wenn so eine brennende Sonnenhitze da ist, oder wenn ich bey schlimmer Herbstwitterung oder im Winter oft kalt und naß werde. Aber da tröstet es mich denn, daß ich für ein so gutes Weib und für so gute Kinder denn auch etwas erwerbe, daß mich die dafür lieb haben, und daß ich auch viel ertragen kann. So ist es mir auch eine große Freude, wenn ich denke, daß selbst unser König nicht leben könnte, wenn wir Leute nicht den Acker bestellten, des Viehes warteten, und für seine Nahrungsmittel mit sorgten. Wenn da der Mann in der Stadt lauter Seide und Sammt macht: so thut er doch nicht so etwas nützliches, als wenn ich pflüge oder säe, Korn mähe und dresche. Allen Menschen ist doch das zur Erhaltung nöthig. Wir haben bey unsrer Arbeit nur wenig übrig; aber da liegt doch so viel Geld in der Lade, daß, wenn ich auch drey Monat krank wäre, wir doch nicht Noth litten. Und so leicht läßt uns Gott nicht so lange krank werden, wenn wir fleißig arbeiten und ordentlich leben. Und was wir so sauer verdienen, das ist uns dann auch viel werther, als Andern ihre Herrlichkeiten sind, um die sie sich es nicht haben sauer werden lassen. Das grobe Tuch, was wir tragen, wärmt uns so gut, als den Reichen sein Pelz, und da

wir's

wir's wissen, wie lange wir sparen müssen, um ein Kleid anschaffen zu können: so freuen wir uns doch mehr, daß wir's haben, als Andre sich freuen, wenn sie kostbare Kleider bekommen, und wir nehmen so auch alles viel mehr in Acht. Weil wir so weniges haben: so stellen uns auch nicht Diebe und Räuber nach. Und was ist es nicht für eine Freude, wenn wir zusammen unsern Kohlhof bepflanzen, und uns freuen, bey einander zu seyn, und unsre Kinder vergnügt um uns herum springen zu sehen! Freudenthränen kommen mir oft in die Augen, wenn ich an die angenehmen Tage denke, da ich einmal zu Hause bleibe, um unser Stückchen Land mit dir umzuhacken und zu besäen, und zur Erndtezeit das reife Korn zu mähen und einzusammeln. Wie wohl wird uns dann, wenn wir sehen, daß Gott das Korn so gerathen läßt, daß wir mit unsern Kindern unser Brodt davon essen können; und wie froh macht es uns, wenn wir denken, wie viel Gutes Gott uns überhaupt giebt, und wie wohl wir daran sind, so einen Gott und liebreichen Vater zu haben. O wie fühlen wir es doch so oft, so lebhaft, daß er wirklich unser liebreicher Vater ist! Daß wir Gesundheit, Kleider und Nahrung und unser Häuschen zum Schutz gegen Ungewitter und Kälte haben, wie viel Glückseligkeit ist das nicht! Eine Freude, wie selbst unser König nicht leicht haben kann, habe ich aber vorzüglich dann, wenn ich denke, daß wir alle Gott fürchten und ihm gerne gefallen wollen. Denn so, denke ich, kann's nicht fehlen, daß wir alle wieder im Himmel uns vereinigen, und da in Freude und Seligkeit immer leben werden. Weil wir an alles dieß am Sonntage so oft mit Freude denken, so ist mir auch dieser Tag so ein erfreulicher Tag. Wenn wir da in der Predigt hören, wie gut es Gott mit uns Menschen gemacht hat und noch immer macht; wenn wir dann zu Gott beten und singen, und wenn wir hernach mit unsern Kindern im Sommer auf das Feld gehen, und sehen, wie so schön Gott Korn und Gras und Blumen und Bäume für uns wachsen läßt: so fühlen wir's, liebes Weib, so lebhaft, daß alles, was Gott thut, wohlgethan sey, daß er uns gerne Freude die Fülle giebt, und daß wir viele Wonne und Seligkeit im Himmel zu erwarten haben. Und daher ist uns der Tod denn auch gar nicht fürchterlich, den man dem gnädigen Herrn, für den ich gewöhnlich arbeite, und der so reich ist, soll gar nicht nennen dürfen, wenn er nicht vor Schrecken blaß werden soll. Wenn ich so mit saurer Mühe alles verdiene, und weis, daß durch meine Arbeit etwas recht Gutes geschieht:

schießt: so freuet mich es auch, daß kein unrecht erworbenes Gut darunter ist, und daß ich alles so ehrlich und gut verdiene, was ich bekomme. Was mich betrübt, ist dieß, daß unser Nachbar sein Leben gar nicht so gut haben will, und daß er es so gar nicht versteht, wie man's anfangen müsse, um recht frohen Muths zu seyn. Er hat auch ein treues gutes Weib, das ordentlich lebt, für ihn sorgt, und darauf hält, daß ihre Kinder Gott fürchten und gut werden. Aber er geht, wenn er ein bischen verdient, wohl gar an den Werkeltagen nach einer Schenke hin, und trinket sich voll. Wenn ein Sonn- oder Feyertag sich einstellt: so bleibt er nicht zu Hause, und freut sich nicht auf eine so süße Art, wie wir unter einander uns itzt und so oft zusammen freuen, mit seiner Familie, sondern er geht hin, um ein schmackloses elendes Vergnügen in rauschendem Lermen und in Völlerey zu finden, da er eine so edle und große Glückseligkeit haben könnte, als uns itzt und so oft zu Theil wird.

O möchte ich Ihnen nun es dazu malen können, meine Zuhörer, wie dieses guten Landmannes gutes Weib mit Auge, Miene und in Ausbrüchen einzelner Worte dem Manne in seinen Gedanken entzückt folgt, und Gott tausendmal preiset, daß er ihr einen solchen Mann gegeben hat, und wie die Kinder, indem der Vater spricht, an seinen Lippen hängen! Da würden Sie es sehen und fühlen, wie viele Freuden selbst dem Hüttenbewohner zu Gebote stehen, wenn er seine Berufsarbeiten thut, Gott fürchtet, unter dem Schutz eines guten Regenten die Rechte der Menschheit durch eine menschenfreundliche und rechtschaffene Staatshaushaltung gesichert sieht, ein treues Weib besitzt, und ihm Kinder heranwachsen, die fromm und gut sind.

O meine theuren Freunde, Arbeit, Gottesfurcht, Eintracht, Liebe und Freundschaft geben uns große ins Herz dringende, unsre Wünsche befriedigende, keine Seelenleere zurücklassende und dauernde Vergnügungen. Alles, was wir sonst Vergnügen nennen, und wohinter der große Haufe der Menschen in der täuschenden Erwartung darein rennt, daß er da Glückseligkeit finden werde, ist nur erst von Werth, wenn es jenen ersten menschlichen Freuden keinen Eintrag thut, und ist immer in Vergleichung mit den edeln Vergnügungen des Verstandes und des Herzens sehr schmacklos. Und wie sollten Sie, meine geliebten Zuhörer, das nicht mit der lebhaftesten Ueberzeugung und unter dem stärksten Hinstreben zu diesen ersten Freuden der Menschheit erkennen und fühlen.

Sie,

Sie, die Sie Sich ganz vorzüglich dem Dienst der Gottheit weihen, die Sie Sich Bildung, Unterricht und Leitung der Menschen zu dem Geschäft Ihres Lebens machen wollen; mit welcher Wonne werden Sie nun an alle die Freuden denken, die Sie Sich bey Ihren künftigen Berufsgeschäften versprechen können! Was für ein seliges Geschäft ist es schon, auch nur in eine einzige Hütte so viele Glückseligkeit hineingebracht zu haben, als unser Hüttenbewohner genoß, weil Kenntniß, Neigung und Thätigkeitsäußerung sich bey Mann und Weib und Kindern vereinigten, sie zu nützlichen und frohen Menschen zu machen. Und in wie viele Häuser werden Sie, indem Sie in jugendlichen Seelen eine solche Denkungsart durch Bildung, Unterricht und Beyspiel lebendig und kräftig werden lassen, so vielen süßen Frieden hineinbringen können! Wie viele Seelen, die in den Strom der Unordnungen und der sinnlichen Lüste mit hineingerissen sind, und die sich und Andern tausendfältiges Elend zubereiten, werden Sie dadurch, daß Sie selbigen den Weg zur Glückseligkeit mit den stärksten Aeußerungen der Liebe und der Bekümmerniß um sie treu zeigen, und das Unglück, in das sie sich immer mehr und mehr hineinstürzen, in seiner furchtbaren Gestalt vorhalten, ihrem Untergange noch zeitig entreißen,

reißen, und zu einer ewig dauernden Glückseligkeit hinführen können! Was für Freude muß es Ihnen machen, daß es Ihnen vorzüglich mit vorbehalten ist, auch in Ansehung der gesellschaftlichen Pflichten und der äußerlichen Glückseligkeit eine Menge von Menschen von der Jugend an auf den Platz zu stellen, wo sie zum Besten des Staats und zu ihrer eignen Glückseligkeit am meisten wirksam seyn kann! Und denken Sie endlich daran, daß wenn Sie auch nur eine Gemeine, auch nur hundert auf so viele tausend Menschen in Zukunft wirkende künftige Lehrer, Rechtsgelehrte, Aerzte und obrigkeitliche Personen durch Bildung, Unterricht und Leitung zu vielen nützlichen Kenntnissen, zu muthigen Tugendbestrebungen und zum Genuß einer höhern Glückseligkeit hingebracht haben, die Folgen davon sich über alle zahlreiche Nachkommen bis in die entferntesten Zeiten ausbreiten werden: wie muß ihre Brust schon von den Vorempfindungen einer so himmlischen Freude, als ein solches Geschäft mit sich führen wird, itzt aufschwellen! Wie werden Sie nun jeder Sie zu solchen Berufsgeschäften tüchtig machenden Arbeit, die Sie hier auf einige Jahre zu übernehmen haben, einen hohen Werth beylegen, und selbst dabey zugleich reich an der Glückseligkeit seyn, die Sie finden müssen, wenn
Sie

Sie bey jedem Schritt in Kenntnissen Sich mehr an Geisteskraft erhoben, immer mehr alle Triebe, Neigungen und Handlungen in eine dazu stimmende Ordnung gebracht, und so Ihr eignes Leben dem Ohre der Seele nach und nach eine lieblich harmonische und melodische Musik werden lassen! Und indem Sie hier an die zu treibenden Wissenschaften denken: wie eine Freude muß es für Sie seyn, daß in allem Gott, die Natur, der Mensch, menschliche Glückseligkeiten und Vollkommenheit und Schönheit das sind, womit Sie Sich täglich in denselben zu beschäftigen haben. Theologie, Geschichte, Philosophie, die schönen Künste und Wissenschaften sind in dem freundschaftlichsten Bunde mit einander vereint, und bieten sich in allen Erkenntnißarten immer wohlthätig die Hand.

Sie, die in einen Stand, der ein trauriges immerwährendes Monument von den gröbsten Abirrungen des menschlichen Geschlechts von der Gerechtigkeit und Liebe ist, in den Kriegsstand durch Umstände oder Wahl hineingeführt sind, die Sie es wissen, daß es kaum einige Wenige unter dem gemeinen Mann giebt, die durch starke Neigung zu den in diesem Stande erforderlichen Geschicklichkeiten oder aus reinem Triebe, Land und Mitbürger gegen etwanige Unterjochungen

von

von Seiten einer fremden Macht zu schützen, in den Soldatenstand hineingezogen werden, die Sie wissen, daß vielmehr fast Alle, wenn sie nicht durch wachsame Aufsicht und scharfe Strafe zurückgehalten werden, für den Mitbürger, der ihn ernährt, um dagegen Schutz von ihm zu haben, leicht die größte Last und Plage werden; die Sie es endlich auch wissen, wie mancher Officier und commandirende Chef im Kriege, wo er kommt, eine Geißel der Menschen ist: wie werden Sie nun darauf sinnen, einst auf eine solche Art Ihren Dienst zu thun, daß Sie den Lastern wehren, dem Lande, dem Sie dienen, eine wahre Schutzwehr, den Oertern, Städten und Ländern, wohin Sie kommen, Trost, Erleichterung und Beystand werden! Sie dürfen Sich freylich nicht leicht die uns so seligmachende Freude versprechen, daß Sie unmittelbar Glückseligkeiten über ein Land verbreiten, und den Menschen Glücksvortheile zuführen. Aber Sie wissen es, wie eine große Glückseligkeit der Mensch auch darin findet, einem grausamen Leiden und einer unmenschlichen Mißhandlung entrissen zu werden; und wie oft findet der Krieger dazu Macht in seinen Händen! Und wer weis es nicht, wie viel ein Officier vermag, den ausschweifenden Soldaten zur Ordnung wieder zurück zu führen, nach und nach ein

Gefühl

Gefühl von der damit verknüpften Glückseligkeit zu erwecken, und so den Saamen zu wahrer Tugend zu säen! Sind glückliche Menschen der wonnevollste Anblick für Sie: so werden Sie innig froh seyn, wenn die Nationen in Friede und Eintracht die Gaben der Natur genießen. Können Sie Sich nicht entschließen, Theilnehmer irgend einer Ungerechtigkeit zu seyn: so werden Sie nie einem Fürsten dienen wollen, der andre Nationen widerrechtlich in ihren Besitzungen stört, der, um Eroberer zu seyn, und fremde Besitzungen räuberischer Weise an sich zu reißen, die Menschen zu Tausenden auf die Schlachtbank führt, und der Millionen Menschen unter unzähligen Quaalen und unter harten Bedrückungen seufzen oder unterliegen läßt. Aber Sie werden hohe Freude in dem Vorsatze und in dem Bewußtseyn finden, daß Sie einem gerechten Regenten in der Vertheidigung seiner Rechte und in der Beschützung derer, die sich seinem väterlichen Schutz anvertrauten, treu und muthig beystehen werden, und Sie werden mit Wonne an alle die Gelegenheiten denken, die Sie so finden werden, allenthalben Menschen aus Noth und Elend zu retten, und für viele Bekümmerte ein tröstender und ihre Leiden erleichternder Schutzengel zu seyn. Und indem Sie so denken, und es fühlen, daß Sie bey diesen Gesinnungen

nungen edle und wohlthätige Wesen werden: so wird Ihnen jedes Geschäft, wodurch Sie Sich zu Ihrem Amt geschickt machen, und Sich den Weg zu hohen Beförderungen im Kriegsstande bahnen, desto angenehmer werden müssen, je mehr dadurch die Hofnung vermehrt wird, einmal im Kriegsstande zu einem solchen Posten hinzukommen, wobey Sie in Ihren Handlungen Sich nicht mehr bloß, wie eine durch eine fremde Kraft gelenkte Maschine, ansehen dürfen, sondern selbst einen nach Ihren Einsichten und Neigungen bestimmten Wirkungskreis machen, und mit einer gewissen eignen Willkühr handeln und wohlthätig werden können. Indem Sie so über Ihren Stand und das, was Ihnen darin einen Werth geben kann, denken: so werden Sie es lebendig erkennen, wie sehr diesen Stand, der die Gerechtigkeit und Unschuld, deren Stimme nicht mehr geachtet wird, aufrecht zu erhalten bestimmt ist, und der den edlen Mann in dem der Gerechtigkeit und Unschuld geleisteten Beystande seine erste und beste Freude finden läßt, die Menge derer ganz verkennen, die ihn nur wählen, weil sie viele müßige Tage, viele Verzeihung in Abweichungen von dem Wege der Religion und der Tugend, und viele Gelegenheiten, sinnlichen Lüsten nachzugehen, dabey zu finden hoffen. Sie werden es unmöglich finden,

daß

daß ein Mann, der vorzüglich ein Mann der Ehre heißen will, in der Stunde des Nachdenkens sich selbst als ein solcher erscheinen könne, wenn er sieht, daß Mangel nützlicher Thätigkeit, Verlezzung vieler heiligen Naturrechte, deren allgemeine Beschützung und Bewahrung nur Tugend ist, und tiefe Erniedrigung der menschlichen Würde ihm allen Anspruch auf wahren Adel der Seele, auf den ehrwürdigen Titel eines Rächers der beleidigten Unschuld, auf den Beyfall der Edlen, und also auf den Titel eines Mannes von Ehre rauben müssen.

Der künftige Arzt wird schon von wonnevollen Empfindungen glühen, wenn er daran denkt, daß es sein Loos seyn werde, der Trost der Kranken zu seyn, Manchen, der am Rande des Todes steht, wieder davon zurück zu führen, und sich über alle die Glückseligkeiten, die ein so dem Tode Entrissener noch selbst hier genießt und seinen Nebenmenschen verschafft, lebenslang zu freuen. Mit feurigem Eifer wird er itzt sich mit allem bekannt machen, sich alle die Geschicklichkeiten verschaffen, wodurch er in den Stand gesetzt wird, ein so wohlthätiges Wesen zu werden. Und da er es weiß, wie viele vorgebliche Aerzte die Hofnung der Menschen betrügen, und vielmehr große Würger als Erhalter der Menschen sind: wie wichtig
wird

wird ihm daher die Vorbereitungszeit auf den Universitäten, wie alle seine Seelenkräfte an sich ziehend jede Hülfe des Lehrers, jedes Buch, jede praktische Anleitung seyn, damit er mit sicherer Hofnung es erwarten könne, einst vielmehr ein Retter als Verderber zu seyn. Und indem er so mit Eifer und freudiger Hofnung arbeitet: wie manches reizende Vergnügen des Verstandes und des Herzens wird er zugleich in Geschäften finden, die immer den Menschen und die Natur der Dinge, davon Tod und Leben abhängt, zum Gegenstande haben.

Und Sie, theure Zuhörer, die Sie Sich irgend einem Amte widmen, das sich mit der Verwaltung der Gesetze und mit der Handhabung der Gerechtigkeit beschäftigt, wie mannichfaltige wonnevolle Aussichten haben Sie vor Sich, wenn Sie auch auf nichts anders, als auf Thätigkeit und Arbeit, und auf Ihrer Arbeiten Wirkungen sehen! Beruft Sie Neigung und Fügung der Umstände zu dem Amt eines Sachwalters der Gerechtigkeit: wie viele große Glückseligkeiten der Menschen werden hiebey nicht in Ihrer Macht seyn! Sie wissen es, daß Recht und Gerechtigkeit mit genauer Rücksicht auf Gesetze und landesherrliche Verordnungen muß verwaltet werden. Sie wissen es, daß der Staat die Entscheidung

dung der Streitigkeiten nicht dem billigen Ermessen eines Richters, ohne diesen an gewisse bestimmte Gesetze zu binden, überlassen darf. Sie wissen endlich, wie nöthig es ist, einen gewissen Rechtsgang zu bestimmen und mehrere über einander erhöhte Gerichtshöfe zu verordnen, damit nicht der Richter zu eilfertig und unüberlegt in einer Sache urtheile, und damit, wenn ein Richter aus Mangel der Kenntniß oder aus Partheylichkeit unrecht urtheilt, und die Unschuld verdammt, und dem Ungerechten das Recht zuerkennt, die Unschuld damit noch nicht verloren habe. Aber Sie wissen auch, wie schwer die Anwendung der Gesetze auf viele Fälle, an die ein Gesetzgeber nicht dachte, oft ist; Sie wissen auch, wie unendlich oft ein redlicher Mensch von gesundem Verstande schnell und recht die Streitigkeiten der Menschen schlichten, und denen, die Recht haben, Recht verschaffen könnte, wenn nicht oft mangelhafte oder dunkel abgefaßte Gesetze und Verordnungen eine Weile desfalls Hindernisse in den Weg legten, und eine deutlich erkannte Sache verwirrten; und Sie wissen endlich auch, daß alle die Vorsichtsmittel, die bestimmt sind, den Unschuldigen gegen Ungerechtigkeit zu schützen und ihm Wege zu bahnen, auf denen er zu seinem Recht gelangen könne, von den Dienern der

Ungerechtigkeit und von den Bösewichtern, die Processe führen, um ihrem Gegner Recht und Eigenthum zu entreißen oder auf eine geraume Zeit vorzuenthalten, ganz wider die Absicht der Gesetzgeber zur Erreichung der entgegen gesetzten Absicht, zu allerley falschen Ausflüchten und zu tausendfältigen Rechtsverdrehungen genützt werden. Welch einen Dank werden Sie also von den Menschen, denen die Bosheit der Menschen Gut und Recht entreißen will, welchen ehrenvollen Dank und Beyfall der Richter der Gerichtshöfe und selbst der Regenten, die recht richten und die Gerechtigkeit treu verwaltet wissen wollen, und welchen Segen von der Gottheit, die alles ungerechte Wesen hasset, zu erwarten haben, wenn Sie die itzt zu erwerbenden Rechtskenntnisse nie anders nützen, als zum Besten derer, die Recht haben und unschuldig leiden, und zum Schrecken und zur muthigen und starken Gegenwehr wider die Elenden, die der Ungerechtigkeit und Bosheit zum Beystande dienen. Müßten Sie auch, indem Sie diese erwerben, manches Gefilde durchwandern, worin Sie nicht Nahrung genug für Geist und Herz finden; gelünge es Ihnen auch nicht immer genug, in den verschiedenen Gesetzen der Völker zugleich eine interessante Geschichte des menschlichen Geistes und Herzens und der Wirkungsarten derselben in Meynungen, Gesetzen und Anordnungen zu finden: so wird doch die einzige Betrachtung, daß viele vielleicht mühsam zu erwerbende, viele vielleicht nur mit Voraussetzung einer Menge von menschlichen Unordnungen und Mängeln erheblich werdende Kenntnisse die reizende Macht erhöhen, große Wohlthäter unschuldig gedrückter und verfolgter Menschen zu werden, alle Ihre Arbeiten Ihnen so angenehm machen, daß Sie nicht anders als mit Verachtung auf diejenigen hinsehen können, die, anstatt diese ihre Geschäfte treu und mit Eifer zu treiben und solche erhabne Vergnügen zu genießen, sich vielmehr den schmacklosesten und niedrigsten Vergnügungen ergeben, und so die kostbare Vorbereitungszeit vorbey gehen lassen. Und hat Sie die Vorsehung zu Richtern, zu Vorgesetzten ansehnlicher Gerichtshöfe ausersehen: wie viel mehr wird dann Ihre Macht ausgedehnt seyn, Recht zu schaffen, und eine mächtige Hülfe der Nothleidenden zu seyn! Wie wenig werden Sie, so lange Sie Gefühl für die besten Freuden der Menschheit haben, in Versuchung gerathen, zwischen dem Genuß eines sinnlichen oder auch ganze halbe Tage hindurch dauernden gesellschaftlichen Vergnügens, und zwischen dem erhabnen Vergnügen lange zu wählen, durch eine baldige Endigung eines

Processes, durch eine baldige Abfassung eines Berichts, durch die baldige Erfüllung der Pflicht eines Referenten, einem Unschuldigen, der vorm Ausgang der Sache kein Geld zum Unterhalt der Seinigen, kein Mittel, Andern das Ihrige zu geben, und keinen Schlaf für sich finden kann, bald sein Vermögen, sein Recht und Schlaf und Ruhe wieder zu geben. Denn es giebt leider, meine geliebten Freunde, Menschen, und zwar sehr viele Menschen, die über das, was zur Glückseligkeit eines würdigen Menschen dient, dergestalt verblendet sind, so weit den Blick von andern Menschen, für deren Glückseligkeit sie da seyn sollen, zurückziehen, daß sie nicht nur ganze und halbe Tage, so wie es jedes thierische Geschöpf thun kann, in sinnlichem Wohlleben hinbringen, die zur Endigung eines Processes erforderliche Arbeit oft Jahre hindurch aufschieben, und arme rechtsbedürftige Menschen in Mangel, Kummer und Schlaflosigkeit Tage und Nächte hinbringen lassen, sondern, daß sie bey jener heillosen Zeitverschwendung noch wohl gar den Aufschub eines so nöthigen und seligen Geschäfts dem Zeitmangel zuzuschreiben Unverschämtheit und Frechheit genug haben.

Welch

Welch eine wonnevolle Vorstellung für mich, meine Theuren, indem ich Sie Alle von der zwiefachen Empfindung des Unwillens über solche unwürdige Menschen, und der Wonne über das Ihr Herz itzt durchdringende lebendige Gefühl, daß Sie ganz andre Freuden einst suchen werden, roth werden und glühen sehe. Jedoch ehe ich diejenigen unter Ihnen, die sich zur Klasse derer rechnen, welche die Rechte studiren, verlasse, muß ich noch von andern wichtigen Diensten reden, die dem Staat zu leisten sind, und wozu bisher so Viele gebraucht werden, welche sich nicht einmal mit den Elementarkenntnissen dazu bekannt gemacht haben. Nicht einmal die Hälfte von Ihnen wird zur Rechtspflege im Staat am Ende berufen. Größtentheils werden Sie einst, ohne daß Sie es itzt vielleicht ahnden, in Geschäften gebraucht werden, welche staatswirthschaftliche Angelegenheiten, das ist, die zur bessern Ausbildung und zu einer dauerhaften und zunehmenden Gesundheit und Stärke des Staatskörpers dienende Pflege und Heilkunde betreffen. Die dahin gehörigen Kenntnisse, die darauf gerichteten Sorgen, die darauf sich beziehenden Triebe und Beschäftigungen sind um desto wichtiger, da nicht nur von den daraus entspringenden Folgen die Macht und das Ansehn des Staats bey andern Höfen und in Vergleichung mit andern Staaten, sondern auch das Wohl des ganzen Staats, aller verschiedenen Volksklassen und selbst eines jeden einzelnen Staatsgenossen wesentlich abhängt. Wie sollte dieß, meine geliebten Zuhörer, Sie nicht bewegen, Sich zu einem so wichtigen Staatsdienste, wenn Sie nur von ferne es Sich vorstellen, daß Sie in eine solche Laufbahn möchten hineingehen können, mit Eifer vorzubereiten und tüchtig zu machen? Wie sollte es nicht Manchen unter Ihnen geben, dessen Herz von feurigem Triebe glühte, in dem Fach dem Staat einst große Dienste zu thun? Und wie sollte nicht selbst, meine sämmtlichen Zuhörer, Ihrer Aller Seele mit Inbrunst wünschen, daß es in einer so höchstwichtigen Sache unserm Lande einmal wohlgehen möchte? Es wird und kann keinen Einzigen unter Ihnen geben, welcher Art des Dienstes er sich auch für seine Nebenmenschen, für unsern Staat widmet, dessen Herz nicht von entzückendem Vergnügen über die alle Beschreibung übertreffende herrliche Scene aufschwölle, welche die Vorstellung eines Staats gewährt, wobey eine große und stark gefüllte Schatzkammer, ein vortreflich bebautes Land, ein durchaus im Wohlstande lebendes arbeitsames, sich vor dem Gift und Verderben der Ueppigkeit

und

und des Luxus sorgfältig hütendes, von fremden Waaren sich weise enthaltendes und von eignen Producten und Waaren fast ganz lebendes Volk, eine auch einem mächtigen Feinde furchtbare Seemacht und eine für unsern Staat hinreichende zwar mäßige, aber doch ihrer Güte nach vortrefliche Landmacht, und ein mit Weisheit geführter Handel zugleich, sich den wonnetrunknen Blicken darstellt. Sollte es auch wohl selbst Einen unter Ihnen geben, der nicht, um mit dahin zu wirken, daß unser Staat den Nachkommen einst eine so herrliche Scene der Natur nach darstellen möge, wenigstens mit den Elementarkenntnissen der Staatshaushaltung sich bekannt zu machen vor Begierde brennen sollte? O ich sehe es Ihnen an, daß Sie es fühlen, wie Sie so noch einen neuen und reichen Vorrath von erhabnen Vergnügungen für Ihren Geist und Ihr Herz zubereiten und erwerben und so große Wohlthäter für den Staat werden können.

Wohl Ihnen Allen, daß Sie Alle das fühlen, und daß Ihre Seele über Alles, was ich in dieser Rede gesagt habe, in eine so edle Art zu denken und zu empfinden hineingerathen ist!* So sind Sie

---

* Anmerk. zur 2ten Aufl. Ein patriotischer Bürger des Staats kann nicht ohne ein die Seele tief verwundendes Gefühl des Schmerzes es wahrnehmen, daß

28. Betrachtung.

Sie auch gegen die schalen und selbst oft Leib und Seele zu Grunde richtenden Vergnügungen, welchen so Mancher auf Universitäten nachrennt, unterdessen,

daß unter denen, die zu bürgerlichen Aemtern sich bestimmen oder bestimmt werden, es noch kaum Einen oder den Andern giebt, der etwas mehr als die Rechtswissenschaft mit einigem Eifer treibt, und daß Solche, die etwa ein Examen über die Rechtswissenschaften überstanden haben, ohne weitere Prüfung wegen der zu ihrem anzutretenden Amte eigentlich wesentlich nothwendigen und für den Staat so höchstwichtigen Kenntnisse, auch zu staatswirthschaftlichen Bedienungen zugelassen werden. Ja es giebt unter denen, welche selbst sich der Rechtspflege ausschließend widmen, sehr Viele, welche den Geist und den wesentlichen Endzweck der Rechtspflege im Staat so wenig erkennen und fühlen, daß sie das zum Naturrecht eben so wesentlich, als das Zwangsrecht, gehörige Gewissensrecht (Tugendlehre, philosophische Moral) gar nicht glauben studiren zu dürfen. Und, was noch mehr ist, es fehlt nicht an Solchen, die das Zwangsrecht der Natur gar nicht, oder nur obenhin treiben. Mir ist selbst ein nicht unberühmter Sachwalter bekannt, der in einer Gesellschaft, indem er von seinem nach Universitäten gehenden Sohn gesprochen hat, gesagt hat: Meinen Sohn lasse ich kein Collegium über das Naturrecht hören. Das würde ihm bey der Advocatur nur Scrupel machen und (wie er hinzugesetzt hat) dem Jungen nur Läuse in den Pelz setzen. Das würde selbst zu fürchten seyn, wenn er ein solches Colle-

gium

terdeſſen, da Sie es fühlen, wie viel Vergnügen
Ihre Arbeiten Ihnen gewähren, deſto mehr ge=
ſichert, deſto mehr fähig, nicht den Muth ſinken zu
laſſen, wenn ſie Ihnen auch bisweilen läſtig und
ſauer werden ſollten. Selbſt zu Ihren Erholungs=
ſtunden werden Sie manche gewöhnliche ſinnliche
Vergnügungen, die wir uns, wenn ſie mäßig ge=
noſſen werden, erlauben dürfen, von nun an weni=
ger anlockend finden. Indem Sie die Vergnügun=
gen, die der denkende Menſch haben kann, und den
Nectargeiſt der edelſten unter denſelben koſten ge=
lernt haben: ſo werden Sie nur Vergnügungen
ſuchen, an deren Genuß die denkende Seele mit
Theil nehmen kann, oder die auf irgend eine Wei=
ſe das Siegel der menſchlichen Würde an ſich tra=
gen. So werden Sie in den Stunden, da Sie dem
Geiſte eine Erholung von ſeinen Denkarbeiten

und

ginm bey einem Juriſten hörte, der ſich ſein Lebe=
tage nicht ſehr mit der Philoſophie befaßt und ſei=
nem Naturrechte ein ziemlich gutes juriſtiſches Kleid
angezogen hätte. Ich brauche hier nicht die Be=
merkung hinzuzuſetzen, daß dieß nichts anders be=
deutet, als daß der junge Menſch durchs Studium
des Naturrechts leicht gehindert werden könnte,
das Recht zu beugen, die Ungerechtigkeit in Schutz
zu nehmen, die Unſchuld zu unterdrücken, durch
Rechtsverdrehungen und böſe Rechtsausflüchte der
Bosheit beyzuſtehen, und aus der Advocatur ein
einträgliches und bereicherndes Gewerbe zu machen.

Natur wirksam und mittheilend ist, es mit Beschämung fühlen müssen, daß sie, indem alles wirkt und arbeitet, in träger Rast die Gaben der Natur zu sich nehmen, und sich damit nähren, ohne ähnliche Früchte hervorzubringen! Sie werden nur das Geschöpf achtungswürdig und glückselig finden können, das strebt und ringt, mehr zu geben als zu nehmen; und indem Sie Sich in den Stunden der Erholung der schönen Natur innigst freuen: so werden Sie es empfinden, daß das deutliche oder dunkle Bewußtseyn von Ihrem Bestreben, wetteifernd mit der ganzen Natur und mit jedem edlen Wesen zur Glückseligkeit andrer Wesen wirksam zu seyn, jenen sanften und himmlischen Naturfreuden die Kraft gab, die Sie empfanden, indem Sie Sich dabey so glückselig fühlten. Und indem Sie so vor der Seuche unthätiger Empfindsamkeit, wovon so manche sonst schöne und mit herrlichen Naturtalenten ausgerüstete Seele itzt angesteckt und wodurch sie zum Genuß gesunder und Heiterkeit mit sich führender Freuden bey dem allmähligen Verfall aller Thätigkeitskräfte untüchtig gemacht wird, verwahrt bleiben: wie könnte ich an alle in einem solchen Leben Ihnen in Ihren Geschäften und in den Stunden der Ruhe zu Theil werdenden Glückseligkeiten gedenken, und wie könnte ich dabey dieses sich über nichts mehr, als über menschliche Würde und über menschliche Glückseligkeit freuende Herz haben, ohne meine ganze Seele von der entzückendsten Freude bewegt zu fühlen, und ohne, indem ich Sie nun verlasse, mit zitternder Sehnsucht zu wünschen, daß alle Fügungen der Vorsehung mit Ihnen zusammen wirken mögen, Sie Alle hier und in Ewigkeit höchst wohlthätige und höchst glückselige Menschen werden zu lassen!

www.ingramcontent.com/pod-product-compliance
Lightning Source LLC
Chambersburg PA
CBHW032046220426
43664CB00008B/876